언론술사

PD, 변호사,
정치철학자가 뽑은
#해시태그#

언론술사

박은주 · 양지열 · 김만권 지음

미디어샘

탈진실의 시대!
언론술사들의 시대?

"우리 문화에서 가장 눈에 띄는 특징 가운데 하나는 개소리bullshit가 너무도 만연하다는 사실이다. 모든 이가 이것을 알고 있다. (…) 그런데 우리는 이런 상황을 당연하게 여기는 경향이 있다." 프린스턴대학교에서 도덕철학을 가르쳤던 해리 G. 프랭크퍼트가 쓴《On Bullshit》2005이란 소책자의 첫 문단에 나오는 말입니다. 이 책은《뉴욕타임스》베스트셀러 1위에 오르기도 했었지요.

이 책은 우리말로도 출간되었는데《개소리에 대하여》란 제목이 붙어 있어요. bullshit이란 용어를 개소리로 옮긴 거죠. 꽤 거칠게 들리죠? 이 책자를 우리말로 옮긴이는 헛소리라고도 옮길 수 있었던 이 말을 개소리로 옮긴 이유를 이렇게 대고 있어요. "결정적인 것은 이 책이《뉴욕타임스》베스트셀러로 실렸을 때 도서명이 'On Bull____'이라고 표기되었다는 사실이다. 여기서 힌트를 얻어 bullshit의 번역어는 지면에 싣기에 부적절한 단어라는 느낌이 들어야 한다고 생각했다." 그래서 비속어일 수도 있는 '개소리'로 옮겼다는 거지요.

그렇다면 프랭크퍼트는 왜 흔히 쓰는 '거짓말lie'이란 표현을 두고 굳이 '싸지른다'는 뜻을 은연중에 내포한 '불쉿'이라 했을까요? 거짓말과 개소리 간 결정적 차이는 진리값에 대한 관심에 있어요. 프랭크퍼트가 지적하듯 거짓말은 최소한 진리의 포장을 입고 있지요. 남을 진정으로 속이려 하는 자들은 치밀하게 말들을 짜맞추니까요. 그래서 거짓말은 때로 진실보다 더 진실처럼 보이기도 하죠. 이렇게 보면 거짓말은 그 노력이 가상하기라도 한 거예요. 이를 두고 프랭크퍼트는 거짓말쟁이는 진리에 대한 최소한의 존중이라도 있다고 합니다.

반면 개소리는 그렇지 않아요. 개소리를 하는 이들은 자신의 입에서 나오는 소리가 진리이든 거짓이든 상관하지 않으니까요. 그렇기에 개소리쟁이는 거짓말쟁이보다 훨씬 더 자유롭지요. 진리에 얽매이는 거짓말쟁이들은 적어도 진실의 맥락을 따르는 척이라도 하는 반해, 개소리쟁이는 사실의 맥락을 무시하고 때로는 필요한 맥락을 자유자재로 위조해내니까요. 그래서 개소리쟁이들은 창의적이기까지 하지요. 임기응변, 꾸며냄, 창의적 연기의 여지를 가지고 "사태의 진상이 실제로 어떠한지와는 무관"하게 말하지요. 개소리의 목적이 사실이냐 허위냐에 상관없이 "자신의 속셈을 부정확하게 진술"하는 데 있기 때문이에요. 그래서 프랭크퍼트는 이렇게 말합니다. "개소리는 공들인 노력의 문제라기보다는 예술의 문제다. 따라서 '개소리 예술가bullshit artist'라는 친숙한 개념이 나온다." 개소리 예술가로서 이들에게 필요한 건 자기 입에서 나오는 개소리를 스스로 아무렇지도 않다고 여길 수 있는 뻔뻔함 정도예요. 이렇게 진실에 대한 무관심으로 인해 대개의 개소리는 이내 들통이 나고 말죠. 하지만 개소리의 목적 자체가 사실과 무관한 "부정확한 진술"이기에 개소리쟁이들은 전혀 개의치 않아요.

흔히 우리 시대를 '탈진실의 시대'라고 합니다. 그런데 돌아보면 거짓말은 과거에도 있었어요. 특히 정치는 과거로부터 권력자들의 거짓이 때때로 난무하는 영역이고요. 인류는 오래전부터 권력과 거짓말의 관계에 대해 잘 파악하고 있었고, 이런 정치에서 만들어지는 거짓에 맞서 언론에 사실을 보호하는 최일선의 임무를 주고, 대학에는 진리를 수호하는 최후 보루 역할을 맡겼던 거예요. 여기에 더해 민주정체는 권력에 투명성의 의무를 부여해서 이 세계가 사실의 기반 위에 작동할 수 있도록 최선의 노력을 해왔지요.

이처럼 거짓말은 늘 있었고, 인류는 그 거짓에 맞서 싸워왔습니다. 그런데 왜 굳이 우리 시대가 '탈진실'의 시대, 거짓말에 맞서 싸워온 인류의 노력이 패배한 듯 보이는 상황에 이른 것일까요? 혹 그 이유가 '거짓말'과 '개소리'의 차이에 있는 것은 아닐까요? 과거의 권력자들과 청중들은 공적인 말들이 표면적으로라도 진실의 포장을 입고 있길 원했다면, 우리 시대의 권력자들과 청중들은 이제 그것이 진실과 무관한 개소리일지라도 자기 이익에 부합한다면 이를 기꺼이 내뱉고 수용하고 있기 때문은 아닐까요? 그렇다면 탈진실 시대의 모습은 '거짓말의 시대'가 아니라 '개소리의 시대'일 겁니다. 이렇게 보면 사실을 수호하는 임무를 부여받은 언론이 탈진실 시대에 맞닥뜨린 고난은 '거짓말'에 대항해 사실을 지켜내지 못하는 게 아니라 '개소리'의 난무에 이를 걸러내는 일조차 버거운 데 있을지도 모를 일이에요.

이 책의 제목은 《언론술사》예요. 탈진실의 시대에 늘어나고 있는 거짓말 기술자들, 새로 생겨난 개소리 예술가들, 그리고 그들의 거짓말과 개소리를 암묵적으로 때로는 명시적으로 받아들이고 사람들의 눈과 귀를 가리고 이용하는 사람들 모두를 '언론술사'들이라 부릅니다. 《언론술사》는 이런 이들을 향한 비판이지 언론이 맞는 고난 위에 비난을 더하기 위한 책이 아니에요. 이 책을 쓴 PD, 변호사, 철학자 세 사람이 바라는 건 오히려 언론이 자신의 자리를 굳건히 지키는 겁니다. 거짓말에 맞서는 본연의 임무를 수행하고, 개소리를 걸러내어 '제4의 권력'이라는 자신의 권위를 지키는 거예요. 모두가 다른 가치들을 지니고 살아가는 시대, 이 세계를 바라보는 시선은 서로 다를 수밖에 없어요. 어떤 이들은 이런 서로 다른 시선 때문에 이 세계는 분열과 불일치에 시달릴 수밖에 없다고 하지요. 하지만 이런 분열과 불일치에도 화해의 가능성은 남아 있어야 하지 않을까요? 저희 세 사람은 그 화해의 시작이 '사실의 공유'에 있다고 봅니다. 불일치에 시달리고 있는 이들이 같은 사안에 대해 서로 다른 사실을 지니고 있다면, 화해는커녕 다른 사실들이 벌려놓는 틈 사이에서 거짓말뿐 아니라 개소리들이 만연하게 되지 않을까요? 그래서 언론의 역할은 그 어느 시대보다 중요합니다. 이 책엔 이런 세 사람의 바람이 담겨 있어요. 이런 바람을 담아 PD가 언론과 관련된 이슈를 고르면, 그림 읽는 변호사가, 책 사는 철학자가 그림과 책으로 나름의 길을 찾아보았습니다.

'우리의 길이 옳다'는 말이 아닙니다. 탈진실의 시대, '언론술사들'의 시대에 진실에 이르는 길을 함께 찾아보자는 겁니다. 이 세계가 여전히 사실의 공유 속에 작동할 수 있도록, 서로의 입장이 아무리 멀어도 사실에 손 내밀면 다시 연결될 수 있도록, 언론이 그 역할을 굳건히 다해주길 간절히 바라며, 이 책을 펼쳐 든 여러분을 반가운 마음으로 맞이합니다.

박은주, 양지열, 김만권의 뜻을 모아

김만권 씀

((01))

**팬데믹 시대,
가짜 뉴스 백신은
개발될 수
있을까?**

가짜 뉴스 슈퍼전파자,
언론

《문화일보》 기자 출신 정진영 작가의 소설《침묵주의보》를 원작으로 한 드라마 〈허쉬〉. 언론사의 생리와 이해관계를 흥미진진한 서사로 풀어내 언론계의 현실을 생생하게 담았습니다. 특히 언론인들이 겪고 있는 시스템 문제와 그 속에서 공정한 사회를 위해 노력하는 언론인의 역할까지 다각도로 접근해 풀어냈지요. '진실을 여는 창, 매일한국'이라는 언론사의 인턴기자 채용면접장에서 주인공 이지수가 입사 지원 동기를 이야기하는 장면이 기억에 남습니다. "모든 일은 다 먹고 살라고 일하는 것 아닌가요? 거짓말을 하지 않고 밥 벌어먹고 살 수 있는 직업이 '기자'라고 생각해서 지원했습니다." 이 장면을 보고 있는데 순간 마음이 찌릿했습니다. 왜였을까요? 그리고 또 하나의 장면, 드라마의 주된 배경은 디지털팀입니다. 유배지라고도 불리지요. 디지털팀 기자들의 모습이 묘사됩니다. 하루의 시작은 새로고침 버튼을 누른 후, Ctrl+C, Ctrl+V를 반복하며 보이지 않는 손놀림을 합니다. 현장 취재보다는 하이에나처럼 인터

코로나19가 바꿔놓은 우리 일상은 외롭고 고요하다

넷을 떠돌지요. 커뮤니티와 SNS 속 루머를 찾습니다. 특종인양 포장해 퍼 나르고 사람들의 클릭을 유도합니다. 조회수를 채웠으니 오늘 밥값은 이걸로 충분합니다.

우리 사회가 정보화 사회에서 허위정보사회로 넘어온 것 같습니다. 데이터 절도, 기술 중독, 가짜 뉴스, 해킹 등의 문제들이 다발적으로 발생하는 사회에 살고 있으니까요. 하루에도 수십 번, 혹은 수백 번 스마트폰에 계속 손이 가는 이유는 뭘까요? 우리가 무의식적으로 손가락으로 밀어 올려 띄우는 '새로고침' 페이지는 마치 카지노의 슬롯머신을 돌리는 기대심리 같아 보입니다. 혹시라도 답답한 세상을 벗어날 수 있는 어떤 대단한 정보를 얻을 수 있다는 믿음 때문일까요?

코로나19가 바꿔놓은 우리 일상은 외롭고 고요합니다. 세상이 너무 조용한 나머지 내 생각까지 들릴 정도입니다. 잃어버린 일상이 그립습니다. 보고 싶은 사람을 만나고 반가움에 포옹하고, 함께 이야기 나누며 밥을 먹는 모든 순간까지, 우리가 잊고 지내거나 거부했던 것마저 아련한 향수로 느껴집니다. 마치 손에 잡힐 듯 잡히지 않는 곳에 꼭 필요한 것을 두고 온 것 같은 찝찝한 기분입니다. 사람들과의 대면이 줄어든 고립된 일상 속에서 미디어와 각종 매체가 늘어놓은 이야기는 혼란스럽기만 합니다. 무엇이 진실이고 무엇이 거짓인지 헷갈리기만 합니다. 게다가 서로의 정보, 각자의 말이 맞다며 각을 세우는 메시지가 통신망을 통해 세상에 퍼 날라짐니다. 세상의 양극화도 점점 더 악화되고 있습니다. 전염병과 함께 하는 가짜 뉴스의 악영향은 암울한 상황을 벗어나고 싶은 사람들의 간절함이 더해져 불안감이 배가 됩니다. 가짜 뉴스와 같은 허위조작정보에 대한 팩트체크를 위해 소모되는 인력, 예산도 만만치 않습니다. '코로나19 사태는 빌게이츠가 꾸며낸 프로젝트다' '말라리아 치료제 클로로퀸이 코로나19 치료제 예방 효과가 있다'와 같은 허위 주장이 SNS에 퍼지면서 식약처가 해명 보도자료를 낼 정도니까요.

코로나19 관련 보도의 중심에는 언론을 빼놓고 이야기할 수 없습니다. 우리 언론은 어떤 모습일까요? 안타깝게도 우리 언론은 국민들의 고통마저 소비하는 백신에 대한 불안감 조성과 함께 교란성 정보를 보도합니다. 인과관계가 확실하지 않은 정보에 대해 자극적인 헤드라인을 올리고 클릭을 유도하거나, 각종 부작용을 일으킨 사람들의 숫자를 경마식으로 보도합니다. 하나의 이슈를 가지고 추가적인 취재 없이 반복적으로 기사를 재생산하는 패턴을 보이기도 합니다. 어쩌면 우리 언론이 국민들의 공포마저 소비하는 언론 보도 행태를 보이고 있는 것은 아닐까 의구심이 생길 정도입니다. 언론은 코로나19 같은 위기 시대에 국민의 안전한 대피처 역할을 해야 할 의무가 있습니다. 단편적인 이미지를 보여주기보다 사안에 대한 심층적 취재를 통해 비판적 목소리를 담아야 하는 이유지요. 하루빨리 국민들의 머릿속을 감염시킨 언론의 가짜 뉴스 바이러스를 잠식시켜야 합니다. 핵심은 그 백신 개발의 주체가 바로 언론이어야 합니다.

누군가 소리치지 공포의 시대 / 미친 의심과 의심 루틴의 고리 / 이 미끼를 던지고 숨기는 뒷배 / 이기와 이기 이기고 지는 게임 권모술수 이 기믹 / 익숙한 덫과 덫 도대체 누가 이익? / 따질 건 돈과 돈 시시비비 가릴 필요가 있어? / 이기면 돼 내 편 내 편 진실은 의미 없어 서로 배껴 배껴 / 언론의 역할이 의심받을 때 우린 누굴 믿어야 할까? / 서로 더 멀어지네 진실과 거짓 사이 숨 막히는 사이 / 틈을 벌리는 건 사악한 의도와 권력이 만드는 악취 / 볼 수 없다면 한발도 나갈 수 없어 / 잘못된 이정표는 낭떠러지로 던져 / 정의가 걷는 길은 왜 느린 걸까 / 슬픈 건 칼보다 강한 펜이 왜 꺾이는가

노래 '칼'보다 강한 '펜'보다 강한 '밥'
작사·작곡 MC메타(가리온) / **편곡** 멜로우키친
랩 MC메타(가리온) / **색소폰** 멜로우키친

불안의 시대,
언론의 역할

사람이라기보다 유령 쪽에 가까워 보입니다. 핏기 없는 초록빛 얼굴에 퀭한 두 눈은 해골을 떠올리게 만듭니다. 아니군요. 죽음은 어떤 의미에서는 안정적일 텐데, 그림은 불안하니까요. 검은 옷차림의 군중은 줄을 지어 어디로 향하고 있는 것일까요? 불규칙한 곡선으로 드리워진 노을과 불길해 보이는 검은 안개로부터 도망이라도 치는 것일까요? 사람들의 표정으로 보아 피할 길 없는 절망이 느껴집니다. 에드바르드 뭉크Edvard Munch, 1863~1944의 작품 〈불안Anxiety〉1894을 처음 보더라도 어딘지 익숙한 느낌이 있을 것입니다. 붉은 노을과 검은 안개를 배경으로 다리 위에서 귀를 막고 공포에 질려 있는 사람, 바로 그가 산책길에 느꼈던 공포를 표현한 〈절규The Scream〉1893의 연장선에 있는 작품이니까요. 같은 다리 위에 뭉크는 자신이 아닌 검은 옷의 남녀를 세워놓았습니다. 자신뿐만 아니라 모든 사람이 실존적 불안을 느낀다는 사실을 보여주고자 했겠지요.

에드바르드 뭉크, 〈불안〉
1894

에드바르드 뭉크, 〈절규〉
1893

20세기 독일을 중심으로 일어났던 표현주의 회화는 외부의 대상
이 아니라 자아, 그러니까 화가의 감정과 감각을 바깥으로 그려내는
데 집중했습니다. 그래서인지 예민하고 불안정한 모습을 보이는 경
우가 많았습니다. 특히 뭉크는 수로 불안과 공포, 고독, 죽음에 집착
했어요. 그럴 만한 이유가 있었습니다. 어머니는 그가 5세 때 결핵으
로 세상을 떠났고요. 그가 14세 때 누나 역시 같은 병으로 목숨을 잃
었습니다. 불우한 어린 시절을 함께했던 여동생은 끝내 정신병원에
서 생을 마감하고 말지요. 유일하게 성장해서 결혼까지 했던 다른 형
제 역시 혼인 몇 개월 만에 사망하고 맙니다. 거짓말 같은, 불행한 영
화의 주인공인 것처럼 그의 주변에는 언제나 질병과 죽음이 있었던
것이지요. 성년이 된 뭉크는 몇 번의 사랑에서도 철저하게 실패했답

니다. 그 역시 정신병원에 입원하기도 했고요. 이후 세상과의 교류를 거의 끊다시피 한 채 그림에만 매달렸지요. 언제 죽음에 이를지 모른 다는 공포와 불안감이 삶에 대한 갈망으로 이어졌고, 영원한 예술을 남긴 것입니다.

뭉크에 관한 한 가지 아이러니는 81세에 이르도록 장수했다는 것 이지요. 심지어 그는 20세기 초반 유럽을 공포에 몰아넣었던 스페 인 독감에 걸리기도 했습니다. 같은 시대 활동했던 화가들로 구스타 프 클림트와 에곤 쉴레가 독감으로 목숨을 잃었어요. 뭉크 역시 중태 에 빠졌지만 살아남았고요. 1919년엔 〈스페인 독감 이후의 자화상〉 을 그리기도 했습니다. 그로부터 딱 100년 후인 2019년 중국을 시작 으로 코로나19가 다시 한 번 전 세계를 팬데믹에 빠뜨렸습니다. 뭉 크의 그림에서처럼 사람들은 죽음의 공포와 불안에 시달려야 했습니 다. 검은 안개처럼 도사리고 있는 바이러스의 그림자를 막기 위해 마 스크로 표정을 지워야 했지요. 수많은 사람이 격리돼야 했고, 아프지 않은 사람들끼리도 멀어져야 했습니다.

무엇보다 사람들을 힘들게 했던 것은 질병의 정체를 알 수 없다는 사실입니다. 어디서 어떻게 사람에게로 옮겨왔는지, 어떤 경로를 거 쳐 사람들 사이로 급속도로 퍼지는지, 걸리면 어디가 얼마나 아프고, 목숨을 잃는 사람들은 어느 정도 되는지 어둠 속에서 정체불명의 존 재에게 쫓기는 것처럼 무지는 공포를 극대화했습니다. 반응들도 각 양각색이었지요. 집밖으로 나올 생각조차 못하는 사람들도 있었고, 걸려도 그만일 뿐이라며 일부러 파티를 열기도 했습니다. 국가와 사 회를 책임진 사람들 역시 낯선 질병 앞에서 특별한 존재는 아니었지요. 세계 최정상 국가의 대통령은 몸에 바르는 소독약으로 바이러스를 쫓으면 안 되느냐는 황당한 얘기를 공개적으로 하기도 했습니다. 결국 그 자신도 코로나19에 감염됐지요. 그 가운데 가짜 뉴스들 역시 팬데믹처럼 번졌습니다. 바이러스가 5G 통신망으로 퍼지거나 빌 게이츠가 배후에 있다는 음모론은 차라리 나았습니다. 바이러스 치료의 부작용이나 백신의 효능을 의심하게 만드는 그럴듯한 허위 정보가 더욱 심각했어요. 질병에 대한 대응을 어렵게 만들고, 사회적 불안과 혼란만 부추겨서 인포데믹infodemic, 정보감염증으로 번진 것입니다.

가짜 뉴스에 대한 대처도 쉽지 않았습니다. 누군가의 명예를 훼손하거나 모욕하는 내용이라면 모를까 단지 가짜라는 이유로 법적으로 막을 방법은 딱히 없거든요. 직접적으로 방역 행위를 방해하면 감염법 위반으로 처벌할 수도 있지만 그것도 범위가 너무 좁습니다. 여러 가지로 혼란스러운 상황이었던 만큼 언론이 가장 중요하고 기본적인 역할을 해야 했습니다. 마스크를 쓰고, 손을 씻고, 사람들과의 접촉은 어떻게 관리해야 하는지 정확한 정보가 필요했습니다. 그런데 그런 것들은 사람들의 관심을 끌지 못한다고 생각했던 것일까요? 그보다는 마스크를 구하기 어려울 때면 준비를 못했다고, 공급이 원활해지면 비싸다는 식으로 방역당국의 대응을 비판하기에 바빠 보였습니다.

언론도 처음 겪는 일인 만큼 정확한 정보를 파악하지 못했을 수 있고, 효과적인 방역에 필요한 비판은 반드시 필요하기도 합니다. 하지만 중국으로부터의 입국을 전면적으로 막았어야 한다는 식의 현실적이지 못하고 효과도 없는 대응책을 몇 달이고 고집하기 일쑤였습니다. 세계적으로 인정받은 방역의 성과에는 인색하면서도 백신 공급이 늦춰진다며 비판에 열을 올렸지요. 그런 가운데 가짜나 다를 바 없는 뉴스들도 나왔습니다. 평소에도 있었던 독감 백신의 부작용을 새삼스레 부각하는 바람에 코로나 백신에 대한 불신마저 불러오는 식이었습니다. 특정 집단이나 정파의 주장에 언론마저 장단을 맞췄던 것이지요. 그 바람에 국민의 불안감과 공포는 더욱 커질 수밖에 없었습니다. 불을 꺼야 할 소방관이 풀무질을 하는 꼴이었습니다.

그런 행태는 등장하자마자 큰 논란을 일으켰던 헨리 푸젤리Henry Fuseli, 1741~1825의 〈악몽The Nightmare〉1781을 떠올리게 합니다. 순결함을 상징하는 하얀 옷차림의 여인이 잠들어 있습니다. 퍽이나 불편한 자세로 누워 있는 모습은 평안한 잠이라기보다 괴로운 꿈에 시달리면서도 눈을 뜨지 못하고 있는 듯합니다. 그도 그럴 것이 여인의 배 위엔 이 세상 존재로 보이지 않는 괴이한 무엇인가가 앉아 있습니다. 서구의 민간 신화에 내려오는 괴물인 '몽마'라고 합니다. 잠자는 여인을 꿈속에서 겁탈하는데 이 일이 반복되면 피해자는 현실에서도 심각하게 몸과 마음을 다친다는 것이지요. 불안의 시대에 우리의 의식을 파고들었던 가짜 뉴스들 역시 그런 악몽이 아닐까 싶습니다. 푸젤리의 그림에는 심지어 괴물이 하나 더 등장합니다. 커튼 사이로 고개를 들이밀고 있는 말의 형상이지요. 역시 성적 유린을 상징하는 것입니다.

푸젤리의 그림은 꿈과 인간의 무의식을 다룬 선구적인 작품입니다. 세월이 흘러 20세기 정신분석학의 시대를 열었던 프로이트가 자택에 〈악몽〉의 판화본을 걸어두었을 만큼이요. 그런데 떳떳하지 못

헨리 푸젤리, 〈악몽〉
1781

한 비밀이 하나 있습니다. 푸젤리가 사랑했던 여인이 있었습니다. 사랑의 결실을 이루지 못했고 그녀는 다른 남자와 결혼해버리지요. 배신감에 사로잡힌 푸젤리는 그림 속에 자신이 사랑했던 여인을 그려 넣고 몽마에게 더럽혀지게 만든 것입니다. 일종의 저주를 담은 그림인 것이지요. 한 번도 아니고 여러 점의 비슷한 그림들을 그리면서 말입니다. 몹쓸 짓이 맞지요? 비판을 위한 비판을 쏟아냈던 일부 언론 역시 정권에 대한 호불호 때문에 그랬던 것은 아니기를 바랍니다. 가뜩이나 공포와 불안에 힘들었던 국민들에게 언론이 몽마의 역할을 맡아 악몽을 꾸게 한 것이 아니기를 바랍니다.

공포를 이용하는
언론

지그문트 바우만 지음, 오윤성 옮김, 《고독을 잃어버린 시간》
동녘, 2019

2021년 2월 23일, 춘천중도선사유적지보존본부가
질병관리청의 정은경 처장을 코로나19 방역 사기로 국무총리실에 신
고하는 일이 있었습니다. 연이어 25일에는 전 세계에서 시행되고 있
는 백신 접종을 두고 의학적 상식에 반하는 사기라면서 헌법소원까
지 제기하는 일이 일어났고요. 어떻게 이렇게 비상식적인 일이 일어
나게 된 것일까요? 조금 시기를 앞으로 당겨볼까요? 지난해 12월 여
러 언론사들이 백신접종을 두고 여론조사를 시작했습니다. 이 여론

조사에서 눈여겨볼 만한 대목은 백신을 '빨리 접종해야 하는가' 아니면 '안전하게 접종해야 하는가'라는 질문이었어요. 겉보기엔 아무 문제없는 질문 같아 보이지만, 이 질문에는 심각한 가치판단 하나가 들어 있어요. '빨리'와 '안전하게'를 대비시켜 '빨리' 접종하는 건 안전하지 못하다는 직관적인 판단을 하도록 만들고 있거든요.

그런데 과학적 지식에 따르면 백신이 팬데믹을 끝낼 수 있는 유일한 수단이며, 구성원 중 70% 이상이 접종을 받아야 집단면역이 생겨나요. 게다가 코로나19라는 팬데믹 상황은 '안전하게'라는 조건에 '빨리'라는 조건이 더해져서 '안전하게 빨리 맞는 것이 하나의 세트'가 되어야 하는데도 불구하고, 여론조사가 '빨리'와 '안전하게'를 대립시켜서 질문하고 있던 거예요. 이런 질문은 '빨리 맞으면 안전하지 않다'라는 것을 의미하는 것이나 다름이 없었고, 이런 질문을 마주하는 사람들은 불안을 느낄 수밖에 없는 상황이었지요.

그런데 여러 전문가의 의견에 따르면 단기적 부작용은 몇 개월 내에 체크할 수 있고 백신 개발과정에서 상당 부분의 부작용은 이미 알려져 있었습니다. 장기적 부작용을 알려면 몇 년이 걸리는데 이건 지금 우리가 무슨 방법을 써도 알 수 없는 노릇인 거죠. 그러니까 '지켜보고 맞는다고 안전성을 확보할 수 있다'는 게 아닌 상황이었던 겁니다. 한편으론 백신을 맞지 않고 있는 상황 역시 안전하지 않은 것임에도, 백신을 빨리 안 맞는 것이 안전하다는 잘못된 인식을 암묵적으로 심어주는 결과까지 낳았던 거예요. 굳이 사람들이 선호하는 백신 접종의 시기에 대해 묻고 싶었다면 '백신을 빨리 맞을 예정이냐, 천천히 맞을 예정이냐'라고만 물었어도 충분한 데도 말이지요. 결국 백신접종에 대한 불안감을 기존의 언론이 부추기고 있었던 셈입니다.

그렇다면 언론은 왜 이런 불안감을 부추기고 있는 것일까요? 지그문트 바우만Zygmunt Bauman, 1925~2017이 쓴 44편의 편지글로 이루어진 《고독을 잃어버린 시간44 Letters from the Liquid Modern World》2010에는 이런 현상을 이해할 수 있는 단서 하나가 들어 있어요. 《고독을 잃어버린 시간》은 참으로 탁월한 책인데요. 불확실성의 시대에 난무하는 '불안'과 '공포'가 우리 삶 곳곳에 어떻게 스며들어 확산되는지에 관한 바우만의 날카로운 통찰이 담겨 있어요. 바우만에 따르면 우리 시대의 삶은 늘 불확실성에 노출되어 있습니다. 다시 말해 '미래를 확신할 수 없다'는 것이지요. 그리고 이런 불확실성의 근원은 알고 보면 내 삶의 안전이 보장되지 않는 데 자리잡고 있어요. 예를 들어 난무하는 구조조정과 비정규직과 같은 생활은 우리를 늘 불안에 떨게 합니다. 그렇죠. 우리의 생계를 보장하는 일터에서조차 안전하지 않은 삶이 지금 우리의 모습이에요. 수많은 젊은이들이 공무원이 되기 위해, 아니면 대기업의 정규직 직원이 되기 위해 고군분투하는 이유는 역시 삶의 안전성 때문이죠. 하지만 우리나라 노동시장이 보여주듯 안정적이고 고수익이 보장되는 직장은 전체 노동시장의 15%도 채 되지 않아요. 그러다 보니 미래에 대한 불안과 공포는 일상적인 것이지요. 100세시대연구소의 〈2016년 중산층 보고서〉에 따르면 우리나라에서 중산층에 속하는 사람들 중 79.1%가 자신이 중산층이 아니라고 여기는 게 현실이니까요.

이런 점에서 '불안'이라는 바이러스는 현재 우리 삶에 공기처럼 존재하고 있다고 해도 과언이 아닐 거예요. 이런 불안과 공포의 바이러스가 극대화되는 시기가 바로 전염병의 시기예요. 불확실성 위에 또 다른 불확실성 하나가 더해진 거니까요. 그렇다 보니 이미 사람들은 새로운 불안과 공포에 대해 반응할 준비가 되어 있지요. 《고독을 잃어버린 시간》에 실린 '신종플루공포'에 대한 스무 번째 편지글은 정확히 이런 종류의 사건이 생겼을 때 이를 다루는 언론의 모습을 적나라하게 그려내고 있어요.

바로 이런 불안과 공포의 시간이야말로 언론의 시간이에요. 불확실성의 세계에서 불안과 공포에 젖어 있는 사람들의 주목을 끌려면 늘 어제의 헤드라인보다 오늘의 헤드라인이 더 공포스러워야 하지요. 이런 이유로 언론은 끊임없이 새로운 충격과 흥미를 유발하면서도 정말 공포스러운 뉴스를 찾아나서는 경향이 있어요. 그러니 대다수 신문의 1면은 또 다른 위험을 경고하면서 급박하게 공포를 불러일으키는 헤드라인들로 채워지는 거예요. 특히 바이러스처럼 전문적 지식이 필요한 분야에선 대다수 보통 사람들은 전문가들의 의견에 의존하기 때문에, 전문가를 앞세우는 언론이 주는 정보를 진실로 받아들이는 경향이 있어요.

게다가 우리나라처럼 언론이 정치적 편파성을 가지고 보도하는 곳에서는, 자신이 정치적·이념적으로 의존하는 언론이 주는 정보를 보다 더 신뢰하는 경향이 강해집니다. 그러다 보니, 같은 신문이 '백신이 빨리 도입되지 않아 위험하다' '백신을 빨리 맞으면 위험할 수도 있다'는 서로 완전히 충돌하는 정보를 내보내도, 그 두 정보가 모순적으로 이해되는 것이 아니라 모두 다 있는 사실로 받아들이게 되는 거예요. 이와 유사한 또 다른 사례 하나를 들어볼까요? 2021년 2

월 26일은 우리나라에서 백신접종이 시작되었던 날입니다. 이날 《조선일보》는 '독일선 아스트라 불신에 재고 쌓여… 공무원·경찰이 맞는다'라는 보도를 했어요. 4월 1일에는 '아스트라 맞은 20·30대 의료진 85%서 이상반응'이란 기사를, 5월 9일에는 '태권도 前 챔피언, AZ 맞은 후 다리 절단… "붓더니 다리 폭발"'이란 기사를 게재하며 백신불신, 특히 백신접종 초기 우리 정부가 수입한 백신의 주를 이룬 아스트라제네카에 대한 불신을 조장해갔지요. 그런데 이렇게 앞장서서 백신불신을 조장하던 《조선일보》가 65세 이상 고령층 접종 시작일인 5월 27일에는 1면에 머리기사로 "우리도 백신 맞읍시다"라는 제목을 달아 아스트라제네카 접종을 장려하는 보도를 내놓았어요. 나중에는 '백신 접종이 정파 따질 일인가'라는 칼럼까지 내놓으면서 말이죠. 더하여 과거 백신 관련 보도는 백신이 안전성을 검증하기 위한 언론의 할 일이었다고 말합니다. 《조선일보》에겐, 그리고 그 열혈 독자들에겐 이 모든 게 아무런 모순도 없는 과정이었어요. 바우만이 지적하듯 위기의 시대엔 불안과 공포가 이성을 마비시키는 경향이 있는데다, 자신의 신념에 부합하는 정보를 받아들이는 경향이 겹치며 가능했던 일인 거죠. 하지만 이런 경향이 극단으로 치닫게 되면 결국 이 글의 서두에서 보았듯, 잘못된 정보를 바탕으로 백신이 국민건강을 해치는 의학적 사기라며 헌법소원까지 이르게 되는 거예요.

인포데믹이란, 팬데믹 속에 퍼져나가는 가짜 뉴스의 해악을 이르는 말입니다. 인도에서 의료진이 코로나 사망자의 장기 밀매에 가담한다는 소식, 이란에서 시온주의자들이 바이러스를 생화학무기로 활용하고 있다는 소식, 말레이시아에선 로힝야 난민이 코로나 감염이 있으니 막아야 한다는 혐오 발언, 브라질에서는 노숙자들이 온갖 질병으로 유사항체가 생겨 코로나19에 걸리지 않는다는 소식, 영국에서 5G 이동통신 기지국이 코로나 바이러스를 전파한다는 소식, 트위터에 '개를 잡아먹는' 아시아인들을 공격하자는 트렌딩, 일본에서 난무했던 중국 관광객을 대상으로 한 '생화학테러리스트'라는 욕설, 성소수자의 문란함 때문에 코로나가 확산된다는 정보가 난무했던 우리나라까지, 세계 곳곳에서 팬데믹과 관련된 허위정보들과 이와 다름없는 정보들이 혐오와 차별을 조장했지요. 그리고 이런 뉴스들이 모여 전 세계 곳곳에서 코로나19의 진원지로 지목된 아시아인들에 대한 혐오, 차별, 공격이 실제로 일어나고 있어요. 코로나 바이러스보다 무서운 허위조작정보의 바이러스가 만들어놓은 일이었던 겁니다.

백신에 대한 공포 역시 마찬가지예요. 위기의 시대에 우리가 신뢰해야 하는 것은 무엇보다 과학적 지식이에요. 과학적 지식은 현재 다양한 백신이 만들어내고 있는 문제점을 하나씩 밝혀내면서도, 지금 유통되고 있는 국제적 승인을 받은 백신이 여전히 안전하다는 사실을, 더하여 백신 없이 팬데믹을 종식시킬 수 없다는 사실을 우리에게 알려주고 있어요. 언론 역시 백신의 안전을 점검하는 일을 소홀히 하지 않아야겠지만, 그것이 백신에 대한 불신을 심는 일은 아니었으면 해요. 무엇보다 그런 일이 정파적 이념 때문에 행해지는 일은 없어야 하겠지요. 불확실성의 시대에 공포와 불안을 자극하는 대신, 평범한 사람들이 동요하지 않으면서도 안전망을 확보하는 그런 정보야말로, 재난의 시대에, 위기의 시대에 언론이 전해야 할 것들이 아닐까요?

여론조사에
숨겨진
여론몰이의
진실은?

언론이 여론에
진심이어야 하는 이유

사극 드라마나 영화 속에서 빠지지 않고 등장하는 대사가 있습니다. 충성스러운 신하가 임금에게 말합니다. "전하, 민심을 살피셔야 합니다." 민심民心, 바로 백성의 마음입니다. 오늘날로 치면 대중의 공통된 의견, 바로 여론輿論이지요.

영화 〈광해, 왕이 된 남자〉의 명대사가 떠오르네요. 조선 어전회의의 분위기가 심각합니다. 명에 바칠 조공의 품목 즉, 백성들의 피와 땀으로 쥐어짜서 마련해야 할 조공물 하나하나를 임금께 아뢰는 중이지요. 분노를 억누르며 참고 참던 임금 광해는 결국 격노하여 호통을 칩니다.

"제발 부끄러운 줄 아시오! 대체 이 나라가 누구 나라요? 그대들이 말하는 사대의 예, 나에겐 사대의 예보다 내 백성들의 목숨이 백곱절 천곱절 더 귀하오!"

영화 한 편 더 살펴볼까요. 〈광해, 왕이 된 남자〉만큼 흥행하진 못했지만 '풍문조작단'이라는 흥미로운 소재를 활용했던 영화 〈광

영화 〈광해, 왕이 된 남자〉

영화 〈광대들, 풍문조작단〉

대들, 풍문조작단〉입니다. 조선 세조 시대 한명회와 광대들의 이야기지요. 당시 세조와 그 왕조는 자신들이 저지른 악행 탓에 백성들의 민심을 얻지 못하고 있었습니다. 결국 왕정의 중심이었던 한명회는 방책을 생각해냅니다. 흉흉한 민심을 다시 되살리기 위해 광대들을 이용해 풍문을 조작하며 사기를 친다는 내용이지요. 조선시대 언론의 역할을 한 것은, 마을을 옮겨다니며 나라 안 이야기를 풀어냈던 광대들의 놀이판이나 외지인들 입을 통해 퍼져나갔던 주막 손님들의 소문이었습니다. 그래서 풍문을 조작해 민심을 움직이려 한 것이지요. 역시 한명회는 영리한 정치인이었던 겁니다. 분명 조선 시대는 절대왕정국가였습니다. 하지만 당시 왕정도 민심을 역행하는 것에 큰 불편함을 느꼈다는 증거이기도 하지요. 한 나라를 지탱하는 힘이 민심에서 나온다는 것은 왕정국가나 민주주의 국가나 어디에서든 통용되는 진리입니다.

　민주주의 사회 속에 살고 있는 오늘, 사회적 쟁점에 대해 국민들이 의견을 내고 여러 관점에서 의견들이 모여 여론이 만들어집니다. 여론이 정당과 이익집단, 선거, 언론을 통해 정부에 전달되면 정책이나 법을 만들고 수행하는 데 반영이 되는 일련의 과정이 민주정치이지요. 여론이 만들어지고 전달되는 데 큰 영향을 끼치는 것이 '언론'입니다. 언론은 사람들이 궁금해 하거나 알아야 할 사안들을 국민들에게 정확하게 알려줘야 해요. 특히 정부가 하는 일에 대해 여론이 만들어지려면 정부가 어떤 방향성을 갖고 정책을 실행하는지 알아야 합니다. 언론은 이런 것들을 국민에게 제대로 알려줘야 합니다. 반대로 국민의 의견이나 여론을 모아 법을 만드는 국회나 국정을 이끄는 정부에 전달하는 역할도 해야 하지요. 국민 다수가 원하는 일과 동시에 정책에서 소외된 소수의 의견까지 다방면, 다각적으로 담아 사회에 퍼뜨리는 일도 필수적입니다. 무엇보다 가장 중요한 역할은 정부, 국회, 사회 등을 비판적으로 바라보는 감시견 역할을 해내는 것입니다. 우리 헌법에서 언론의 자유를 보장하고 있는 것도 공정보도, 사실보도, 권력과 자본에 대한 비판과 견제, 진실탐사 등 제 역할을 충실히 하라는 보장인 셈이니까요. 허나 안타까운 점은 일부 언론사들이 그 자유를 권력으로 알고 자신들의 이익을 위해 오히려 국민과 나라의 눈과 귀를 멀게 하고 있다는 것입니다. 우리 언론의 자국 내 신뢰도가 전 세계적으로 최하위인 가장 큰 이유도 여기에 있는 것이지요.

특히 선거철이 다가올수록, 언론은 후보자들에 대한, 혹은 후보라고 예상되는 사람들에 대한 여론조사를 쏟아냅니다. 여론조사의 가장 큰 순기능은 부정선거를 없애는 데 큰 역할을 했다는 것입니다. 그래서 통계에 기반을 둔 여론조사 기법은 정치에서 중요한 역할을 해왔지요. 문제는 비슷한 시기에 진행한 같은 사안의 여론조사임에도 불구하고 여론조사 기관에 따라 그 결과가 전혀 다르게 나타나, 대중들을 혼란스럽게 할 때가 많다는 것입니다. 기관마다 여론조사 결과가 다른 이유는 설문 구성의 차이, 설문 표현의 차이, 이슈 선정의 차이, 조사방식의 차이 등 때문인데요. 모든 여론조사는 통계의 목적으로 모집단에서 표본을 골라내는 샘플링 기법이 기본으로 이뤄지기 때문에 크고 작은 한계도 안고 있습니다. 하지만 다양한 방식의 조사가 여론의 흐름을 파악하는 데는 더 유리하다고 판단하고 있지요.

결론적으로 각 기관을 통한 여론조사 결과의 문제점은 그리 크지 않다는 것입니다. 문제는 언론입니다. 언론이 이러한 조사 방식의 차이 등은 숨긴 채 결과 위주의 기사들만 자극적으로 쏟아내고 있는 것이 근본적인 문제라고 할 수 있지요. 게다가 정쟁화에 용이한 하나의 이슈에 집중한 채 여론조사를 우려먹기 식으로 보도하면서, 자신들의 이익을 대변하는 행태는 더 큰 문제이고요. 언론은 비판적으로 접근할 필요가 있습니다. 여론조사 결과 보도는 리얼리티 쇼가 아닙니다. 국가정책에 활용, 근거가 되는 중요한 공적자료라는 걸 잊지 말아야 합니다. 더불어, 여론조사 기사를 대하는 우리들의 태도도 중요합니다. 기사 속에서 그 결과가 어떤 의도로 활용됐고, 어떤 주장을 뒷받침하고 있는지 들여다봐야 합니다. 또한 유사한 여론조사를 취합해 모아보는 습관도 필요합니다. 나무가 아닌 숲을 보는 시선을 키우자는 것이지요. 마지막으로 가장 중요한 것, 여론조사를 보고 내 의견을 결정짓지 말아야 합니다. 이는 선거라는 중대 사안을 좌지우지하는 작은 씨앗이 될 수 있기 때문입니다. 우리 스스로 이런 노력을 한다면 언론이 쏟아내는 의도성이 짙은 보도를 보고, 여론조사인지 여론조장인지 정확하게 판단할 수 있지 않을까요?

나르시시즘에 빠진
언론

아름드리나무가 우거진 숲 속 개울가에 한 사내가 엎드려 있습니다. 붉은 천으로 몸을 휘감고 머리에는 월계관까지 썼군요. 귀한 집 자제일 듯싶은데 엎드린 탓에 이목구비가 잘 보이지 않네요. 아, 물 위에 반듯한 얼굴이 비치는군요. 무언가를 빠뜨리기라도 한 것일까요? 뚫어져라 개울을 바라보고 있네요. 그런 사내를 역시 뚫어져라 바라보는 여인도 있습니다. 훔쳐보는 것이라기엔 너무 대놓고 시선을 고정하고 있어요. 상반신을 반쯤 드러낸 모습으로 보아 딱히 숨을 생각도 없는 듯합니다. 손을 뻗으면 닿을 거리에서 자신을 바라보는 여인에게 눈길 한 번 주지 않는 사내. 둘은 어떤 관계일까요?

19세기 영국 화가 존 윌리엄 워터하우스John William Waterhouse, 1849~1917는 신화와 전설 속 여성들을 즐겨 그렸습니다. 신비롭고 사랑스러운, 때로는 깊은 슬픔을 머금은 듯한 여인들은 마주친 사람들의 눈과 미음을 멈추게 만들지요. 이 그림 〈에코와 나르키소스Echo

존 윌리엄 워터하우스, 〈에코와 나르키소스〉
1903

and Narcissus〉1903에서는 물가에 핀 수선화가 힌트입니다. 그리스 신화에 익숙한 분이라면 떠오르는 이름이 있을 것입니다. 강의 신과 물의 요정 사이에서 태어난 나르키소스이지요. 나르키소스는 어렸을 때 "스스로를 알지 못하는 한 오래 살 수 있다"는 수수께끼 같은 예언을 받습니다. 신화에 따르면 소년다움을 잃지 않으면서도 어른스러운, 그런 아름다운 모습으로 자랐다고 합니다. 요즘으로 치면 아이돌급 외모였던 모양입니다. 수많은 소녀들이 그 때문에 밤잠을 설쳤다고 하니까요.

　그렇게 나르키소스에게 빠졌던 소녀들 중에는 요정 에코도 있습니다. 그녀는 원래 끝도 없이 재잘거리는 수다쟁이였습니다. 때문에 여신 헤라의 저주를 받아 자신의 목소리를 잃었지요. 나르키소스 역시 그 무렵 저주를 받습니다. 너무 많은 젊은이들의 마음을 아프게 한 탓이지요. 그리고 자기 자신의 모습을 사랑하게 된 것입니다. 개울에 비친 자신의 얼굴을 바라보며 먹지도 마시지도 못하게 된 나르키소스. 스스로를 몰라야 오래 살 수 있다는 예언이 이뤄진 셈이기도 합니다. 에코는 그런 그를 애처롭게 바라보지만 아무 말도 할 수 없었지요. 그렇게 죽어간 나르키소스의 마지막 자리에는 시신 대신 개울로 고개를 향하고 있는 수선화가 피어 있었다고 합니다.

신화 속 안타까운 남녀의 사연은 어쩐지 여론조사와 이를 전달하는 언론의 모습과 겹쳐집니다. 남녀는 공통적인 부분이 있습니다. 저주에 빠지기 전 에코는 수다쟁이였다고 했지요. 남들이 무슨 말을 하든, 어떤 상황에 놓여 있든, 자기 하고 싶은 말만 하다가 혼이 난 것입니다. 수많은 구애를 몰라줬던 나르키소스도 자기에게만 빠졌던 건 마찬가지이지요. 여론조사는 어떤 현안에 대한 국민들의 생각을 들여다볼 수 있게 해주는 중요한 도구입니다. 그런데 언론에 발표되는 결과들을 보면 고개를 갸웃거리게 할 때가 많습니다. 우선 사실 자체가 의심스러운 경우가 있습니다. 묻는 방식의 미묘한 차이로 결과가 틀어질 수 있지요. 이를테면 대통령을 지지하는 일과 그 대통령이 추진하는 특정한 정책을 지지하는 일은 분명히 다릅니다. 두 개를 섞어버리면 대통령에 대한 지지도가 치솟았다거나 폭락했다고 하는 것입니다.

보다 흔한 경우라면 사실에 대한 가치 판단을 자의적으로 하는 것이지요. 치솟거나 폭락했다는 평가는 어떤 기준으로 이뤄지는 것일까요? 지난달과 비교하면 상황이 나아진 것일 수도 있지만, 1년 전보다는 많이 나쁠 수도 있지요. 비슷한 상황에 놓였던 다른 사람과 비교하는 것도 마찬가지입니다. 언론이 말하고 싶은 방향에 맞춰 기준점을 잡으면 그만이지요. 심한 경우엔 시각적인 효과도 동원됩니다. 오르락내리락 막대 그래프로 한눈에 흐름을 보여주는 듯싶은데, 숫자와 시각적으로 표시된 높낮이가 맞지 않기도 합니다. 객관적인 외부 기관에서 조사한 결과이니 그럴 듯하게 보이지만 거짓 아닌 거짓일 수 있는 것입니다. 이런 예들은 얼마든지 찾을 수 있습니다. 언론 소비자들이 딱히 관심을 갖지 않는 한 알아채기 어렵지요.

언론은 왜 그렇게 자기 하고 싶은 말만 하는 것일까요? 선거를 앞두고 일정한 기간 동안 여론조사 결과를 알리지 못하도록 한 공직선거법을 보면 짐작할 수 있습니다. 밴드왜건Band Wagon 효과, 언더독 Underdog 효과에 관해 들어보셨을 것입니다. 밴드왜건이란 떠들썩한 축제를 이끄는 악단을 가리킵니다. 집 안에 머물러 있던 사람들을 끌어내 함께 즐기도록 만드는 것이지요. 그렇게 사람들이 모이기 시작하면 더욱 많은 사람이 우루루 모여드니까요. 반대로 언더독은 어딘지 약해 보이는 바람에 속칭 동정표를 받는 것입니다. "많이 부족하지만 열심히 해보겠습니다"라고 하면 도와주고 싶어하는 게 사람 마음이니까요. 공직선거법은 선거 기간에 발표되는 여론조사가 이런 식으로 유권자들의 심리를 자극한다고 본 것입니다. 자칫 투표의 공정성을 해칠 수 있다고 우려한 것입니다. 정당의 정책이나 후보자의 자질을 따지는 합리적인 선택이 아니라 감정에 휘말릴 수 있다는 것이지요.

법이 그렇다고 설명을 하면서도 솔직히 마음에 걸립니다. 유권자들의 판단력을 그렇게 못 믿는 것일까요? 어쩐지 살짝 기분이 나쁘기도 합니다. 돈봉투와 먹거리로 표를 사던 시절 얘기를 하고 있는 건 아닐까 해서요. 그보다는 여론조사를 다루는 언론의 방식에 대한 불신이 오히려 크지 않을까 싶습니다. 객관적이고 정확한 전달이 아니라 어떻게든 의도를 포함시키려 할 수 있기에 아예 막았다고 봐야 하는 건 아닐까요? 그리고 그런 문제는 선거 기간 이전에도 마찬가지입니다. 진짜 여론을 파악하고 전달하는 일이 아니라 언론이 원하는 방향으로 끌고 가기 위해 여론조사라는 도구를 사용하는 건 아닌지 해서요. 자신의 아름다운 미모에 수많은 소녀들이 끌렸던 일을 나르키소스는 즐겼겠지요. 그렇게 뉴스 소비자들을 현혹시키려고 하는 건 아닌지 모르겠습니다. 하지만 국민은 일방적인 짝사랑에 휘둘렸던 에코가 아닙니다. 목소리를 잃지도 않았기에 분명하게 경고를 주고 있지요. SNS를 통해 정확한 사실을 짚어내고 퍼뜨립니다. 자만심에 빠져 그런 경고에 귀를 기울이지 않으면 나르키소스처럼 비극적인 결말에 빠질 수 있습니다. 작고한 문학평론가 김현은 〈나르시스의 시론〉을 통해 나르키소스가 상상과 현실의 차이를 깨닫는 바람에 죽음에 이르게 됐다는 해석을 하기도 했지요. 혹시 언론도 상상에 빠져 스스로의 모습을 과대평가하고 있는 것은 아닐까요? 들려주고 싶은 것들만 들려주고, 보여주고 싶은 것들만 보여주는 언론이 아니기를 바랍니다.

한편 워터하우스의 그림 자체가 일종의 여론조사에 휘말려 논란이 된 일이 있습니다. 영국 맨체스터 미술관이 2018년 1월 갑작스레 그의 작품 〈힐라스와 님프들〉을 전시관에서 치웠던 것입니다. 역시 그리스 신화에 나오는 일화인데요. 미소녀 왕자 힐라스의 미모에 반한 요정들이 그를 연못 속으로 유혹하는 장면입니다. 팔을 잡고, 옷가지를 끌어당기며, 그윽한 시선을 보내는 여인들이 그려져 있지요. 그림 속 장면의 결론을 말하자면, 왕자는 물에 빠져 목숨을 잃습니다. 남성의 욕망을 자극해 파멸에 이르게 하는 여성, 성적 대상으로 그려진 여성, 미술관은 이것을 문제 삼은 것입니다. 그런 그림을 공공미술관에서 전시하는 것이 옳은지에 관한 관객들의 의견을 묻겠다는 것이었지요. 그림을 치운 자리에 관객들의 의견을 묻는 메모장을 놓았습니다. 그럴 수도 있을 것 같지만 결과는 대참사였습니다. 120년 동안이나 걸려 있던 그림을 갑작스레 치워버렸다는 사실에 분노만 샀습니다. 당장 되돌려놓으라는 항의가 빗발쳤지요. 같은 취지로 여론조사를 하더라도 어떻게 묻느냐에 따라 결과가 얼마나 달라질 수 있는지 비춰볼 만한 일화가 아닐까요?

⚖

여론은 허구인가,
실체인가

가브리엘 타르드 지음, 이상률 역음, 《여론과 군중》
이책, 2015

      사회가 잘 유지되려면 그 사회 구성원들의 의견을 듣
는 일은 무엇보다 중요합니다. 민주적 사회가 다양한 의견이 경쟁하
는 장인 이상 여론은 민주정치의 핵심일 수밖에 없어요. 영어로는
'Public Opinion'으로 표현되는 여론은 주로 공적 사안 등에 대해
'공중이 갖는 의견'이란 뜻이에요. 우리는 흔히 여론이 다수의 의견
이라는 점에서 옳은 것으로 여기곤 하지만 의견이란 말 그 자체에는
그것이 늘 진리는 아니라는 의미가 내포되어 있어요. 여러분도 다

인정하겠지만 다수의 의견이라고 하여 결코 항상 옳을 수는 없으니까요.

아무리 다수의 의견이라 하더라도 잘못된 것일 수 있는 이유는 무엇보다 의견이 사실로만, 진실로만 이루어지는 것이 아니기 때문이에요. 철학에서도 의견은 진리에 기초하지 않은 변덕스러운 것, 그래서 우리가 깊이 신뢰할 수 없는 것으로 여기죠. 의견의 변덕스러움은 공적 문제를 놓고 여론이 변하는 것에서도 쉽게 알 수 있어요.

이런 공중의 의견이 갖는 변덕스러움 때문에 여론에 대해 매우 비판적인 미국의 사상가가 있어요. 이젠 고전이 된《여론public opinion》1922을 쓴 월터 리프먼Walter Lippmann, 1889~1974입니다. 리프먼은 우리의 의견에는 '일상적인 사실, 창조적인 상상력, 믿고자 하는 의지', 이 모든 것이 다 녹아들어가 있어서 여론이 현실이 아니라 허구에 빠져들기 쉬운 성향이 있다고 봐요. 리프먼은 사실에다 창조적 상상력, 믿고자 하는 의지 등을 활용하는 것들이 여론 조작의 전형적인 방식이라고 보았죠. 여러분, '다수의 독재'라는 표현 들어보셨죠? 이 표현을 만든 사람은 알렉시스 드 토크빌Alexis de tocqueville, 1805~1859이라는 프랑스의 자유주의 사상가입니다. 그리고 이 표현을 받아 널리 대중화시킨 사상가가 존 스튜어트 밀John Stuart Mill, 1806~1873이었지요. 그런데 이 두 사람이 '다수의 독재'를 비판했을 때 알고 보면 그 다수란 여론을 의미하는 거였어요. 이런 비판에는 공중이라는 존재에 대한 의심이 깔려 있는데요. 실제로 리프먼은 공중의 존재를 '유령'이라고 말합니다. '공중은 존재하지 않는다!'

그렇다면 공중은 정말 유령에 불과한 것일까요. 리프먼과 비슷한 시기에 이 질문에 나름의 답을 찾을 수 있는 단초를 제공하는 학자가 있습니다. 가브리엘 타르드Gabriel Tarde, 1843~1904, 살아 있을 당시 에밀 뒤르켐David Émile Durkheim, 1858~1917과 더불어 프랑스를 대표하는 사회학자였지요. 하지만 뒤르켐과의 학문 권력 투쟁에 밀려 사회학에서 한동안 사라진 이름이었답니다. 다행히도 타르드는 최근에 부활하며 그 가치를 알리고 있어요.

타르드의 저작 중에 《의견과 군중L'opinion et la foule》이라는 걸작이 있습니다. 1901년에 출간된 책이지요. 우리말 번역서의 제목은《여론과 군중》인데, 제 생각엔《여론과 공중》으로 제목을 붙이는 게 더 맞지 않나, 그런 생각이 들어요. 타르드가 이 책에서 근대에 새롭게 탄생한 집단으로서 공중을 생생하게 그려내고 있기 때문이지요. 타르드는 고대 세계엔 공중이 존재하지 않았다고 말합니다. 맞아요. 타르드가 지적하듯 고대 그리스어에도, 라틴어에도 '공중'이라는 용어가 없어요. 그렇다면 고대세계에는 존재하지 않는 공중이 어떻게 근대에 탄생할 수 있었던 것일까요? 그 이유는 16세기 인쇄술의 발명 때문이었어요. 이 활자의 발전으로 인해 특정 정보를 많은 사람들에게 전파하게 되고, 이 정보를 중심으로 특정 사안에 대해 생각을 공유한 사람들이 등장하게 되었다는 거죠.

타르드는 이렇듯 인쇄술의 발명이 만들어낸 공중이 본격적으로 왕성하게 형성되기 시작한 계기가 프랑스대혁명이었다고 단언합니다. 왜냐고요? 프랑스대혁명 이후 신문이 본격적으로 보급되기 시작했기 때문이에요. 타르드는 신문을 통해 특정 사안에 대한 유사한 정보를 공유하며 의견을 형성하는 집단이 공중이며, 이런 측면에서 공중은 의견을 중심으로, 정신적으로 결합된 집단이라고 규정하지요.

그런데 타르드의 놀라운 점은 이런 공중이 만드는 의견, 여론이 어떻게 형성되는지 보여주는 데 있어요. 여러분은 여론이 어떻게 만들어진다고 생각하나요? 공중이 갖는 의견이니 공적인 장에서 만들어지는 것이 여론일까요? 타르드는 단연코 아니라고 말합니다. 타르드에 따르면 모든 여론은 사적 대화에서 시작됩니다. 진정한 여론은 자유로운 분위기에서 만들어지기 때문이지요. 우리가 여론이 만들어진다고 믿는 공적인 장에 참여하는 사람들은 공적인 형식 때문에 솔직하게 자신의 생각을 털어놓지 못하는 경우가 많아요. 이런 점에서 타르드는 진정한 여론은 사적인 장에서 만들어진다고 합니다. 간단히 말해 신문을 읽고 친구끼리 나누는 사적인 대화가 진정한 여론이 만들어지는 자리인 거예요. 그런데 타르드는 이렇게 사적인 장에서 우리의 여론이 형성되는 중요한 조건 하나를 이렇게 지적합니다.

> 또한 그 사람들 각자가 자신의 판단과 다른 사람의 판단이 비슷하다는 다소 분명한 의식을 갖는 것도 반드시 필요하다. 왜냐하면 각각의 사람이 자기만 따로 판단하고 있다고 생각한다면, 그들 중 어느 누구도 무의식적으로 자신과 비슷한 자기 동류들과 긴밀하게 결합되어 있다고 느끼지 않을 것이기 때문이다.

이처럼 여론에는 우리가 다른 이들과 긴밀하게 결합되어 있다고 느끼는 동류의식이 자리잡고 있다는 타르드의 지적은, 여론이 스스로 합리적으로 판단한 결과가 아니라 자기와 비슷하다고 여기는 사람들의 판단을 따라가는 것임을 보여주고 있어요.

실제 여론조사는 다수가 누구인지를 보여준다는 점에서 여론을 주도할 수 있는 힘이 있어요. 여론조사가 다수의 의견이라는 증거로 무엇보다 숫자를 내세우기에 대다수의 사람들이 여론조사 결과를 신뢰하는 성향이 있기 때문이에요. 그래서 여론조사는 여론몰이나 정치적 도구로 쓰기 용이한 측면도 있지요. 특히 정확한 정보가 없는 사람들일수록 다수가 생각하는 쪽으로 이끌리기 쉬워요. 따라서 스스로 판단하는 대신, 자기가 속해 있다고 여기는 집단에서 대세인 의견이기에 받아들이는 사람들이 많을수록, 여론이 합리적 판단의 결과가 아닐 가능성도 높아지는 거예요. 리프먼은 언론이 여론의 이런 속성을 파악하고 여론을 조작한다고 비난하고 있는 겁니다.

그래서 여론조사를 대하는 우리의 태도는 매우 중요해요. 여론조사 결과를 볼 때는 '이게 여론조사의 결과이니 옳다'가 아니라, '그 여론의 판단이 얼마나 민주적 삶의 원리에 부합하는가'부터 살펴보아야 한다는 생각이 들어요. 아무리 다수가 지지한다고 하더라도 그것이 민주적 규범에 어긋나는 것이라면, 일단 한 발 물러서서 여론이 조사를 통해 '다수'라고 제시하는 판단을 신중하게 살펴보아야만 합니다. 만약 우리가 민주적 규범에 어긋난 입장(예를 들어, 트럼프와 그 지지자들이 내세운 '이민자를 차별하는 것은 당연하다'는 식의 주장)을 다수의 여론이라는 명목으로 받아들인다면, 그것은 특정 사안에 대한 합리적 판단이 아니라 절제하지 못한 욕망의 결과일 수도 있기 때문이지요. 여론에 대해 그런 태도를 유지하지 못한다면, 일어날 수 있는 공중의 폐해를 타르드는 이렇게 적어둡니다.

공중의 전횡이나 독단주의는 군중의 그것보다 덜 심각하긴 하지만, 반면에 훨씬 더 끈질기고 만성적이다.

언론의 자유, 어디까지 허용되는가?

징벌적손해배상제,
자유 탄압 vs 개혁의 시작

언론 오보 피해자에 대한 위자료는 고작 4백만 원이다

"《조선일보》기사 이후 많은 악플을 견뎠고, 힘든 시간을 보냈다. 정정보도가 나왔다고 그 시간이 사라지는 것도 아니고, 계속해서 나를 증명해야 하는 상황에 놓였다. 이런 일을 당해도 개인이 직접 소송하고 스스로 오해를 풀고, 오해가 풀렸다는 것도 개인이 알려야 했다. "《조선일보》를 상대로 정정보도와 손해배상청구를 진행했던 언론 오보 피해자 최현희 교사의《미디어오늘》인터뷰 내용

중 일부입니다. 2017년 8월 25일 자《조선일보》기사 제목입니다. "수업시간에 '퀴어축제' 보여준 여교사, 그 초등교선 '야, 너 게이냐' 유행". 이 기사는 최초 보도된 이후 1년 10개월이 지난 2019년 6월 22일에야 바로잡혔습니다. 언론이 한 개인에게 행한 지울 수 없는 낙인에 대한 위자료는 고작 4백만 원. 그리고 무엇을 정정하는지 알기 어려운 정정보도문이 전부였습니다. 어쩌면 교사로서 평생을 안고 가야 할 주홍글씨 낙인과 정신적 피해에 대해서 우리 법은 승소율도 손해배상금액도 낮았습니다. 가장 답답한 것은 이러한 언론 오보 피해에 대해 명확하게 책임지는 사람이 없다는 것입니다. 억울한 누명을 쓴 당사자만이 그 무게를 오롯이 견뎌야 하지요. 이것이 언론 오보를 대하는 우리 사회의 민낯입니다.

매년 오보로 인해 억울한 누명을 쓰는 사람들이 계속 생기고 있습니다. 피해보상에 대한 분명한 변화가 필요했지요. 언론에 의한 가짜 뉴스를 막기 위해 언론사에 대한 징벌적손해배상제 도입 논의가 이어졌던 이유입니다. 본격적인 논의가 시작된 것은 2004년입니다. 2004년 5월에서 6월에 이르기까지, 언론사들은 너도나도 할 것 없이 이 표현을 쏟아냈습니다. 일명 '쓰레기 만두'. 쓰레기 만두 사태는 일파만파 온 나라를 집어삼킵니다. 그 과정에서 수많은 만두업체들은 도산했고 몇몇 자영업자들은 스스로 목숨을 끊기도 했습니다. 당시 보도는 오보였습니다. 가해자를 지목할 수 없는 억울함, 이를 감당해야 했던 오보 피해자들. 그러나 책임지는 사람은 하나도 없었습니다.

같은 해인 2004년, 언론중재법이 만들어졌습니다. 그 안에 언론 보도 피해와 관련된 구제도 생겼지요. 비록 언론 피해에 대한 강력한 법적 책임을 물을 수는 없었습니다. 언론중재위원회가 해당 언론사와 피해자 사이를 조정 및 중재를 하는 정도의 조치였지요. 하지만 그마저도 당시 언론계의 반대는 극심했습니다. 그로부터 17년이 흐른 2021년 현재, 여전히 관련 법안 도입을 두고 찬반 논란이 이어지고 있습니다.

언론사들은 언론 자유를 탄압하는 악법이라며 반발합니다. 권력자에 대한 의혹의 목소리조차 내지 못하게 만드는 족쇄이고, 언론 활동 위축으로 국민의 알 권리가 침해되는 폐해가 생길 거라고 합니다. 기업들도 언론 눈치를 보듯, 징벌적손해배상제 도입 자체에 대해 우려의 목소리를 모으고 있습니다. 반면 우리 언론의 신뢰도 측면에서 봤을 때, 이제는 관련 법안을 도입할 시기라는 주장도 나오고 있습니다. 영국 옥스퍼드대학 부설 로이터저널리즘연구소가 발간한 《디지털뉴스리포트 2020》에서 한국의 언론 신뢰도는 조사 대상 40개국 중 최하위로 집계됐습니다. 2017년부터 4년 연속 바닥에 머무르고 있지요. 심각한 수준입니다. '한국은 언론이 자유롭지도, 공정하지도 못한 언론 후진국 수준이라는 것'을 전 세계에 스스로 증명한 결과지요. 기존 언론시민운동이 언론사 내부의 자유를 획득하고 언론계가 민주화를 이루는 데 있었다면, 요즘은 언론에 팽배한 반민주적 행태에 대한 비판과 이에 피해 받은 국민을 보호하는 것으로 옮겨지고 있습니다. 그만큼 언론 신뢰도는 낮고 피해 이슈는 많다는 이야기지요.

한편, KBS가 발표한 〈2020년 3분기 미디어 신뢰도 조사〉에 따르면 유튜브가 신문·방송·포털·인터넷 언론을 모두 포함해 1순위 응답 기준으로 '신뢰하는 언론매체' 5위를 기록했습니다. KBS, MBC,

JTBC, TV조선에 이은 상위권으로 24시간 뉴스 채널 YTN보다 앞선 결과였지요. 이제는 유튜브 검색 창에서 궁금증을 해결하는 시대를 넘어 그곳에서 나오는 콘텐츠와 정보를 신뢰하는 시대가 된 것입니다. 또한 언론의 공론장이나 토론장에서 다뤄져야 할 사안들이 유튜브를 통해 더 활발하게 이뤄질 때도 많습니다. 언론의 공정성·공영성이 점점 약해지면서 그 신뢰도가 무너지고 있다는 증거이지요.

하지만 언론계는 수년째 언론개혁에 대한 의지와 구체적인 방안을 보여주지 못하고 있습니다. 징벌적손해배상제와 관련된 사안은 더 이상 언론계 내부에서 판단할 문제가 아닙니다. 각계의 객관적인 분석과 국민의 관점을 중심으로 언론개혁의 제도적 도입이 시급한 상황이지요. 언론계 스스로 국민과의 이견을 이대로 방치할 것인지 다각적인 고민이 필요한 때입니다.

우리 언론은 예나 지금이나 각종 꼼수로 피해갈 궁리만 하고 있지는 않은지 자문해야 합니다. 관련 사안에 대한 깊이 있는 사회적 논의보다 신문 사설과 같은 방패 뒤에 숨어 반대 목소리를 내고 있으니까요. 물론 언론사의 징벌적손해배상제 도입만으로 가짜 뉴스, 오보 등의 피해가 모두 해결되는 것은 아닙니다. 그래서 정치권력, 국민, 기업 모두가 함께 노력을 기울여야 하지요. 그래도 일차적 책임은 '언론'에 있습니다. 공정 보도·객관 보도 원칙이 그 시작입니다. 이념적 잣대에 의한 왜곡·축소·과장 보도로 발생하는 오류부터 잡아나가야 합니다. 다만, 일부의 우려처럼 언론의 자유, 표현의 자유와 직결되는 문제이기에 더욱 정교한 입법이 필요합니다.

제4의 권력,
언론

언론을 가리켜 '제4계급'이라 부르기도 합니다. 일찍
감치 19세기에 유럽의 국회에서 의원들을 감시하는 기자들을 가리켜
만들어진 말이지요. 권력에 대한 견제 장치로서의 역할을 강조한 것
인데요. 오늘날에는 입법·행정·사법과 별개의 특별한 권력이라는
뜻으로도 쓰입니다. 그 자체로 이미 힘을 가진 존재라는 것입니다.
그렇다면 언론이라는 이름의 권력은 누가 어떻게 견제해야 할까요?

언론 자체를 취재원으로 삼아 각 언론사가 만늘어내는 뉴스글 분
석하는 기업으로서, 언론사에 대해 보도하는 매체가 있고요. 언론을
지켜보는 시민단체가 있습니다. 불공정하거나 편향된 뉴스들을 지적
하고 감시하는 것이지요. 최근에는 시민 개개인의 역할도 중요해졌
는데요. SNS처럼 달라진 매체환경 덕분에 스스로 목소리를 낼 수 있
기 때문입니다. 기성 언론과 비교해 제5계급이라 부르기도 할 만큼
점점 중요한 위치를 되찾아가고 있지요. 애초에 모든 권력은 국민으
로부터 나온 것이기에 '되찾는다'고 한 것입니다. 대의제 민주주의가

그렇듯이 불가피하게 누군가에게 맡겨놓기만 했던 일들을, 과학 기술의 발전으로 누구든지 직접적이고 적극적으로 할 수 있으니까요.

제도적 장치로는 언론중재위원회가 있습니다. 언론으로 인해 피해를 입은 개인이나 단체가 언론기관에 정정보도, 반론보도, 추후보도 및 손해배상을 요구할 수 있도록 돕는 것입니다. 과거에는 법원의 재판을 통해서만 그런 것들을 청구할 수 있었지요. 재판은 각자의 주장을 엄격하게 증거로 따져 어느 한쪽의 손을 들어주는 일이잖아요. 그만큼 적지 않은 노력과 시간을 들여야 하니까 억울해도 꾹꾹 삼켜야 하는 경우가 많았지요. 대신 언론사나 시민 양쪽이 받아들일 수 있는 정도의 중재안을 만들어 해결하도록 한 것입니다. 빠르고 효율적이지만 한계도 있습니다. 가장 두드러진 부분은 손해배상인데요. 언론사들이 쉽게 받아들이지도 않고, 어쩌다 인정을 해도 피해자 입장에서는 턱없이 부족한 수준이기 때문입니다. 그 이유는 현재의 우리 법이 가진 근본적인 한계 때문입니다.

누군가 다른 사람에게 일부러 혹은 실수로 피해를 끼치면 금전으로 이를 메워주는 일을 손해배상이라고 합니다. 당연한 일처럼 여겨지지만 법으로 그렇게 정해놓았기 때문에 이뤄지고 있는 것입니다. 물건을 부쉈다면 같은 물건을 가져오도록 법으로 정할 수도 있으니까요. 그에 비하면 쉬워 보이지만, 돈으로 물어주는 것 역시 간단한 일만은 아닙니다. 얼마짜리 물건에, 손해는 어느 정도 났으며, 누구에게 더 큰 책임이 있는지, 시시콜콜 따지기 시작하면 꽤 어지럽습니다. 그래서 자동차 사고가 나면 과실비율을 두고 다투는 일이 벌어지는 것입니다.

손해배상을 둘러싼 여러 문제점 중 금액에 관해 두 가지를 짚고 싶습니다. 우선 사람을 죽거나 다치게 했을 때 손해배상금을 계산하는 기준입니다. 불편하지만 현실로 이뤄지고 있는 '목숨값'을 따지는 방법입니다. 아주 단순하게 정리하자면 사고가 일어났을 때 수입이 어느 정도였는지, 얼마나 더 벌 수 있었는지가 기준입니다. 그러니까 정년이 60세인 직장인이 40세에 사고로 목숨을 잃었다면 20년의 수입을 얻지 못했다고 계산합니다. 그 금액에서 평균수명까지 사는 데 필요한 생계비를 빼는 것입니다. 합리적인 기준처럼 보이지만 함정이 많습니다. 이런 것들입니다. 60세라면 요즘 기준으로는 '노인'으로 쳐주지도 않지요. 그렇더라도 정년을 지나서는 소득이 없는 것으로 가정하는 것입니다. 현재 비정규직이거나 프리랜서라면 최소한의 소득을 기준으로 삼습니다. 취업 전의 학생이나 주부 혹은 어린아이라면 어떨까요? 가장 낮은 기준인 일용 근로자가 기준입니다. 어떤 아이인지, 얼마나 유망한 장래가 기대되는지 알 수 없다는 것이 이유입니다. 최저 기준으로 예상 수입을 따진 다음, 성장해서 사망에 이를 때까지의 생계비를 빼면 얼마가 남을까요? 아이의 목숨값이 그 생명을 빼앗은 자동차 값보다 덜 나갈 수 있는 참담함이 남습니다.

　비정규직 문제를 해결하기 어려운 것도 손해배상 산정 기준 탓이 큽니다. 원청보다 하청 회사의 직원에게, 또는 정규직보다 비정규직 근로자에게 물어줘야 할 손해배상액이 적은 것입니다. '위험의 외주화'라는 말이 그래서 나오는 것입니다. 복잡할 것 없습니다. 화력발전소에서, 지하철역에서 청년들이 죽어야 하는 이유도 그래서입니다. 법이 그렇게 만들어져 있으니 어쩔 수 없다는 것은 핑계가 아닙니다. 그 법이 왜 만들어졌을까요? 산업화를 이루는 동안 국가나 기업의 성장을 우선시하며 사람을 아끼지 않았기 때문입니다. 이제는 그렇지 않을 수 있습니다. 이런 단순한 문제를 언론은 지적하고 바꿔가지 못하고 있습니다. 권력으로부터의 자유와 독립을 외치면서도, 들어오는 돈을 위해 기업을 자발적으로 끌어안기 위해서겠지요.

손해배상에 관한 다른 문제로는, '정신적 피해'가 있습니다. 지금까지 우리 법은 이에 대해 아주 소극적으로 인정하고 있습니다. 역시 산업화 과정의 폐해입니다. 금전적인 손해가 메워지면 정신적인 피해도 치유된다고 보는 것이 원칙입니다. 누군가 아무리 소중하게 여기던 물건이라 할지라도 물건값만 물어주면 되는 것입니다. 부모님으로부터 물려받은 혹은 사랑했던 누군가로부터 받은 단 하나밖에 없는 물건이라도 시세만큼만 쳐주는 것입니다. 원칙이 그렇다 보니 예외적으로 인정하는 정신적 피해에 대한 손해배상 액수도 소소하기 그지없지요. 명예훼손으로 인한 정신적 피해에 대해 언론사가 배상해주는 금액이 대표적입니다. 언론중재위원회에서 인정해주는 금액은 거의 1~2백만 원을 넘어가지 않습니다. 법원에서도 크게 다르지 않습니다. 그나마 언론사가 인정하고 배상해주면 다행입니다. 못 주겠노라고 버티면 법원으로 가야하는데 애매합니다. 직접 하자니 법을 몰라 어렵고, 변호사를 선임하자니 배보다 배꼽이 큽니다.

이런 문제들을 극복하기 위한 방법 중 하나로 징벌적손해배상제가 거론되는 것입니다. 피해를 입은 쪽만 기준으로 삼을 게 아니라, 가해를 한 쪽이 얼마나 잘못했는지에 따라 무겁게 손해배상을 하도록 하자는 것입니다. 돈 때문에 사람 목숨을 가볍게 여긴다면 그 돈을

알브레히트 뒤러,
〈눈을 가린 정의의 여신〉
1494

빼앗자는 것입니다. 이것만큼 단순하고 합리적인 논리가 있을까요? 하지만 기업들은 당장 회사 문을 닫아야 할 것처럼 반대를 하지요. 징벌적손해배상제가 운영되고 있는 나라에서도 활동하는 글로벌 기업들조차 말입니다. 황당한 것은 언론입니다. 언론의 자유를 위축시킨다며 반대합니다. 자유는 권력기관이나 돈을 움켜쥔 기업을 향해 다투는 것이겠지요. 제4의 계급으로까지 분류되는 언론이, 나서서 보호해야 할 국민을 향해 주장할 것은 아니지요. 이해 당사자의 위치에 서는 바람에 언론이 본연의 기능을 망각하는 일이 이 문제 하나뿐일까요?

　위의 작품은 16세기 북유럽 르네상스를 완성시킨 인물로 인정받는 알브레히트 뒤러Albrecht Durer, 1471~1528의 작품으로 추측되는 목판화입니다. 그 무렵 뒤러의 사회적 영향력이 워낙 컸기에 그의 작품으로 여겨지는 것인데요. 〈눈을 가린 정의의 여신The Fool Blindfolding Justice〉1494입니다. 유럽에서 만들어진 동상이나 그림에서 정의의 여신은 눈을 가리고 있곤 하지요. 그 상태로 한 손엔 저울을, 다른 한 손엔 칼을 들고 있습니다. 선입견을 가지지 않기 위해서라고들 그럴 듯하게 갖다붙입니다. 그런데 이상하지 않습니까? 아무리 여신이라지만 보지도 않고 어떻게 저울을 재고 칼을 휘두를 수 있을까요? 그게 아니라 뒤러의 그림에서처럼 제대로 법을 집행할 수 없게 만드는 광대 같은 존재들 때문에 정의의 여신이 우스꽝스러워지는 현실을 비꼰 것입니다. 세월이 흐르다 보니 정반대의 해석을 하게 된 것이지요. 언론이 입법부와 사법부를 견제하는 것이 아니라, 제대로 된 법을 만들고 집행하는 일을 막고 있는 것은 아닌지 하는 착잡함에 소개한 작품입니다. 사족이지만 우리 대법원에 놓인 정의의 여신은 두 눈을 크게 부릅뜨고 있습니다. 오히려 언론이 눈을 감고 있는 부분은 없는지 살펴보고, 혹시 그렇다면 흔들어 깨워야지요.

기레기 저널리즘과
오보의 시대

정철운 지음, 《뉴스와 거짓말》
인물과사상사, 2019

노무현 대통령이 이렇게 말했다. "내가 (검찰을) 죽이려 했다면 두 번을 갈아 마실 수 있었겠지만 그러지 않았다."

2004년 1월 12일, 《조선일보》가 보도한 내용입니다. 검찰 독립성을 둘러싸고 논란이 일어나던 시기, 이 보도는 당시 노무현 대통령에게 치명타였지요. "확인 결과 (갈아 마시겠다는) 발언을 한 사실이 없는 것으로 밝혀져 바로잡는다." 2005년 2월, 《조선일보》의 정정보도 내용이었지요. 그게 다였어요. 노무현 대통령은 이미 엄청난 타격을 입은 뒤였습니다.

《주간조선》이 2007년 9월, "봉하마을 '노무현 타운' 6배 커졌다"라는 제목의 커버스토리를 내놓았지요. 이 보도가 시작이었어요. 연이어 《조선일보》《중앙일보》《동아일보》가 노무현 대통령의 사저부지가 역대 대통령 가운데 최대라며 비판하는 기사를 실었지요. 좀더 구체적으로 볼까요. 《조선일보》는 2007년 11월 10일, "봉하마을에 노무현 정원 만드나"라는 사설을 통해 봉하마을 주변 삼림을 건강한 숲 가꾸기 사업 대상으로 삼은 것을 비판했어요. 그러면서 이렇게 썼지요. "봉하마을 관광지 사업과는 별개로 자연보호와 휴식 공간 활용 목적이라고 하지만, 이를 믿을 국민은 아무도 없다." 그런데 정작 알고 보면 이 사업은 노 대통령이 귀향 전에 한나라당 출신 김해시장이 자신의 지지율을 높이기 위해서 2005년부터 추진했던 건이었어요.

아무런 실체가 없는 노무현 타운 보도 이후 봉하마을과 직접 관련이 없는 김해시의 각종 사업으로까지 번져나가 처음엔 수십 억이라던 봉하마을 관련 예산이 나중에는 495억 원이라는 보도까지 나왔어요. 봉하산 웰빙숲조성사업 예산, 봉하마을과 1km 이상 떨어진 화포천 생태환경복원사업비, 김해시 진영시민문화센터 건립 예산, 법에 근거해 짓는 대통령경호시설 예산 등을 모조리 포함시켜 봉하마을 관련 예산을 495억 원까지 부풀렸지요. 그런데 앞서도 말했지만 알고 보면 많은 관련 사업이 당시 한나라당 소속 김해시장이나 의원 등이 제안한 사업인데도 말이지요.

이 악의적 오보들이 2008년 이명박 정부 첫해엔 노무현 아방궁 논란으로 번져나갔습니다. 당시 한나라당 홍준표 원내대표가 국정감사에서 노무현 대통령이 퇴임 후 머무르게 될 사저를 언급하며 "노무현 대통령처럼 아방궁 지어놓고 사는 사람이 없다"고 주장했지요. 이후 관계자들이 기자들에게 제발 한 번이라도 봉하마을에 와서 진짜 아방궁인지 체크해보라고 부탁했어요. 그런데 아무런 소용이 없었습니다. 졸지에 12억을 들인 1층 단독주택 건물이 아방궁이 되어버렸어요. 사저의 대지가 1만 평이나 된다는 보도까지 나왔지만, 알고 보면 국가 소유로 건립된 경호동까지 포함된 면적이었어요. 사저가 있고, 대통령을 경호하기 위한 비용이 있는데 대통령 경호 비용을 사저를 짓는 비용, 사저가 들어서는 땅을 구입하는 비용으로 탈바꿈시켜 보도했던 것이었죠. 이후 여러 언론들이 가세해 사저 규모를 비판했는데, 사저 땅값을 확인해보면 전두환 전 대통령 사저 터의 개별 공시지가보다 7배 이상이나 싼 것이었어요. 이로 인해 또 커다란 정치적 타격을 입은 것은 말할 것도 없었지요. 노무현 전 대통령 사저가 2016년 5월 1일에 일반인에게 첫 공개되었을 때, "아방궁은 무슨, 소박하다"는 식의 제목의 기사들이 나왔어요.

대한민국 언론의 오보를 기록한 《뉴스와 거짓말》에서 정철운 기자는 이렇게 말합니다. "오보는 대상을 가리지 않는다. 초등학생뿐만 아니라, 권력의 정점에 있는 대통령도 오보 피해자였다." 그런데 지금 우리가 살펴본 내용들이 오보였을까요? 오보는 말 그대로 '사실이 아닌 잘못된 보도'라는 뜻이지요. 정확히 확인하지 못하거나 않았을 때 생겨나는 일입니다. 하지만 앞에서 살펴본 내용은 오보라기보다는 조작된 뉴스, 알고 있으면서도 왜곡해서 쓴 허위조작정보나 다름 없는 뉴스라고 할 수 있어요. 언론이 정파적 입장에서 권력 투쟁 가운데 만들어낸 가짜 뉴스들인 거지요.

우리나라에서 언론에 대한 징벌적손해배상제에 관한 이야기가 나오는 맥락이 이런 데 있어요. 실제 우리나라에는 '언론 보도에 대한 실질적 피해구제'를 할 길이 제도적으로 잘 마련되어 있지 않을 뿐만 아니라, 오보로 인해 피해를 입은 사람에 대한 배상도 적절한 수준에서 이루어지지 않고 있는 게 현실이에요. 예를 들어 언론중재위원회 자료를 보면 2010~2019년 법원이 언론 보도 관련 손해배상청구 소송에서 결정한 손해배상액의 평균값은 1,858만 원이고 중간값은 660만 원에 그쳤어요. 다시 말해 대체적으로 배상이 660만 원에 그쳤다는 거죠. 많은 전문가들이 이런 배상액은 피해자가 변호사 선임에 들이는 비용에도 미치지 못한다고 지적하고 있어요. 그래서 미국처럼, 그 내용이 명백하게 위법이고 그 의도가 명백하게 악의적인 보도에 대해서 형벌적 요소의 배상액을 추가하는 제도를 만들자는 요구가 이어지고 있는 겁니다.

솔직하게 말하면 저는 징벌적손해배상제에 찬성하지 않아요. 자유롭게 언론이 표현할 수 있는 국가일수록 더 국가가 투명하게 작동한다는 것은 경험적으로 증명된 사실이니까요. 단적인 예로 징벌적손해배상제가 만들어지면 대기업, 정치인, 고위공직자들이 자신에 대한 비판을 막기 위해 소송을 남발할 가능성이 충분히 있어요. 게다가 뉴스를 생산하는 거점이 초국적 기업이 관리하는 유튜브 등의 새로운 미디어로 넘어가는 상황에서 국제적 공조가 없다면 징벌적손해배상제가 마련된다 하더라도 그다지 실효성도 없을 거예요. 기성 언론이 통제되면 유튜브와 같은 대안 언론으로 가짜 뉴스들은 거점을 옮기고 더 심하게 기승을 부리게 될 테니까요.

하지만 영국 옥스퍼드대학 부설 로이터저널리즘연구소가 2020년 6월에 내놓은 《디지털뉴스 리포트 2020》는 징벌적손해배상제를 반대하는 언론을 향해 자신부터 돌아보라 말하고 있어요. 이 보고서에서 우리나라의 언론 신뢰도는 40개국 중 40위로 나타났어요. '언론이 전하는 뉴스를 얼마나 신뢰하느냐'는 질문에 21%만이 긍정적으로 답변했지요. 심지어 자신이 사용하는 뉴스에 대한 신뢰도 역시 27%밖에 되지 않았어요. 여기에서 우리가 주목할 만한 부분은 이 보고서가 한국의 낮은 언론 신뢰도를 두고 뉴스 이용자의 정파성을 지적한 부분이에요. 〈같은 관점 뉴스, 관점없는 뉴스, 반대 관점 뉴스 선호〉 조사에서 '나와 동일한 관점 뉴스'를 선호한다는 응답이 44%였는데, 이는 조사국 평균 28%보다 훨씬 높은 수치였어요. 한국인들이 정보를 훨씬 정파적으로 소비한다는 거지요. 이를 두고 '문제는 정보를 소비하는 이들이다'라고 지적하는 사람도 있어요. 하지만 이런 지적이 정말 합리적인 걸까요? 이 말이 합리적으로 성립하려면 1) 애초에 언론은 그렇지 않은데 한국인들이 정파적이라거나, 2) 한국인들이 정파적이라 언론이 이를 따라 정파적 뉴스를 보도한다가 되어야 합니다. 만약 우리가 언론은 정파적이지 않다는 1)의 가정에 동의한다면 그건 세상에 눈감고 사는 것이나 다름없다는 생각이 들어요. 만약 2)의 가정에 동의한다면 그건 언론이 스스로 정보를 시장에서 소비재 이상의 것으로 여기고 있지 않다는 결론에 이르게 되죠. 무엇보다 언론이 독자들의 신뢰를 잃어버린 책임이 독자들의 정파성에 있다는 주장, 그것만큼 책임을 떠넘기는 허접한 주장이 있을까. 저는 개인적으로 그렇게 생각해요. 만약 독자들에게 정보의 정파성이 널리 퍼져 있다면, 그 정파성이 만들어지는 데 정보를 다루는 언론이 기여한 바가 없을까요?

현재 우리 언론은 징벌적손해배상제가 언론의 자유를 피 흘리게 만드는 것이라 주장하고 있습니다. 그런데 정말 언론의 자유를 위협하는 것이 이런 제도인지는 모르겠어요. 실제 국경없는기자회가 발표하는 2020년 언론의 자유지수를 보면 우리나라는 180개국 중 42위였어요. 이 지수를 보면 우리 언론은 다원성, 독립성, 투명성, 나아가 미디어 환경이나 관련제도에서 상대적으로 좋은 평가를 받았습니다. 자유로운 환경에 비해 그 독자들의 신뢰는 낮은 언론. 그게 우리 언론의 자화상이에요. 언론의 자유를 지키고 싶고, 반드시 지켜내야만 한다고 믿는 사람으로서 언론에게 묻고 싶습니다. 지금의 징벌적손해배상제에 대한 국민들의 광범위한 지지가 어디에서 생겨났는지 말이지요. 정작 그 원인은 기본적 사실에조차 충실하지 않은 보도를 하면서도 언론의 자유를 요구하는 언론의 태도 때문은 아닐까요? 독자들의 정파적 태도 때문이라고 한다면, 그 정파적 태도에 호응하고 더 부추기면서 다른 진영을 향한 혐오와 적대감을 확산하는 보도를 거침없이 내보내는 언론 자신에게 책임이 없는 걸까요? 언론의 자유가 오보할 자유, 확인 없이 보도할 자유가 아니라는 것을 언론만 모르고 있는 걸까요? 진정한 문제는 대통령조차 가짜 뉴스의 대상이 되는 나라에서, 이 모든 문제를 다 알고 있으면서도 외면하고 있는 언론 자신이 아닐까요? 《뉴스와 거짓말》의 한 대목이 그 이유를 들려주고 있다는 생각입니다.

> 기레기 저널리즘은 오보의 시대와 무관치 않다. 더욱이 오늘날 한국 사회는 유튜브를 중심으로 한 극우의 가짜 뉴스로 혐오와 갈등이 확산되고 있다. 가짜 뉴스의 득세는 그동안 실패를 반복해온 저널리즘이 자초한 일이다.

검언유착이
가려놓은
진실은?

언론과 검찰의
잘못된 만남

수많은 기사 속에는 검언유착의 그늘이 숨어 있다

"검찰의 언론 플레이는 마술사 수준이었다." 2010년
한명숙 전 총리에게 9억여 원을 건넸다고 진술하며 불법정치자금 사
건의 핵심 증인이었던 고故 한만호 전 한신건영 대표의 비망록에 담
긴 내용입니다. 당시 한명숙 전 총리에게 돈을 건넸다던 한 씨가 몇
개월 뒤, 돈을 건넨 적이 없다고 진술을 번복하면서 사건의 방향이
달라지게 되지요. 한 씨는 비망록을 통해 검찰이 거짓 진술을 강요했
고, 이에 공조해 여론을 움직인 것은 언론이라고 주장했습니다. 검찰

의 언론 플레이와 선거 개입 행위가 진술 번복을 결심한 계기라는 내용도 담겼습니다. '언론 플레이'라는 것은 이야기를 만드는 자와 이야기를 퍼뜨리는 자가 만나야 작동합니다. 검언유착의 핵심은 검찰이 증인을 확보해 이야기를 만들고 언론이 '단독보도'로 퍼뜨려 재판에 영향을 끼칠 여론을 형성하는 과정에 있지요. 당시 《동아일보》는 1심 재판 하루 전날 한만호 대표의 등장을 미리 예고하기도 했습니다. "검찰은~ 한 씨를 최근 소환 조사했다. 한 씨는 모두 9억여 원을 건넸다고 진술한 것으로 알려져 있다." 어떤가요? 마치 검찰이 언론사에게 진술 내용을 미리 알려줬다고 해도 무방할 정도로 정확한 내용입니다. 또한 검찰은 언론을 통해 검찰의 선거 개입 속내도 담아냈습니다. 언론은 검찰의 말을 인용해 당시 서울시장 선거의 유력한 후보였던 한명숙 전 총리에게 '고위공직자 자격 없다'라는 부정적인 프레임 씌우기에도 공조했습니다.

이와 비슷한 사례는 그전에도 있었습니다. 2009년, 고 노무현 대통령 뇌물수수혐의 수사 과정 속에서 검찰이 정보를 흘리고 언론은 이를 받아 확대 재생산 보도를 이어갔지요. "1억 원 명품시계 논두렁에 버렸다." 당시 기성 언론을 필두로 언론의 폭발적인 보도 탓에 일명 '논두렁 시계 사건'은 전 국민이 알 정도로 유명세를 탔습니다. 검찰이 언론에 거짓 정보를 흘린 대표적인 사례로 꼽을 수 있습니다. 여론 재판, 정치적 이득 등 일거양득이란 그들의 민낯을 확인할 수 있었지요.

본래 검언유착은 법적으로 엄격하게 금지되어 있습니다. 형법의 '피의사실공표죄'가 대표적입니다. 범죄 수사에 관한 직무를 행하는 자가 수사 과정에서 알게 된 피의 사실을 기소 전에 공표한 경우 성립하는 죄입니다. 하지만 일부 검사들이 이를 어기면서 언론을 조종하고 언론은 이를 이용해 여론을 조종하는 악순환이 만들어지는 것입니다. 결국 그 피해는 국민들이 가장 크게 짊어지게 되지요. 검찰이 증인에게 의도된 증언을 강요하고 언론이 힘을 실어준 의혹들. 이것이 우리 사회 정의 구현과 진리를 알아야 할 국민들의 눈을 가리는 검언유착 의혹의 실태입니다. 아무리 기성 언론 이외의 플랫폼에서 다양한 뉴스들이 보도되는 현실이지만, 사회 주요 사건에 대해 기성 언론이 만드는 여론의 분위기는 분명 무시할 수 없는 권력이라는 것을 잊지 말아야 합니다.

문득 영화의 한 장면이 떠오릅니다. 이 장면을 보면서 화가 치밀어

영화 〈내부자들〉의 한 장면

올랐던 기억이 나네요. 영화 〈내부자들〉 속에서, 《조국일보》 논설위원 이강희(백윤식 분)와 미래자동차 오회장의 대화 장면입니다. 이강희의 입에서부터 얼굴 전체로 천천히 줌아웃이 되는 장면 탓에 대사가 주는 효과와 그 잔상이 오래 기억에 남습니다.

> "어차피 대중들은 개·돼지입니다. 그 뭐하러 개·돼지들한테 신경을 쓰고 그러십니까? 적당히 짖어대다가 알아서 조용해질 것입니다."

　과연 우리가 접하고 있는 수많은 사건사고 기사 속에서 검찰과 언론의 끈끈한 유착 관계가 숨겨져 있는 것은 얼마나 될까요? 우리는 그 이면의 진실을 알기 위해 어떤 분별력을 키워야 할까요? 권력을 쥔 자들이 오히려 희생자 행세를 하며 국민을 속이려고 할 때, 여론 심판의 주체는 국민의 몫입니다.

　우리나라의 수많은 언론은 왜 사건 자체를 더 집중해 다루지 않을까요? 정말 몰라서 지나쳐버린 것일까요? 아니면 알고도 외면하고 묵인하는 것일까요? 그 진실은 우리 언론만이 알고 있을 것입니다.

검언무사,
아무 일도 없었다?

신윤복, 〈기방무사〉
1805

"검찰은 인권보장기구입니다." 어디든 가서 이렇게 첫말을 꺼내면 관심을 끌 수 있더군요. 법 관련 강의를 하다 보면 청중에게 다가가기 어려울 때가 있거든요. 어렵고 딱딱한 내용일 것이라는 선입견도 있고, 법 없이도 살 수 있다는 자신감을 가진 사람들도 있고요. 그럴 때 꺼내는 얘깃거리 중 하나가 검찰에 관한 것입니다. 대개는 무슨 엉뚱한 소리를 하느냐는 표정으로 고개를 들어 바라봅니다. 검찰이 인권을 보장하다니요. 범죄자를 처벌하니까 피해자들의 한을 풀어준다는, 그런 소리가 아닙니다. 애초에 만들어진 목적 자체가 인권 보장을 위해서였다는 것이지요.

중세를 배경으로 한 사극에는 종종 재판 장면이 등장합니다. 왕이나 재판권을 위임받은 벼슬아치가 판사 노릇을 하는 것을 볼 수 있습니다. 가만히 보면 현대의 형사 재판과 결정적인 차이를 찾을 수 있는데요. 판사가 죄를 밝히는 일부터 합니다. "네 죄를 네가 알렸다. 바른 말을 할 때까지 매우 쳐라!"는 식이지요. 벌벌 떨면서 피고인이 죄를 자백하고 나면 거기에 맞춰 처벌을 명하지요. 피고인이 죄를 지었다고 주장하는 검찰이 따로 없고, 검사와 판사의 역할을 혼자 하는 모습입니다. 우리나라든 중국, 일본, 유럽이든 마찬가지였습니다. 문제가 뭐냐 하면, 모든 권력을 혼자 가진 판사한테 한번 찍히면 벗어날 방법이 없었다는 것입니다. 완전한 사람은 결코 있을 수 없지요. 잘못된 판단으로 유죄의 심증을 가졌을 수 있습니다. 그런데도 억울하다고 항변하면, 거짓말하지 말라며 마구 때리라고 했지요.

해결책으로 찾은 방법이 검찰이었던 것입니다. 죄를 지었다고 주장하고 증거를 모으는 역할을 따로 맡긴 것입니다. 피고인이 죄를 인정하지 않는다면 법정에서 둘이 싸우도록 한 것이지요. 판사는 어느 쪽이 맞는지 심판을 보는 것입니다. 그래서 검찰은 존재 자체로 인권 보장기구인 것입니다. 물론 이렇게 얘기해도 고스란히 고개를 끄덕이는 경우는 드뭅니다. 틀린 얘기는 아닌 듯싶으면서도 현실에서 느끼는 검찰과 너무 다르다 싶은 것이지요. 불만스러운 표정으로 손을 들어 반론을 제기하기까지 합니다. 강연의 시작으로는 아주 좋은 환경이 만들어진 것입니다. 일방적으로 떠들기보다 청중들과 의견을 주고받는 편이 훨씬 낫습니다.

인권보장기구로서 검찰의 역할을 받아들이기 어려운 몇 가지 원인 중 언론과의 관계를 빼놓을 수 없습니다. 검찰은 언론의 중요한 취재원입니다. 정치 권력이나 재계의 비리에 관한 수사와 재판이 있으면 온 국민의 시선이 쏠리니까요. 다른 기자보다 한마디라도 더 듣고, 한 발이라도 더 빨리 정보를 얻으려고 합니다. 그런 관계는 어느 날 갑자기 이뤄지기 어렵지요. 평소에도 검찰과 언론은 일정 부분 돈독한 사이여야 합니다. 공통점도 있어요. 강자의 잘못을 비판하고 견제하는 일로 사회적 약자를 보호하는 것입니다. 사건에 따라 서로가 서로를 격려하고 끌어주는 좋은 사이가 될 수 있습니다.

다만 언론이 결코 잊지 말아야 할 점은 검찰 역시 커다란 권력이라는 사실입니다. 엉뚱한 방향으로 막강한 힘을 휘두르기 시작하면 피해를 입는 쪽은 회복이 불가능할 정도의 상처를 입습니다. 압수수색을 당하고, 구치소에 갇혀 강제수사를 받다 보면, 재판까지 가기 전에 이미 만신창이가 됩니다. 그런 일을 막을 수 있는 거의 유일한 힘을 언론은 가지고 있습니다. 잘못된 수사와 재판, 억울한 사연을 알려야지요. 국민의 심판을 받을 수 있도록 언론이 나서줘야 합니다. 하지만 현실은 그렇지가 않아요. 검찰과 너무 친해져서인지 잘못한 일에는 눈을 감는 것입니다. 그것을 넘어서 잘못한 일을 더 크게 만드는 공범이 되지요. 검찰의 말만 믿고 짓지도 않은 죄를 지었다며 단정적으로 떠들어대는 것입니다. 검찰 역시 취재의 대상이어야 하는데, 검찰이 불러주는 얘기를 받아쓰는 데만 열중하게 돼버린 것이지요.

검찰과 언론의 유착 문제는 일방통행으로 끝나지 않습니다. 형사소송법은 언론의 보도 역시 수사를 시작할 수 있는 단서로 인정하고 있습니다. 언론이 탐사 보도로 누군가의 잘못을 터뜨렸는데 그 내용이 범죄에 이를 정도라면, 당연히 수사에 나서야 하니까요. 그걸 아주 가까워진 특정 언론과 검찰이 남용하는 것입니다. 여러 가지 이유로 누군가를 찍은 다음 공식적인 수사가 아니라 비밀리에 주변을 캐는 것이지요. 그 과정에서 서로 주고받을 수 있는 정보도 나누고요. 사건으로 만들 수 있겠다 싶으면 그 내용에 따라 특정 언론이 혹은 검찰이 터뜨립니다. 수사와 재판을 하는 과정에서도 검찰의 일방적인 시각만 언론에서 커다랗게 다뤄지지요. 애초부터 함께 벌인 일이니까요. 정치적으로 민감한 사안이라면 제대로 된 재판 이전에 이미 여론 법정에서 유죄를 만드는 것입니다. 그럼 법정조차도 흔들립니다. 판사도 사람인지라 여론의 바람을 피할 수 없을 때도 있으니까요. 당하는 입장에서는 억울하기 짝이 없지요. 언론조차 검찰과 한편이니 누구에게 어떻게 억울함을 호소하겠습니까?

살짝 열이 오를 수 있으니 풍자로 식혀볼까 합니다. 조선시대 3대 풍속화가로 꼽히는 신윤복申潤福, 1758~1814 추정의 그림입니다. 가늘고 부드러운 선, 옛 그림에서 흔하지 않은 또렷한 색감으로 세련된 해학을 담은 그림들을 많이 남겼지요. 이 작품의 제목은 〈기방무사妓房無事(기생의 방엔 아무 일도 일어나지 않았다)〉1805 입니다. 단출한 기생집인데요. 나무들이 푸른데다 그늘을 만들기 위해 발을 친 것으로 봐서 어느 여름날 대낮에 벌어진 일입니다. 왼쪽 푸른 한복을 입고 서 있는 여인이 기생일 것입니다. 조선시대 기생의 나들이 필수품인 전모와 너울로 얼굴을 가리고 있지요. 어딘가 외출에서 돌아오는 길일 텐데요. 방문을 열고 사내가 그녀를 맞네요. '어, 벌써 다녀오는 거야?'라고 인사라도 하는 것일까요? 대낮부터 기방에 있는 남자라면 '한량'이겠지요. 돈도 좀 있고, 신분도 높지만, 딱히 관직을 맡거나 하지는 못한 존재 말입니다.

아무리 그래도 오죽 할 일이 없었으면 기생이 출근도 하기 전에 기다리고 있었을까 싶은데, 뭔가 다른 할 일이 있었던 듯싶습니다. 혼자가 아니라 노란 저고리와 빨간 치마의 다른 여인이 있거든요. 비녀를 올리지 않았으니 정식 기생은 아닙니다. 나이 어린 견습생이거나 기생의 몸종이겠지요. 게다가 가야금을 꺼내놓았어요. 지금으로 치면 노래방 기계를 꺼내놓은, 그런 분위기입니다. 한바탕 놀았다는 것이겠지요. 더 이상한 것은 사내가 누비이불을 덮고 있다는 것입니다. 분명히 여름날이잖아요. 에어컨도 없던 시절에 노란 저고리의 여인은 왜 사내의 하반신을 이불로 가리고 있을까요? 자세히 보면 이불 위에 손이 올라와 있거든요. 황급히 덮었던 게 아니라면 이불 위로 마사지라도 하고 있었던 것일까요? 분명히 뭔가 있는 듯싶은데, 신윤복은 그림 제목을 '아무 일도 없다'고 붙여놓았으니 그림 속으로 들어가 이불만 걷어보면 확실히 알 수 있을 텐데 말입니다.

검찰과 언론의 유착이 의심되는 사건들이 딱 이 그림과 같았습니다. 의심스러운 사정은 보이는데 확인이 불가능했지요. 막강한 권력을 가진 검찰을 상대로 수사를 하기도 어려웠고, 비리를 폭로하는 데 앞장서야 할 언론은 오히려 입을 막는 일에 앞장섰지요. 분명히 뭔가 있어 보이는데 확인할 길이 없었습니다. 이제는 고위공직자범 죄수사처(공수처)가 설치됐고, 수사권 조정으로 검찰에 과도하게 집 중됐던 권력도 어느 정도 나뉘었습니다. 그래도 검찰은 여전히 영장 청구권, 기소권을 가진 막강한 권력기관입니다. 국가기관이 아닌 언 론은 강제로 힘을 뺄 수도 없지요. 그렇게 해서도 안 되고요. 두 기 관의 관계를 어떻게 만들어가야 할까요? 원래의 취지가 무엇인지를 종사자들 스스로 지켜주길 바랍니다. 언젠가는 화악 이불이 걷힐 수 있으니까요.

언론에게 도둑맞은
진실

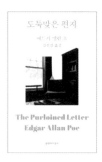

에드가 앨런 포 지음, 김진경 옮김, 《도둑맞은 편지》
문학과지성사, 2018

2020년 3월의 마지막 날, 4월 총선을 앞두고 〈MBC 뉴스데스크〉가 채널A 이동재 기자와 검찰 간에 검언유착으로 볼 수 있는 정황을 보도했습니다. 이동재 기자가 자신이 윤석열 검찰총장의 최측근인 한동훈 검사장과 특수 관계라고 주장하며 금융사기로 복역 중인 이철 전 밸류인베스트 코리아 대표에게 접근해, 유시민 노무현재단이사장을 비롯해 여권 인사들의 비리 관련 정보를 진술하도록 강요했던 사실을 보도했던 것이지요. 전형적인 검언유착이었고

채널A와 검찰이 궁지로 몰린 사건이었어요.

하지만 이 사건은 순식간에 권력과 언론의 유착, '권언유착'으로 그 프레임이 바뀌고 말았습니다. 이동재 기자가 이 사건을 보도한 MBC와 정치권이 함께 작정하고 치밀하게 자신을 검언유착으로 밀어넣었다는 주장을 펼친 이후였어요. 이후《조선일보》등 보수 신문이 가세해 이동재 기자의 말에 힘을 싣기 시작하고, KBS의 '기자와 검사 간 공모정황 보도'가 오보로 드러나면서 검언유착이 권언유착으로 프레임이 바뀌어버렸죠. 게다가 한상혁 방통위원장이 권경애 변호사에게 "윤석열 총장과 한 검사장을 쫓아내겠다"고 했다는, 확인되지 않은 권 변호사의 폭로가 터져나오면서, 이동재 기자와 한동훈 검사 간의 유착 관계는 언론 보도에서 사라지고 검언유착을 보도한 측과 권력 간의 관계가 초점이 되는 일이 순식간에 일어났어요.

이렇게 검언유착이 권언유착으로 순식간에 프레임이 바뀌는 것을 보면서 에드가 앨런 포Edgar Allan Poe, 1809~1849의 〈도둑맞은 편지The Purloined Letter〉1844가 떠올랐어요. 에드가 앨런 포는 19세기 미국의 유명한 시인이자 소설가이며, 뛰어난 비평가입니다. 어릴 때부터 부모를 잃고 가난에 시달렸던 포는 뛰어난 작가임에도 여전히 생계에 어려움을 겪었어요. 19세기 당시엔 저작권 개념이 없었던 탓에 좋은 작품을 써도 충분한 수입을 얻을 수가 없었지요. 사실 포가 쓴 〈갈가마귀〉라는 시는 윤동주의 〈서시〉처럼 미국에서는 수많은 사람들이 외우고 읊는 유명한 시예요. 그런데 이 시로 포가 얻은 수입은 단돈 9달러에 불과했다고 하니 그 처지가 어떠했을지 상상이 가네요.

포는 뛰어난 시인이었을 뿐만 아니라 탁월한 소설가이기도 했어요. 특히 공포소설과 추리소설에 재능을 보였지요. 포를 공포소설과 추리소설의 아버지라고 해도 전혀 무리가 없을 정도지요. 포는 〈검은 고양이〉〈어셔 가의 몰락〉과 같은 공포소설을 썼는데 이후 공포소설을 쓰는 대부분의 작가들이 포의 문체를 따랐다고 합니다. 우리가 공포소설을 읽을 때 으스스한 분위기를 만드는 그 문체를 바로 포가 만들었던 거예요.

한편으로 포는 추리소설의 아버지이기도 합니다. 추리소설하면 누가 떠오르나요? 아마 여러분 대부분은 셜록 홈즈를 떠올릴 거예요. 하도 셜록이 유명해서 많은 사람들이 셜록을 추리소설에 등장하는 탐정의 원형이라고 믿곤 하죠. 하지만 셜록은 그보다 앞서 등장한 탐정, 오귀스트 뒤팽을 모방한 인물이에요. 뒤팽. 이름을 듣는 순간, 우리가 '아 –' 하는 감탄사를 내뱉으며 고개를 끄덕이게 하는 탐정소설의 인물이지요. 바로 이 뒤팽을 만들어낸 작가가 포였어요.

추리소설에서 포가 새로이 만들어낸 것은 탐정의 원형뿐만이 아니었어요. 우리가 아는 전형적인 추리소설의 구도를 만든 이도 포였지요. 예를 들자면, 괴팍하지만 똑똑하고 추리력이 뛰어난 탐정, 그리고 옆에서 그 이야기를 듣고 탐정의 일을 도우며 관련 사건을 이야기로 옮겨주는 조수! 셜록 홈즈랑 똑같지요? 그리고 거기에 정말 결정적인 요소로서 뭔가 모자라는 듯한 경찰이 등장해요. 추리소설에서 경찰이 뭔가 모자라는 듯한 이들로 그려지는 이유는 그렇지 않으면 사설탐정이 할 일이 없기 때문이에요.

그래서 포는 '작가들의 작가'라고 할 수 있답니다. 남미를 대표하는 작가인 보르헤스는 이렇게 말해요. "미국에 작가라고 부를 수 있는 사람은 두 사람뿐이다. 한 사람은 자유시의 아버지인 월트 휘트먼, 두 번째는 바로 에드가 앨런 포다." 그래서일까요? 보르헤스가 말년에 '바벨의 도서관'이라고 하는, 아주 유명한 환상문학 콜렉션을 만들었을 때, 그 표제작이 바로 앞에서 언급했던 에드가 앨런 포의 〈도둑맞은 편지〉라는 단편이에요.

포는 일생 동안 3편의 추리소설을 썼습니다. 첫 번째가 〈모르그가의 살인사건〉, 두 번째가 〈마리 로제의 수수께끼〉, 마지막 세 번째 작품이 〈도둑맞은 편지〉예요. 많은 이들이 이 마지막 작품이 우리가 생각할 수 있는 최상의 추리소설의 모형을 만들어냈다고 여기지요. 도대체 어떤 이야기이기에 〈도둑맞은 편지〉가 이런 높은 평가를 받는 것일까요?

〈도둑맞은 편지〉는 한 귀부인이 눈앞에서 자신의 편지를 도둑맞으면서 일어난 사건을 그리고 있어요. 한동안 귀부인으로 등장하는 이 여인의 정체는 사실 왕비예요. 귀부인이 편지를 읽고 있는데 갑자기 한 대신과 무리들이 방으로 들어옵니다. 그런데 그 편지엔 자신에 대한 중요한 비밀이 담겨 있어서 당황한 나머지, 귀부인은 그 편지를 앞자리에 그냥 놔둬버리고 말아요. 그 모습을 본 대신은 그 편지가 아주 중요하다는 사실을 눈치채죠. 대신은 잠시 귀부인이 자리를 옮긴 사이에 자기가 비슷한 편지를 꺼내서 읽는 척하며 귀부인이 지켜보는 앞에서 대담하게 편지를 바꿔서 들고 나가버려요. 만약 귀부인이 그 편지가 바뀌었다는 사실을 알리면 주변 사람들이 그 편지에 주목할 테니 말할 수 없으리라 생각하고 눈앞에서 바꿔쳤던 것이지요. 〈도둑맞은 편지〉는 뒤팽이 이 편지를 되찾는 과정을 그린 소설이에요.

여기서 우리가 주목해야 할 것은 대신이 편지를 공개적인 장소에서 바꿔치기를 하고 있다는 것입니다. 더 나아가 대신이 이 편지를 숨겨둔 방법이 누구에게나 보여서 아무도 주목하지 않게 했다는 거죠. 사람들은 대개 이렇게 생각하죠. '정말 중요한 비밀이면 누구에게 보이도록 할 리 없다.' 대신은 모든 사람들이 보이는 곳에 비밀편지를 놓아두어 비밀편지처럼 보이지 않게 만들고 있죠. 이와 마찬가지로 우리는 어떤 일이 '옳지 않은 일'이라면 그런 일을 공개적으로 할 리가 없다고 생각해요. 검언유착이 권언유착으로 프레임이 바뀌는 과정에서도 이런 일이 일어났다는 생각이 들어요. '검사와 언론이 유착한 비리보다 그 비리를 폭로한 권력과 언론의 결탁이 더 나쁘다'는 프레임으로, 초점을 대담하게 공개적으로 바꿔치기한 사건이 일어났던 거예요. 그러면서 검찰이 오히려 권력에 억압받고 있다는 이미지를 만들어내면서 상황을 역전시킬 수 있었던 거죠.

이 프레임 전환에서 중심적 역할을 했던 몇몇 보수 언론의 모습은 편지를 바꿔치기한 대신의 모습을 떠올리게 해요. 여기서 대신은 원래 수학자예요. 뒤팽은 대신의 범행과 실체를 밝혀내는 과정에서, "수학적 이성은 오랜 세월 동안 최고 경지의 이성으로 여겨져왔다"며 대신의 권위를 인정하는 조수의 말에 이렇게 답합니다. "수학자들이 자네가 얘기하는 대중적 오류를 유포하는 데 온갖 애를 썼다는 걸 나도 인정하네. 하지만 오류를 진리인 것처럼 유포한다고 해서 오류가, 오류가 아닌 것은 아니네." 뒤팽의 말을 따르자면, 사실에 대한 권위를 가진 이들(물론 이런 권위가 포가 말한 것처럼 자신들이 퍼뜨린 거짓이지만)이 프레임을 검언유착에서 권언유착으로 바꿔놓았다고 해서 검언유착이 잘못된 일이 아닌 건 아니라는 뜻이지요. 그런데 이어지는 뒤팽의 말이 더 의미심장해요. 뒤팽에 따르면 우리 모두가 검언유착이 잘못된 것을, 또한 검언유착에서 벗어나고자 하는 이들이 그렇게 프레임 전환을 한다는 것을 알고 있다는 거예요. 알고 있음에도 또다시 그것을 망각하고 바뀐 프레임에 기반을 해서 생각하기 시작한다는 것이죠.

오류가 또 다른 오류로 대체되는 상황. 그래서 이전의 오류가 새로운 오류로 인해 망각되는 상황. 오히려 이전의 오류가 마치 옳은 것처럼 취급받는 상황. 더 큰 문제는 하나의 오류가 또 하나의 오류로 대체되는 것을 우리가 이미 다 알고 있다는 것이지요. 그걸 공개적으로 지켜보면서도 또 다시 망각에 빠져 새로운 오류에 집중하며 앞선 오류를 잊어버리는 상황과 이것들이 반복되는 상황이 우리가 안고 있는 문제라는 것입니다. 그래서 앨런 포가 인용하는 브라이언트의《고대신화》라는 책의 한 대목은 정말 의미심장하게 다가와요.

비록 우리가 이교도의 우화를 믿진 않지만 그럼에도 우리는 계속 그 사실을 망각하고 그것들이 현존하는 현실인 양 그것들에 토대를 두고 추정하곤 한다.

누구를
위한
복지제도
인가?

영화 속에 비춰진
우리 이웃의 진짜 현실

TV 속 VOD 목록에서 다큐영화 한 편을 골라봅니다. 눈에 들어온 건 〈미안해요, 리키Sorry We Missed You〉2019. 평소 관심 많은 켄 로치Ken Loach 감독 작품이네요. 넉넉하지 않은 형편이지만 언제나 행복을 꿈꾸는 가장 리키. 안정적인 생활을 그리며 택배 회사에 취직하지만 현실은 매순간 그를 낭떠러지 끝으로 내몰았습니다. 삶이 빠듯하고 버겁지만 사랑하는 가족을 위해 함께 의지하며 일상을 살아가지요. 영국 택배업계의 만만치 않은 현실을 보면서 택배 기사들의 처우 문제가 비단 한국만의 일이 아님을 직시할 수 있습니다. 2분마다 기사 위치를 확인하며 움직임이 없을 땐 경고음을 울리는 기계, 생리 현상도 차 안에서 병에 처리하고, 택배를 들고 늘 뛰기를 반복하는 모습. 거기에 오만가지 고객들을 응대하며 스트레스를 안고 일하는 주인공 리키의 모습은 우리가 사는 현실보다 더 진짜인 현실을 보여주는 것 같아 보는 내내 숨이 탁 막혀옵니다. 지금 한국 사회의 '노동 현실'도 매우 불안정한 상태입니다. 가장 큰 문제는 배

영화 〈미안해요 리키〉 영화 〈나, 다니엘 블레이크〉

달업 같은 플랫폼 노동자나 택배기사처럼 모호한 고용형태 안에 종사하는 사람들의 노동성을 우리 사회가 정당하게 인정해주지 못하는 시스템에 있습니다. 급변하는 세상의 변화를 따라가지 못하는 노동법과 그 취약함을 보완해줄 복지제도마저 부실한 우리 현실을 모두 함께 직면하고 해결해야 할 시기라는 생각이 듭니다.

함께 챙겨볼 만한 가치가 있는 영화로, 켄 로치 감독의 또 다른 작품 〈나, 다니엘 블레이크I, Daniel Blake〉2016가 있습니다. 우리 사회 복지제도가 왜, 누구에게 필요한지 자문하게 하는 영화죠. 잔잔한 영상이지만 보는 내내 두려운 감정이 조여옵니다. 평생 목수 일을 하며 성실히 살아온 노년의 다니엘. 지병인 심장병이 악화되면서 일을 할 수 없게 된 그는 실업급여를 받기 위해 관공서에 가지만 복잡한 관료 시스템에 번번이 좌절하게 되지요. 그러던 어느 날, 두 아이와 함께 런던에서 뉴캐슬로 이주한 싱글맘 케이티를 만나면서 서로 의지하는 모습이 그려집니다. 특히 케이티가 식료품 지원소에서 통조림을 따서 허겁지겁 먹는 장면에서는 눈물이 왈칵 쏟아집니다. 복지제도가 가장 필요한 사람들에게 사회의 복지 시스템이 그들을 오히려 비참하게 만드는 모순적인 현실을 여실히 보여주고 있는 영화입니다.

켄 로치의 영화를 볼 때면 이중적인 감정에 휩싸입니다. 평소에 생각하지 못한 사회문제를 진득하게 들여다보고 현실을 환기하게 하는 반면, 사회의 일원으로 사회문제를 어떻게 풀어나가야 하는지에 대한 고민에 머리가 지끈하지요. 그래서인지 처음에 플레이를 누르는 순간부터, 끊을까? 이쯤에서 끊을까? 고민하게 됩니다. 장면 장면마다 우리 사회의 어두운 이면을 보여주기에 보는 내내 불편하니까요. 어느 순간 영화 속 불편한 진실이 혹시라도 내 이야기가 되면 어쩌나 불안감마저 맴돕니다. 어쩌면 사회문제를 냉정하게 바라보는 방법조차 알지 못하는 것은 아닐까하는 회의감마저 들지요.

2021년 우리는 코로나19 팬데믹을 겪으며 삶의 어두운 이면을 마주합니다. 언제 빠져나올지 모르는 두려움 속에 일상을 부여잡고 살지요. 이럴 때일수록 근본적인 사회보장 시스템이 적재적소에서 잘 작동되는지 철저한 점검이 필요합니다. 기본적인 소득보장이 이뤄질 수 있는 장치가 필수적이지요. 몇 해 전부터 각계 전문가들이 강조하고 있는 기본소득과 청년 기초자산 등에 대한 논의가 여기에 해당됩니다. 소득은 생존의 문제이지요. 소득 격차로 생길 수 있는 인권침해와 차별을 보장하는 국가적 차원의 제도 마련이 시급합니다.

이와 같은 논의가 활발하게 이뤄지기 위해서는 언론의 공론장 역할이 매우 중요합니다. 각 분야를 넘어 국민들 한 명 한 명의 의견도 다양한 사안이니까요. 물론 시청률과 클릭 수에는 도움 안 되는 소재입니다. 그러나 우리 언론은 더 깊이 있고 끈기 있게 복지제도에 대한 사안을 1년 365일 짚어줘야 합니다. 복지제도는 인권과 연결되는 우리 삶의 필수 요소니까요. 지금 언론은 복지라는 주제를 다룰 때 그 시스템보다는 한 개인사에 비중을 두고 접근하는 경우가 많습니다. 가난 프레임을 씌우거나 동정심을 자극하는 감정팔이 소재를 부각시켜 다루고 있지요. 맞습니다. 영화보다 현실을 반영하지 못하는 것이 지금 우리 언론의 현주소입니다. 사회문제를 반영하지 못하는 복지 시스템에 어떤 문제가 있는지, 어떻게 개선해나가야 하는지에 대해 질문하고 해답 찾기를 회피하고 있지요. 어쩌면 언론을 소비하는 우리마저도 이슈에 대한 이면을 궁금해 하거나 기사의 본질을 의심하는 통찰력을 잃은 지 오래됐을 수도 있습니다. 영화 속 다니엘은 결국 복지제도에 보호받는 것을 포기합니다. 그의 호소에 잠시 귀 기울여봅니다.

나는 의뢰인도 고객도 사용자도 아닙니다. 나는 게으름뱅이도, 사기꾼도, 거지도, 도둑도 아닙니다. 나는 책임과 의무를 묵묵히 다하며 떳떳하게 살았습니다. 나는 굽신거리지 않고 이웃의 어려움에 눈 감지 않았습니다. 내 이름은 다니엘 블레이크, 나는 개가 아니라 인간입니다. 이에 나는 내 권리를 요구합니다. 나는 한 인간으로서 존중받길 원합니다. 나, 다니엘 블레이크는 한 사람의 시민, 그 이상도 그 이하도 아닙니다.

_영화 〈나, 다니엘 블레이크〉 중에서

언론이 그리는
미래

구석기인들의 사냥 문화를 알려주는 알타미라 동굴 벽화, 사후세계에 관한 이집트인들의 집착을 담은 피라미드 벽화, 춤추는 고구려인들의 우아한 자태와 옷차림을 엿볼 수 있는 무용총 벽화. 그림은 문자 이전부터 인류를 기록하는 최장수 저장 매체입니다. 회화가 예술로 분류된 이후에도 여전히 중요한 본질이었지요. 화가는 자신이 사는 시대의 정수를 그림으로 후세에 전하는 언론이었습니다. 중세 서양 미술은 그런 특징이 더욱 도드라졌지요. 문화의 뿌리였던 그리스 신화나 정신세계를 지배했던 성서 속 이야기들이 주로 그려졌습니다. 지배 계층으로 경제적 지원을 해줬던 왕, 귀족들의 초상화도 중요한 분야였습니다. 먹고사는 일의 신성함은 예술가라고 무시할 수 없는 노릇이었으니까요. 아름다움을 어떻게 표현할 것인지를 강조한 고전주의, 감성을 드러내는 일에 집중했던 낭만주의가 주축을 이뤘습니다. 다만 세월이 오래 흐르도록 시대의 변화 자체가 소재가 되는 일은 드물었습니다. 사실 딱히 바뀐 것도 없었으니까요.

프랑스혁명, 산업혁명이 정치와 경제에 격변을 가져오면서 미술에도 충격을 주었지요. 카메라가 있는 그대로의 대상을 훨씬 정교하게 찍어내고, 신문과 잡지가 같은 그림 수백, 수천 장을 복제해 동시에 보여주기 시작한 것입니다. 바뀌어가는 세상 속에서 미술은 어떻게 자리를 잡아야 할지 고민이 시작됐습니다. 흔들리는 시대를 어떻게들 맞고 있는지, 이전엔 모델로 삼지 않았던 서민들의 모습에 관심을 가지게 된 사실주의 미술 역시 그런 영향이겠지요. '있는 그대로를 그리겠노라' '천사를 볼 수 없기에 그릴 수 없노라'고 했던 귀스타브 쿠르베Gustave Courbet, 1819~1877가 대표적입니다. 〈돌을 깨는 사람들〉처럼 이전 화가들은 관심조차 갖지 않았던 노동자들을 그림 속에 등장시켰습니다. 평범한 사람들에 대한 관심은 기존 질서에 큰 충격을 주었습니다. 저녁 무렵 하루 일과를 마치고 감사 기도를 드리는 농부들의 수고롭고 평화로운 시간을 그린 〈만종〉을 모르는 이는 드물 것입니다. 밀레Jean Francois Millet, 1814~1875는 노동 계급을 정면으로 다루었다는 이유로 기성 언론으로부터, 지금으로 치면 '좌파'라는 공격에 시달려야 했습니다.

혼란스러운 시대였지요. 18세기 후반부터 영국을 필두로 대규모 산업화가 시작됐습니다. 증기기관이 뜨거운 심장으로 타올랐고, 그 열기를 받은 기술의 발전이 인류를 전에 없던 속도로 뛰게 만들었습니다. 농업과 가내수공업이 주를 이루던 사회가 기계공업 사회로 바뀌는 과정이었습니다. 영주가 지배하는 성을 중심으로 살던 농민들이 도시의 노동자로 변하기 시작했습니다. 식민지에서 들어온 면화를 가공하는 공장이 세워지면서 대형 기계를 돌리는 증기기관이 나

윌리엄 터너, 〈비, 증기, 속도-그레이트 웨스턴 철도〉
1844

타난 것입니다. 공장이 뿜어낸 산업혁명의 거대한 흐름은 증기선, 증기철도를 타고 전 세계를 달렸습니다. 영국이 가장 사랑하는 화가 윌리엄 터너Joseph Mallord William Turner, 1775~1851는 그 한복판에서 시대의 흐름을 화폭에 담았습니다.

터너의 많은 작품 중에서도 〈비, 증기, 속도-그레이트 웨스턴 철도Rain, Steam, and Speed-The Great Western Railway〉1844가 시대상을 가장 잘 표현한 작품으로 손꼽힙니다. 늘 그렇듯 화가의 의중이라기보다 해석하기에 따라서입니다만. 비와 안개를 뚫고 달리는 증기기관차를 그린 이 작품은 터너가 기차를 보면서 그린 것이 아니라고 합니다.

터너는 먼저 기차를 탔습니다. 그다음 그때 받은 영감으로 달리는 기차를 바라본 것처럼 재구성한 것입니다. 당시 많은 사람들이 꼭 어딘가에 가기 위해서가 아니라 새로운 문명을 느끼기 위해 기차를 탔다고 합니다. 당시 증기기관차는 최고 시속 80km까지 달릴 수 있었다고 하지요. 기존의 교통수단과 비교할 때 그 자체로 산업혁명이 가져온 변화의 속도를 느끼게 했을 것입니다. 일부 학자들은 인간의 눈과 두뇌가 그만큼의 속도에 적응할 수 없을 것이라고 주장하기도 했습니다. 승객들이 정신질환을 일으킬 수 있다고 우려했지요. 철길 양옆에 높은 담을 세워 속도를 느끼지 못하도록 할 것을 강력하게 요구할 정도로 말입니다. 그만큼 낯설고 혼란스러운 시대였습니다.

　터너는 기차에 오를 무렵 이미 노년이었습니다. 비 오는 날 기차를 타고 가면서 평생 겪었던 세계와 전혀 다른 미래를 본 것이지요. 빠르게 달려가는 열차의 속도 때문에 창밖 풍경은 끊임없이 변했습니다. 기차의 불빛이 빗줄기와 안개를 뒤섞어놓았지요. 창밖으로 머리를 내민 터너는 온몸으로 시대의 속도를 느꼈고요. 그 결과가 낳은 명작이 〈빛, 증기, 속도 – 그레이트 웨스턴 철도〉입니다. 명확한 윤곽조차 없는 거친 붓질이 역동감을 줍니다. 빠른 속도로 다가오는 기차로부터 뿜어져나오는 증기의 굉음이 들리는 듯합니다. 과장된 크기로 앞으로 뻗은 철로는 어디로 이어져 있을까요? 터너는 철길의 끝, 그 미래가 궁금했을 것입니다. 엉뚱한 얘기지만, 이 그림을 처음 보았을 때 어린 시절의 애니메이션 〈은하철도 999〉를 떠올렸습니다. 영원한 생명, 새로운 세상을 찾아 은하계 저 너머 우주를 달리는 철도가 배경이지요. 기다리고 있는 곳은 유토피아일까요, 디스토피아

오노레 도미에, 〈삼등열차〉
1864

일까요?

 터너가 세상을 떠나고 10여 년 뒤 프랑스의 사실주의 화가 오노
레 도미에Honore Daumier, 1808~1879가 한 가지 '미래'를 그렸습니다.
도미에는 19세기 프랑스의 사회상을 풍자한 만화가로 활동했던 인
물입니다. 일평생 4천 점이 넘는 석판화로 부패한 정치인과 유명인
을 비꼬았지요. 그 때문에 감옥에 가는 필화를 겪기도 했던 언론인
이었습니다. 오늘날 신문, 잡지의 풍자화는 그로부터 시작됐다고 해
도 과언이 아닙니다. 그런 그가 정통 유화로 〈삼등열차The Third-Class
Wagon〉1864라는 작품을 그렸습니다. 그만큼 더 무겁게, 깊은 뜻을 둔

것이었겠지요. 빠르게 성장하는 산업화의 그늘에 가려진 도시 노동자들을 세상에 드러냈습니다. 다닥다닥 붙어 앉아야 하는 삼등칸에 몸을 실은 가난한 사람들의 있는 그대로의 모습이었습니다. 아이에게 젖을 물린 젊은 여인, 바구니를 손에 꼭 쥔 노파, 졸고 있는 아이. 하나같이 무표정하고 주위 사람들에 대한 관심을 찾기 어렵습니다. 그러기엔 너무 지쳐 있는 것입니다. 먹거리를 위해 살아가는 고단한 하루가 그대로 묻어납니다. 우리네 지하철의 출퇴근 시간과 겹쳐서 보는 건 너무 지나칠까요? 어쨌든 터너가 상상했던 증기기관차의 미래와는 많이 다를 것입니다.

4차 산업혁명의 시대라고들 합니다. 이번에는 증기기관이 아니라 초고속통신망을 기반으로 한 AI와 빅데이터가 주축입니다. 증기기관으로 돌리는 공장에는 노동자라도 필요했지요. AI란 녀석은 사람이 하는 일을 대신하겠다고 나섰습니다. 코로나19라는 재앙마저 급격한 변화를 부추겼습니다. 비대면 시대가 앞당겨졌다고 하지요. 사람을 직접 접촉하지 않아야 한다며 재택근무를 시킵니다. 이제 회사는 사무실을 마련하고 관리할 필요가 없어진 것입니다. 삼등열차나 다름없는 출퇴근 지옥철에 시달리지 않아도 된다고요? 나갈 곳이 줄어드는 것입니다. 사무실이 사라지고 출퇴근이 필요없어지면서, 업무의 효율은 올라갈 수 있겠지요. 보다 적은 인력으로도 같은 양의 업무를 감당할 수 있을 것입니다. 그럼 일자리 자체가 줄어들 수밖에요. 누군가는 지옥철을 그리워하게 될 것입니다. 대신 새로운 일자리가 생길 수도 있겠지요. 비대면 시대에 늘어난 일자리라며 각종 배송을 예로 들기도 합니다. 19세기 산업혁명 시대만큼이나 가혹한 환경에서 사람들이 죽어나갑니다. AI가 배송에 필요한 시간과 경로를 계산해 사람에게 지시를 내리는 것입니다. 눈이 오고, 비가 내리거나, 숨이 턱까지 차올라도, 기계는 느끼지 못하지요. 지금 우리가 타고 있는 열차는 어디를 향하는 것일까요? 그 시대를 맞아 언론이 할 수 있는 역할은 무엇일까요? 분명한 것은 언론 역시 그 거대한 흐름에서 자유롭지 못하다는 것입니다. 새로운 매체의 등장과 언론 소비 패턴의 변화는 이미 현실입니다. 같은 시대를 함께 살아가는 구성원으로서 평범한 사람들을 위해 언론이 주목하고 그려야 할 미래가 분명히 있을 것입니다.

보편복지는 모두
포퓰리즘이다?

김만권 지음, 《새로운 가난이 온다》
혜다, 2021

　　2021년 설을 앞두고 이재명 경기도지사가 내민 재난
기본소득이 '포퓰리즘'이라는 비난을 받았습니다. 이 사안에 조금만
관심 있다면 누구나 예상할 수 있는 비난이었지요. 2020년 팬데믹이
갑작스럽게 덮쳐와 전국민재난지원금이 지급되었을 때도 포퓰리즘
이라는 비난이 일었기 때문이에요. 포퓰리즘에 대한 기존의 인식이
좋지 않은데다 트럼프가 일으킨 혼돈을 직면한 많은 사람들에게 포
퓰리즘은 나쁜 것을 넘어 몹쓸 것으로 받아들여지고 있는 상황에서,

이제 어떤 정책을 두고 가해지는 '포퓰리즘'이라는 비판은, 비판이 아니라 그 자체로 비난이라 불러도 좋을 듯해요.

그런데 '포퓰리즘'이란 용어를 이런 방식으로 쓰는 것이 과연 바람직한 것인가에 대해 생각해볼 필요가 있습니다. 특히 우리 맥락에서는 더욱 그러하지요. 우리나라에서 '포퓰리즘'이란 용어는 보편적인 혜택을 주는 복지정책을 비판할 때 거의 관성적으로 쓰이고 있으니까요. 서울시에서 벌어졌던 '무상급식' 논란이 대표적 사례예요. 오세훈 서울시장에게는 아픈 기억이지만, 이 당시 무상급식을 두고 '포퓰리즘'이라는 여론을 주도한 당사자가 오 시장이었어요. 오 시장은 소득과 자산소유 수준의 여부를 따지지 않고 누구나에게 복지 혜택을 주는 것은 '포퓰리즘'이라는 점을 시종일관 강조했지요. 이런 보편복지정책은 불필요한 사람들에게까지 도움을 줘서 중앙정부나 지방정부의 재정을 악화시키는 나쁜 정책이라고 말이죠.

결국 무상급식 논란을 두고 행해진 주민투표에서 오 시장이 패배하며 서울시장의 자리에서 물러나는 일이 일어났지요. 돌이켜보면 이런 정책의 시행이 유권자가 선출한 시장이란 대표자의 자리를 걸어야만 했던 일인지 의심스럽지만, 오 시장은 보편혜택을 막기 위해 시장 직위까지 내던진 정치인이 되어버렸습니다. 그런데 이건 한 사례에 불과해요. 2000년대 이후 많은 개혁적 복지정책, 특히 그 개혁적 정책이 조금이라도 보편적 요소를 갖고 있다면 '포퓰리즘'이라는 프레임이 덧씌워졌어요. 이리 보면 우리 사회에서 '포퓰리즘'이란 용어는 대개의 경우 특정 정치인이나 특정 정당의 정책을 비난하기 위한 용도로 쓰였다고 해도 과언이 아니에요.

그러다보니 정치적 장에서 정책을 두고 벌어지는 논쟁에서 '포퓰리즘'은 마땅히 배격되어야 할 것이 되었고, 결과적으로 모든 이들에게 혜택을 주는 정책은 같은 운명에 처하게 되는 경우가 허다합니다. 보편적 혜택이 주어지는 정책이라면 그 무엇이라도 일단은 잘못된 것처럼 취급당하기 십상이지요. 예를 들어볼까요.

"전국민재난지원금, 포퓰리즘 맞지만 '용서받을 정치'다." 전국민재난지원금 논의가 한창이던 때에 나온 칼럼의 제목입니다. 모든 이들에게 혜택을 주는 것은 선심성 정책으로 나라의 곳간을 비게 하는 정말 나쁜 것이지만, 코로나 국면이니 이번 딱 한 번이라면 '면죄부'를 받을 만하다는 주장이 담겨 있었죠. 그리고 어김없이 '포퓰리즘'이 마법의 용어로 등장합니다. 이 발상에는 이미 보편혜택을 주는 정책이 일종의 '죄'라는 인식이 깔려 있어요. 그렇기에 이런 정책은 국민에게 용서받아야만 하는 처지에 놓이게 되는 거죠. 극단적으로 보이지만 이 사례는 우리 언론이, 우리 정치가 '포퓰리즘'이라는 용어를 사용해온 방식을 고스란히 드러내고 있어요. 오랫동안 이런 용어의 사용에 노출되어오면서 우리 '안'에는 내적으로 '반포퓰리즘' 정서가 형성되어 있을 뿐 아니라, '반포퓰리즘' 정서의 밑바닥엔 '모든 이들에게 혜택을 주는 정책에 대한 반감'이 자리잡게 되었지요.

정치꾼과(특히 보수) 언론은 그 반감을 이용해, 내 정적에게 이익을 주는 정책이라면 그 무엇이라도 포퓰리즘으로 둔갑시켜 공세에 나섭니다. 팬데믹 이후 '기본소득' 논의도 마찬가지예요. 생각해보면 현재 우리 사회에서 벌어지는 기본소득 논의는 놀라운 일이에요. 근대사회가 만들어낸, '노동하는 자만이 분배받을 자격이 있다'는 '노동윤리'의 발상을 절대적인 분배 잣대로 받아들인 우리 사회에서, 기본소득은 지지를 얻기가 너무 힘든 정책이기 때문이지요.

예를 들어 2018년 한국리서치 여론조사에서, 우리나라 사람들은 '개인의 능력과 노력에 따라 보수의 차이가 클수록 좋다'는 입장이 66%인 반면, '적을수록 좋다'는 27%에 불과했어요. 한편 부양가족 수에 대한 고려에서 '임금 차이를 둘 필요가 없다'는 의견이 58%, '큰 차이를 두어야 한다'는 6%였고, 더하여 '가정형편은 고려할 필요가 없다'는 69%, '큰 차이를 두어야 한다'는 4%에 불과했지요. 이처럼 필요를 외면하고 개인의 능력과 노력에 따른 차등분배를 선호하는 경향이 전 계층 및 전 사회집단에서 공통적으로 나타났습니다. 이런 통계는 우리 사회가 노동윤리와 승자독식의 원칙을 내면화하고 있을 뿐만 아니라, 필요에 따른 분배에 그다지 관심이 없음을 보여주고 있는 거지요.

이러한 '노동 중심' 사회에서 기본소득 논의가 이처럼 뜨거워지고 있으니 얼마나 놀라운 일인지 여러분도 이제 느낄 수 있을 겁니다 결국 그 전환점은 장기화되고 있는 팬데믹이란 생각이 드네요. 열심히 일하고 싶어도 일할 수 없는 상황이 올 수도 있음을 많은 이들이 실감하고 있을 뿐만 아니라 전국민재난지원금을 통해 그 효과를 체감해본 것도 주요한 요인으로 보여요. 이 기본소득 논의가 더 중요한 의미를 지니는 까닭은 사회적 상속제도인 '기초자산', 더 확장된 사회적 보험제도로서 '전국민 고용보험'과 같은 제도들이 함께 검토되고 있기 때문이에요. 이런 방식의 논의는 상당히 바람직한데, 각각의 제도가 가진 장단점을 비교하는 과정을 통해 더 나은 분배 대안을 마련하는 데 큰 도움이 될 것이라는 생각이 듭니다.

　다만 최근 기본소득 논의를 지켜보면서 아쉬운 점은, 일부 정치인과 언론이 '기본소득'을 또 다시 '포퓰리즘'이란 용어로 매도하고 있다는 것이에요. 그런데 최근 연구를 보면, 우리 사회에서 '포퓰리즘'이라는 용어가 그 원래 의미를 잃고 1990년대 중후반부터 보수정치인과 언론을 중심으로 '정파적' 입장에서 반대집권세력의 개혁정책 대부분을 프레이밍하는 용도로 쓰여왔음을 알 수 있습니다. 그래서 연구자들은 우리나라에서 포퓰리즘은 그 실체조차 없고, 그 용어만 상대편 정책을 비난하는 데 쓰인다고 말하죠. 그러다보니 기본소득도 똑같은 프레이밍에 걸려들 수밖에 없고, 여기에 더해 사회주의자들의 발상이라는 원색적인 비난까지 받고 있는 실정이에요.

　그렇다면 기본소득이 '포퓰리즘'이고 '사회주의'라는 비판은 옳은 것일까요? 최근에 기본소득주의자들의 고민은 오히려 반대입니다. 기본소득이 지나치게 '자본 친화적'이기 때문이에요. 우선 기본소득을 가장 강력히 지지하는 영향력 있는 집단을 살펴볼까요. 테슬라와 스페이스엑스의 일론 머스크, 페이스북의 마크 저커버그, 버진그룹의 리처드 브랜슨, 구글 딥마인드의 경쟁자인 오픈에이아이OpenAI의 샘 올트먼 등이 기본소득의 열렬한 지지자들이에요. 빌 게이츠 역시 "지금 당장은 아니더라도 앞으로 기본소득을 실시할 수 있을 만한 세계가 도래할 것"이라며 사실상 기본소득의 지지 대열에 합류했지요. 하나같이 당대 자본주의의 중심인 디지털 울트라 리치들이지요. '소비력이 있는' 대량 접속자들이 이끌어가는 IT산업에서 기본적 소비력을 주는 이 제도를 강력히 요구하고 있는 상황인 거예요. 비록 우연이긴 하지만 기본소득은 도래하고 있는 디지털 자본주의의 요구에 가장 부합하는 제도라 할 수 있어요. 원래 기본소득은 토지·대기·빅데이터 등에서 만들어지는 '공유부'를 '모두에게' '균등하게' '노동기여 유무와 상관없이' '권리의 형태'로 나눔으로써 개인의 존엄성과 실질적 자유를 실현하려는 미래지향적 분배제도였어요. 그런데 우리 사회에서 보듯 현재 기본소득 논의는 '개인의 존엄성'은 외면한 채 '얼마나 국가의 소비력을 진작하는지'로 흘러가고, 디지털 울트라 리치들에겐 '세계의 소비력을 유지'할 미래 자본주의의 핵심제도로 평가받으면서 원래 의도는 희석되어버린 실정이지요.

정리하자면, 지금 기본소득의 문제는 '포퓰리즘'이나 '사회주의'적이라는 게 아니라 오히려 너무 '자본 친화적'이고 '소비지향적'이라는 데 있어요. 쓸데없는 정파적 이익이나 이념 논쟁 대신, 제도 그 자체에 대한 효과의 문제를 놓고 기본소득 논의가 진행되길 간절히 바랍니다. 우리 일부 언론도 보편복지는 무조건적으로 포퓰리즘이라 비판하는 태도에서 벗어나 이 논의가 올바른 방향으로 이어질 수 있도록, 그 방향성을 명확하게 해주었으면 하는 바람이에요.

그리고 만약 여러분이 왜 지금 기본소득이나 기초자산 같은 새로운 분배제도가 논의되고 있는지, 그리고 로봇세나 구글세와 같은 새로운 종류의 세금들이 제안되는 현 상황을 이해하고 싶다면, 부끄럽지만 제가 쓴 《새로운 가난이 온다》가 도움이 되리라 확신해요. 《새로운 가난이 온다》를 통해 여러분을 기다리고 있겠습니다.

사법부의
선택,
언론의
역할은?

사법농단 사태와
사법부의 무죄 판결

우리는 하루에 몇 번이나 선택의 순간을 마주하며 살아가고 있을까요? 한 연구에 따르면 인간은 하루에 평균 약 150번 정도의 크고 작은 선택을 한다고 합니다. 물론 대부분은 일상적인 순간들이겠지요. 그래도 한 달에 적어도 몇 차례는 진지한 문제에 직면하지 않을까요? 선택의 갈림길에 서서 이왕이면 좋은 선택을 해 가치 있는 결과를 얻길 바랄 거예요. '순간의 선택이 10년을 좌우한다'는 말도 있으니까요. 특히 한 번의 선택으로 한 사람의 인생이 좌지우지되는 경우라면 어떨까요. '사법부의 재판 판결'이 그 대표적인 예입니다. 검사와 변호사의 증거 싸움 끝에 법관은 최선의 선택을 통해 판결을 내립니다. 재판의 결과에 따라 국민 한 사람의 인생은 전혀 다른 길을 가게 되지요. 법관의 선택, 사법부의 판단이 그 어떤 선택보다 정의롭고 공정해야 하는 이유입니다. 그래서일까요. 사법부와 '농단(이익을 독점함)'이란 단어는 애당초 어울리지 않습니다. 법원은 판사의 것이 아니라 국민의 것이기 때문이지요.

2017년 사법농단 문제를 세상에 최초로 알린 사람이 있습니다. 바로 이탄희 전 판사인데요. 2017년 2월, 그는 승진 코스로 여겨졌던 법원 행정처의 기획조정실로 발령이 납니다. 판사들의 인사권을 갖고 있던 곳이었지요. 그때 이탄희 전 판사는 판사의 성향과 동향을 조사하는 '판사 블랙리스트'가 있다는 것, 본인이 이를 직접 관리해야 한다는 것 등, 사법농단의 공정하지 못한 현실을 마주하고 사직서를 제출합니다. 얼마 전, 한 매체와의 인터뷰에서 그가 했던 말이 기억에 남습니다. 어떻게 그리 정의롭게 살 수가 있냐는 진행자의 질문에 그는 차분하게 말을 시작했지요. "훌륭한 사람이 따로 있는 건 아닙니다. 단지, 중요한 순간에 중요한 선택과 행동을 한 것뿐입니다." 누구나 아는 정론이지만 당장 맞닥뜨린 현실 속에서, 특히나 잃어야 할 게 많으면 두려워지는 것이 인간의 본성이지요. 그래서인지 그의 대답이 더 묵직하게 다가왔습니다. 아마 사법부의 판결, 법관의 판단과 선택이 국민에게 얼마나 가치 있는지, 그 무게를 잘 알기에 가능했을 것입니다. 이것이 양승태 대법원 사법농단 의혹 사건입니다. 사법농단 안에는 재판 거래 의혹 등 사법부 내에 곪아 있는 여러 가지 문제가 복합적으로 담겨 있습니다. 사건이 세상에 알려진 이후, 사법부 내 징계 관련 사안과 관련 재판들이 모두 지지부진하게 진행됐지요. 이 과정에서 국회는 헌정사상 최초 법관 탄핵소추권을 발동합니다. 법관탄핵이란, 신분이 보장된 고위공직자에 대해 국민이 물어야 할 책임을 국회가 대신하면서 헌재가 고위공직자의 위헌 여부를 판단할 수 있게 하는 장치입니다. 즉, 삼권분립의 원칙에 근거해 입법부가 사법부 견제를 위해 갖는 권한 중 하나로 발휘된 것이지요. 재판 개입 잘못을 저지른 임성근 판사가 바로 그 대상이었습니다. 당시 사법농단과 관련한 대다수의 판사들은 '무죄' 판결을 받았습니다. 왜 일까요? 과연 이때 우리 언론은 사법부의 판결에 대해 어떤 보도 행태를 보였을까요? 우리 국민을 대신해 재판부와 정부에 날카로운 질문을 던지고 명쾌한 해답을 찾았을까요?

안타깝게도 언론은 판결문을 평석(판결문의 문장을 비평하고 주석함)보도하지 않았습니다. 다시 말해, 언론의 나쁜 보도 습성 두 가지가 눈에 들어왔지요. 첫째, 사법농단이 국가적 중대 사안임에도 불구하고 외면하다가 정쟁화로 흘러가게 되면 특정 정치적 이해관계를 반영해 확증편향적 보도를 이어갔어요. 둘째, 공판 보도 시, 판결문 중심의 평석 보도는 게을리하면서 판결 결과, 특히 '무죄'에 대한 중계식 보도를 멈추지 않았지요. 분명 잘못한 것이 있는데 도대체 왜 무죄 판결이 났을까요?*

최근 국민 법 감정에 반하는 '사법부의 무죄 판결' 사건들이 있습니다. 다시 말해 우리 사회의 지속적인 관심이 필요한 사건이기도 합니다. 먼저 가습기 살균제 피해 사건 관련 국내 기업에 대한 배상 판결 건입니다.

가습기 살균제 피해자가 세상에 알려진 것은 2011년 4월이었습니다. 검찰 수사는 5년이 지난 2016년이 돼서야 전담수사팀이 꾸려졌고, 2018년 최대 가해 기업인 옥시의 신현우 전 대표 등의 처벌이 이

---

* 이에 대한 답은 《경향신문》 사법농단 판결 기획보도 시리즈 〈"존경하는 재판장님" 사법농단, 법정 기록〉을 참고.

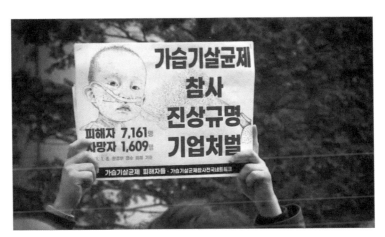

가습기 살균제 피해자의 구제 대책은 여전히 이뤄지지 않고 있다

뤄졌습니다. 이를 통해 가습기 살균제의 유해성은 명확하게 드러났지요. 하지만 국내 제품을 제조한 기업에 대한 제재나 피해자에 대한 구제 대책은 제대로 이뤄지지 않았습니다. 언론의 관심도 꾸준함보다는 반짝 이슈를 좇는 수준이었고요.

　이후 가습기 살균제 피해 구제를 위한 특별법 등이 시행됐지만 시간이 지나면서 정부와 언론, 여론의 관심은 점점 사라졌습니다. 그렇게 시간이 흘러 2021년 1월 12일 가습기 살균제를 제조한 SK케미칼, 이마트 등의 관련자 13명에 대해 '무죄' 판결이 났습니다. 옥시 대표에게 징역 6년 실형을 선고한 것과는 명백히 다른 판결이었습니다. 여기에 업무상 과실치사상 혐의는 공소시효를 넘겨 피해자 규모도 줄어든 상태라 유죄 입증이 불가한 상황입니다. 10여 년이 넘게 지났습니다. 그동안 재판의 결과, 정부의 대응, 피해자의 목소리 등을 짚어주지 못한 언론에 그 어느 때보다 아쉬움이 몰려옵니다.

또 하나는 신천지 이만희 총회장의 감염병예방법 위반 판결 건입니다. 2020년 2월이었습니다. 대구 경북지역의 신천지 교인을 중심으로 코로나19 확진자가 급증했지요. 당시 검찰은 이만희 총회장을 비롯해 신천지 핵심 간부 등 19명을 감염병예방법 위반, 공무집행방해, 특정경제범죄가중처벌법 위반 등으로 기소했습니다. 당시 재판에서 가장 중점이 됐던 것은 감염병예방법 위반 혐의였죠. 2021년 2월 3일, 재판부는 신천지 대구교회 관계자 8명에 대해 무죄를 선고합니다. 해당 혐의를 처벌하기에 애매한 부분이 있다는 것이 그 이유였지요. 우선 명단 제공 요청을 역학조사라고 보기 어렵고 신천지 교인 명단이 공개됐을 때, 전염병 예방에 절대적인 도움이 됐을 거라는 명확한 근거도 부족했다는 것입니다. 무엇보다 종교를 비밀리에 믿고 신천지 교인이라는 것을 세상에 알리고 싶지 않은 사람들에 대한 현실적인 부분도 반영한 결과라고 했습니다. 따라서 '감염병예방법을 위반했다고 볼 수 없다'고 판결했습니다.

위와 같은 중대 사건의 재판 판결에 대해 우리 언론은 어떤 역할을 했을까요? 언론은 사회적 중대 사건 재판 판결에 대해 어떤 질문을 던지고 비평의 노력을 이어가고 있을까요? 우리가 더 감시하고 들여다봐야 하지 않을까요? 그래야 앞으로, 우리 국민의 관심이 필요한 사건들이 정의롭고 공정하게 해결될 수 있지 않을까요?

언론이 주목해야 할 곳,
법정

벌거벗은 한 사내가 단상 위에 묶여 있습니다. 고통
스러움이 역력히 드러나는 표정입니다. 입었던 옷들은 단상 아래 아
무렇게나 버려져 있고요. 성기 주변을 가린 한 조각 천이 되레 사내

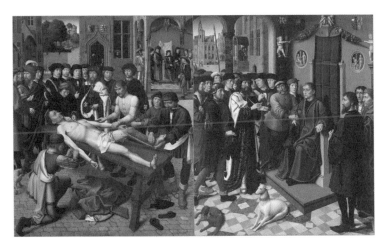

헤라르트 다비트, 〈캄비세스 왕의 심판〉
1498

의 처지를 더욱 비참하게 보이도록 합니다. 그의 가슴과 팔, 다리를 잡은 네 명의 손길은 분주해 보이고, 검은 옷차림들이 두드러져 보이는 한 무리가 그 광경을 지켜봅니다. 한결같이 무표정하게 얼굴이 굳어 있네요. 장식된 모자를 쓰고 홀을 든 왕이 그림의 분위기를 더욱 무겁게 만들고 있습니다. 도대체 무슨 일이 벌어지고 있는 것일까요? 외과 수술이라도 하는 것일까요? 아닙니다. 살아 있는 사내의 가죽을 벗기는 형벌을 집행하는 장면입니다. 말이 좋아 형벌이지 B급 공포영화 속에서나 떠올림직한 끔찍한 발상이 아닐 수 없습니다.

그림은 벨기에 브뤼헤시 소속 화가였던 헤라르트 다비트Gerard David, 1460~1523가 시의 주문을 받아 그린 〈캄비세스 왕의 심판The judgment of cambysec〉1498입니다. 두 폭의 패널로 그려진 것으로 시청 집무실에 걸어놓기 위한 것이었습니다. 기원전 6세기경 페르시아를 다스렸던 캄비세스 왕이 부정을 저지른 재판관 시삼네스를 벌했던 내용입니다. 시삼네스의 죄는 오른쪽 그림 윗편에 조그맣게 그려져 있습니다. 문 앞에서 은밀하게 돈을 받고 있지요. 요즘 형법으로라면 대가를 받고 재판이라는 공무를 팔아버린 뇌물수수죄입니다. 이 사실을 알게 된 왕이 산 채로 가죽을 벗기는 무시무시한 벌을 내린 것이지요. 그게 끝이 아니었습니다. 왼쪽 그림에는 죽어가는 시삼네스의 얼굴을 차마 보지 못한 채 그의 손을 잡고 있는 소년이 있습니다. 아들입니다. 그리고 새 재판관으로 아들을 임명하여, 아버지의 가죽을 재판관 의자에 깔고 앉게 했다고 합니다. 아버지의 죽음 위에서 그만큼 무거운 책임감을 가지고 재판을 하라는 것이었습니다.

엽기라고 불러도 좋을 정도의 이야기입니다. 그만큼 재판이라는 제도의 엄격함을, 법을 집행하는 일의 무게를 강조한 것이죠. 기원전 500년경 페르시아에서, 또 15세기 유럽에서 그렇게 주의를 줬던 재판의 공정성이 21세기 대한민국에서 의심받은 일이 있었습니다. 양승태 전 대법원장 시절, 권력의 입맛에 맞는 판결을 만들기 위해 고위직 법관들이 재판의 독립을 침해하고, 이를 거부하는 판사들을 사찰했다는 것이었죠. 이른바 사법농단 사건입니다. 판사들이 아니라 국민의 삶에 직접적인 영향을 끼치는 문제였습니다. 보통 사람들이라면 일생에 한 번도 가고 싶지 않은 곳이 법원이지요. 어쩔 수 없이 가더라도 억울한 일을 겪어서는 안 됩니다. 자신을 재판하는 판사가, 법에 의해서가 아니라 권력의 눈치를 보는 선배 판사의 입김에 따라 판결을 내린다고 생각해보세요. 사회적 갈등을 해결해줘야 할 최후의 보루인 법원을 믿을 수 없게 되는 것입니다. 그런 중요한 문제이건만 언론은 정치적 이해관계에 따라 결론만을 인용하기 바빴지요.

재판 전후 사정은 생략한 채, 무죄라는 같은 결론에 대해서조차 사건의 성격에 따라 평가가 달라지기도 합니다. 무죄를 받았으니 억울한 일을 겪은 것이다. 반대로 무죄로 결론이 날 사건이 아닌데 판사가 잘못했다고도 합니다. 그렇게 다른 가치평가를 한 근거를 찾다보면, 엉뚱하게도 법이 아닌 정치적 이유가 나오기도 합니다. 언론사의 성향에 따라 유불리를 따져서 유·무죄의 평가가 달라지는 것이죠.

재판의 결론은 그저 유·무죄로 단순하게만 봐야 하는 것이 아닙니다. 재판 과정은 있었던 일들인 사실을 밝히는 것과 그 사실에 대한 가치를 평가하는 것으로 크게 나뉩니다. 하나의 역사적 사실은 대개 여러 개의 크고 작은 사실들을 묶어 판단하게 됩니다. 그림 속 시삼네스의 뇌물죄를 예로 들어볼까요. 뇌물은 공무원이 직무에 대한 대가로 받는 이익을 가리킵니다. 따라서 재판관 시삼네스가 공무원 이라는 사실, 뇌물을 준 자가 어떻게, 얼만큼 돈을 마련했다는 사실, 그 돈을 주머니에 보관하고 있었고, 그대로 시삼네스의 집 앞에서 건 넸다는 사실, 다른 금전 거래 관계가 아닌 재판과 관련한 편의를 위 한 것이었다는 사실 등을 객관적인 증거로 드러나게 해야 합니다. 그 래야 뇌물죄를 저질렀다는 하나의 커다란 사실을 정할 수 있습니다.

이해관계가 복잡하게 얽힌 사건일수록 따져야 할 사실들은 그만큼 많아질 수밖에 없습니다. 그중에는 설령 최종 결론을 달라지게는 못 하더라도 중요한 의미를 담은 사실들이 있겠지요. 하지만 우리 언론 은 재판 과정과 판결문에서 찾을 수 있는 의미들을 충분히 다루지 않 을 때가 많습니다. 법원의 재판은 공개되어 있으니 딱히 어려울 것도 없는 취재인데도 말입니다. 아니 어쩌면 그래서일 수도 있습니다. 누 구나 알 수 있는 사실이라면 뉴스로서의 가치가 떨어진다고 여길 수 있으니 말입니다. 경찰이나 검찰이 수사를 하는 과정에서, 다른 기자 들이 아직 알기 전에, '단독'이라는 타이틀을 달아 보도하는 기사를 내기란 어려울 수 있으니까요. 하지만 이는 재판, 특히 형사 재판의 취지를 망가뜨리는 일입니다.

형사소송의 단계는 수사와 재판으로 이뤄집니다. 수사권 조정에 따라 경찰은 일어난 특정 사건에 대한 수사를 시작합니다. 죄를 저지 른 것으로 의심 가는 사람을 찾고 증거를 모으는 일을 하지요. 검사 는 법적으로 어떤 범죄에 해당하는지, 처벌을 받을 만큼 충분한 증거 가 있는지 판단합니다. 이때까지 피의자는 수사의 대상으로서 수직적 관계에 놓입니다. 쉽게 말해 검사가 돋보기를 들고 피의자를 아래로 내려다보며 죄를 찾는 과정입니다. 유죄라는 판단을 하면 재판에 넘기지만 절대로 그게 끝이 아닙니다. 상대방의 입장도 들어봐야 하지요. 재판은 수직적 관계가 아니라 수평적 관계에서 이뤄집니다. 호칭부터 피의자에서 피고인으로 바뀝니다. 일방적인 대상이 아니라는 의미에서 한자로 '사람 인'을 강조하는 것입니다. 법정에서의 자리 역시 검사와 대등한 위치에 마주 보고 앉습니다. 컴퓨터 모니터 뒤편을 바라보며 잔뜩 위축된 채 이름과 직업을 말하고, 검사가 묻는 사실에 답할 때와는 전혀 다릅니다. 검사가 자신의 입장에서 주장을 말하고 증거를 내밀면, 피고인 역시 반대되는 주장과 증거를 제시합니다. 여기서부터가 진실이 밝혀지는 과정인 것이지요. 판사는 심판을 맡는 것입니다. 양쪽이 공정하게 싸울 수 있도록 절차를 진행한 다음 승자가 누구인지 손을 드는 것입니다.

언론이 지켜봐야 할 과정 역시 그래서 법정에 있는 것입니다. 검사에게는 재판에서 주어진 역할이 있습니다. 피고인으로 하여금 유죄를 받도록 하는 일입니다. 피고인이 죄를 지었다고 볼 수 있는 증거들을 제시하며 판사를 설득해야 하는 것이지요. 그러나 아무리 공정하다고 할지라도 피고인이 동의해서 자백이라도 하지 않는 한 반쪽짜리 사실일 수밖에 없습니다. 그래서 언론이 그런 검사의 주장을 재판도 아닌 수사 과정에서 보도하는 일은 위험합니다. 정말 죄를 지었는지 분명하지도 않은 사람을 나쁜 사람으로 만들 수 있습니다. 여론재판으로 유죄 판결을 내려 사회적으로 혹독한 처벌을 받게 만들 수 있습니다. 억울하더라도 재판에서 무죄를 받으면 되지 않느냐고요?

가족으로부터, 직장으로부터, 함께 사업을 하던 사람들로부터 버림받고 하던 일을 모두 잃었는데 무죄 판결만으로 회복하기란 불가능합니다. 심지어 언론은 그렇게 무죄 판결을 받았다는 사실에는 관심조차 두지 않을 때도 있습니다. 그것을 보도하면 스스로의 잘못을 인정하는 셈이어서일까요? 범죄나 다름없는 일이고, 뉴스를 믿고 함께 손가락질했던 사람들마저 공범으로 만드는 일입니다. 알 권리를 주장하기도 하지만, 잘못된 사실을 진실처럼 듣는 일을 누구도 권리로 받아들이지 않을 것입니다. 억울한 사람에게 돌팔매질을 하도록 만드는 일이 권리일 수 없습니다.

언론이 주목해야 할 곳은 법정입니다. 검사와 피고인이 어떤 주장들을 펼치며, 어떤 증거를 내놓는지, 그 안에서 드러나는 진실을 찾는 것입니다. 공개된 법정이고, 누구나 갈 수 있는 곳이기에, 가치가 없다고 할 일이 아닙니다. 판사는 신이 아닙니다. 법정에서 밝혀져야 할 크고 작은 사실들을 잘못 볼 수 있습니다. 많은 눈들이 지켜볼수록 고의든 실수든 잘못된 판단을 할 가능성이 줄어들겠죠. 재판을 공개하도록 한 취지가 그렇습니다. 국민을 대신해 가는 일이야말로 언론의 본연의 기능이겠지요. 그렇게 직접 지켜본 재판의 결론인 판결문이 국민 상식에 올바르지 않다면 그 역시 지적하고 비판해야 하지 않을까요? 언론이 그런 역할을 충분히 했다면 사법농단 같은 사건은 벌어지지 않았을 것입니다. 국가기관으로 하여금 국민이 믿고 의지할 수 있도록 만드는 일만큼 언론에게 중요한 일이 따로 있을까요?

듣는 힘이 말하는 힘,
사법부와 언론

박상규 · 박준영 지음, 《지연된 정의》
후마니타스, 2016

　　정치철학을 전공한 이로서 개인저으로는 권력의 본
질을 파악할 때 쓰는 구분이 있습니다. 하나는 '사람들에게 자신의
말을 하고 싶어 하는 권력', 또 다른 하나는 '사람들이 하는 말에 귀
를 기울이는 권력.' 권력은 본질적으로는 사람들이 하는 말에 귀를
기울이는 데서 시작해야 하지만, 많은 경우 권력은 사람들에게 자신
의 말을 하고 싶어 하지요. 권력이 사람들의 말을 듣는 대신 자신이
하고 싶은 말이 너무 많으면 그 권력은 억압적인 성향을 띠게 되는

경향이 있어요.

여러분, 삼권분립이란 말 들어보셨죠? 몽테스키외Baron Montesquieu, 1689~1755가《법의 정신De l'esprit des lois》1748에서, '권력은 오로지 권력밖에 잡을 수 없다'는 발상 아래 권력분립을 제시한 이래로 거의 모든 민주정체와 공화정체에서 쓰고 있는 권력운용 방법입니다. 대체로 입법권, 행정권, 사법권으로 분리하지요. 이중 입법부와 행정부는 기본적으로 국민들이 선출한 대표들이 수장이 되는 권력이에요. 입법부는 법을 만들 수 있는 힘을 가지고 있고, 행정부 역시 국민이 뽑은 대표가 수장이 되는 조직이다 보니 스스로 하고 싶은 말을 할 수 있는 기회를 충분히 누리는 권력이에요. 실제 법치가 발전한 서구 사회에서는 법을 만들 수 있는 입법 권력을 견제하기 위해 권력분립을 옹호한 반면, 법치가 덜 발전한 곳에서는 권력분립이 행정권의 비대를 막는 역할을 하는 걸 볼 수 있어요. 현실에선 입법부든 행정부든, 자신을 선출한 사람들의 말을 듣는 대신 이들의 이름을 빌어 자신의 말을 너무 많이 하게 되면 권력이 억압적으로 변하는 경향이 있습니다.

이 세 권력 중에 가장 권력 남용 가능성이 낮은 것이 사법부예요. 사법부는 오로지 법정으로 가져오는 사건에 대해서만 말할 수 있기 때문이지요. 그러니까 누군가가 재판이 열릴 만한 사건을 법정에 가져오지 않는 이상, 법원은 그 권력을 행사할 기회가 없습니다. 그래서 많은 이들이 사법부를 안전한 권력으로 믿는 경향이 있고, 대개의 국가에서 국가의 현재와 미래를 결정한 중대한 사안을 판단해주는 최종기구로서의 역할을 인정합니다. 다시 강조하지만 사법부가 권력을 남용할 가능성이 가장 낮은 권력이기 때문이에요.

그래서 2017년 우리나라에서 일어난 사법농단 문제는 매우 심각한 것이었어요. 가장 믿을 수 있는 권력이 부패했음이 드러났기 때문이지요. 그렇다면 도대체 어떤 일이 일어났던 걸까요? 생각보다 이 사건의 구체적 내용이 무엇인지 잘 알려져 있지 않아서 우선 사법농단의 실체부터 여러분에게 설명해드릴게요.

여러분도 잘 알다시피 우리나라의 법은 한 사건 당 세 번의 재판을 받을 수 있는 3심제로 이루어져 있습니다. 첫 번째 재판을 담당하는 지방법원, 두 번째 재판을 담당하는 고등법원, 마지막 세 번째 재판을 담당하는 대법원. 이 법원의 정점인 대법원의 수장을 대법원장이라고 하고, 그 아래 3천여 명의 판사와 관련 공무원들이 일하고 있지요. 그런데 2011년 취임했던 양승태 전 대법원장이 이 법원 체계에 변화를 주고 싶어 했습니다. 대법원에 재판이 너무 많이 몰리고 있으니, 중요한 사건만 대법원이 담당하고 비중이 낮은 사건을 처리하는 법원을 만들자는 것이었죠. 대법원에 호소하는 마지막 재판을 상고심이라고 하는데, 이 상고심 중에 사안이 중요하지 않은 사건들을 처리할 상고법원을 만들고 싶었던 거예요. 이렇게 법원의 조직이 변하려면 법이 변해야 하고, 법이 변하려면 당연히 의회의 승인이 필요했는데, 문제는 대한민국 국회가 이런 법원의 요구를 들어주지 않았던 겁니다.

2014년 상고법원안이 발의되었지만 의회가 이를 계속 무시하자 양승태 대법원장은 사법부 수장으로서는 도저히 하지 말아야 할 일을 시작합니다. 당시 집권 여당이 곤혹스러워하고 있는 사건을 처리해주는 대가로 상고법원의 설치해달라는 거래를 제안했던 거죠. 이 거래로 인해 KTX 승무원 복직 및 직접고용 사건, 쌍용자동차 정리해고 사건, 전교조 법외노조 판결이 모두 파기 환송되었고, 위안부 할머니들이 일본 정부를 상대로 예고한 손해배상청구소송을 모두 각하 또는 기각하는 방침이 법원 내부에 이미 서 있었던 거예요. 그러니까 이 모든 판결의 결론은 이미 정해져 있었던 겁니다. 게다가 법원행정처가 나서서 상고법원 도입에 비판적이거나 반대하는 판사들의 블랙리스트를 만들어 배제하는 등 사법행정권이 남용되는 일이 일어났지요. 그러니까 법원이 자기 내부의 적을 골라내 블랙리스트를 만드는, 정말 있어서는 안 되는 초유의 사태가 일어났던 것이죠.

앞서 제가 여러분에게 사법부야말로 사건을 가져다주는 이들이 없으면 아무런 말도 할 수 없기 때문에 가장 권력남용이 낮다고 했었죠? 그런데 양승태 대법원장은 그 사건을 가져올 수 있는 권력을 찾아가, 골치 아픈 사건을 해결해줄 테니 그 대가로 상고법원을 승인해달라는 했던 거예요. 이 모든 것이 겉모양새는 법의 이름으로 '합법적'으로 해결이 되니 사건을 가져다주는 자들도 수서알 세 없었이요. 결국 사법권이 자신이 주장하고 싶은 것을 참지 못해서 생겨난 일이 사법농단이었어요.

개인적으로 저는 사법권이 정말 특별한 권력이라고 생각합니다. 사법권은 '억울한 자의 호소를 들어줌으로써 자신을 말하는 권력'이기 때문이에요. 게다가 민주적 국가의 모든 사법권은 자신이 사람들의 말을 제대로 듣고 있는지 스스로 의심하고 주의를 기울이도록 만들어져 있어요. 그 때문에 우리나라의 경우도 같은 사건을 두고 세

번까지 재판을 열 수 있도록 하고 있지요. 사법부는 한 번의 판단을 제대로 내리기 위해 수차례의 공판을 열어, 듣고 또 듣기를 반복하지요. 그 듣는 과정이 끝날 때까지 사법부는 판단을 유보하고 들은 이야기를 모두 모아 최종적으로 판단합니다. 우리가 사법부의 판단을 믿는 이유는, 이곳에서 일하는 판사들이 자신들의 말을 끝까지 들어줄 것이라는 믿음에 근거해 있어요. 그런데 양승태 대법원장은 상고법원 설치를 위해, KTX에서 복직과 직접고용을 위해 싸웠던 사람들의 목소리를, 쌍용자동차 해고 노동자들의 목소리를, 전교조 선생님들의 목소리를, 마침내 위안부 할머니들의 목소리를 더 이상 들을 필요가 없다고 미리 결정했던 겁니다. 이처럼 사법부가 목소리를 듣지 않겠다고 결정한 이들이 재판 과정에선 약자의 위치에 있었던 것, 권력의 입장에선 성가신 존재였다는 것이지요. 우리가 잊지 말고 주목해야 할 부분입니다.

　박상규 기자와 박준영 변호사가 쓴 《지연된 정의》는 바로 법을 다루는 권력이 사람들의 목소리에 귀 기울이지 않을 때 생겨나는 일을 담고 있어요. 이 책이 다루는 '삼례 나라슈퍼 3인조 강도치사 사건' '익산 약촌오거리 택시 기사 사건' '완도 무기수 김신혜 사건'의 당사자들 역시 모두 사회적 약자들이었고, 그 이유로 이들 모두 자신의 말을 들어주고 믿어주는 사람들이 없었지요. 사건을 조사한 경찰도, 검사도, 법정에서 이들의 입장을 대변해야 할 변호사도, 심지어 판사마저도 이들의 이야기를 귀 기울여 듣지 않았어요. 그러자 이들의 권리는 사라지고 억울한 누명을 쓴 채 긴 시간을 감방에서 보내야만 했습니다.

그런데 《지연된 정의》의 재심 사건에서 우리는, 이들의 말을 들어주기로 한 변호사 한 사람, 기자 한 사람이 등장하자 이들의 삶이 바뀌는 것을 볼 수 있어요. 법과 언론이 누군가의 말을 진심으로 듣는 일이 얼마나 위대한 힘을 발휘하는지 확인할 수 있지요.

　사법권과 언론은 서로 전혀 다른 영역 같지만 공유하는 지점이 하나 있습니다. 사법권이든 언론이든 모든 활동이 진실을 파헤치고 듣는데서 시작된다는 점이에요. 진실을 듣는 능력이 만드는 권력! 그것이 자신들의 본질이라는 것을 사법권과 언론이 항상 기억했으면 하는 바람입니다.

　《지연된 정의》를 읽다 보면 '늦게라도 정의가 찾아왔으니 다행이다'는 생각이 들지도 모릅니다. 하지만 법에서 말하는 '지연된 정의'의 원래 뜻은 '늦게 찾아온 정의는 거부된 정의다'라는 의미예요. 늦게 찾아온 정의는 정의로서 그 할 일을 결코 다할 수 없다는 뜻이지요. 우리가 듣는 일을 처음부터 외면한다면, 정의는 결코 실현될 수 없다는 사실, '지연된 정의'라는 말이 들려주는 정의의 실상입니다.

인면수심,
아동학대 없는
세상
만들려면?

아동학대 사건의
골든타임

2020년 대한민국이 발칵 뒤집히는 사건 하나가 발생합니다. 가해자들은 8개월 여자아이를 입양한 부모였지요. 입양과 함께 학대는 시작됐습니다. 주변인들에 의해 이뤄진 세 번의 신고에도 나라의 법과 정책은 아이를 지키지 못했습니다. 결국 아이는 세상에 태어난 지 16개월 만에 죽음에 이르게 됩니다. '양천 아동학대 사건'을 세상에 알리는 데 SBS 〈그것이 알고 싶다〉의 역할이 컸습니다. '백 개의 글보다 한 컷의 영상이 더 중요'할 때가 있시요. 특히 우리 사회의 문제적 사건을 사람들에게 전달하는 데 있어 영상은 큰 힘을 발휘합니다. 피해 아동 생전의 마지막 모습이 담긴 유치원 CCTV 영상은 많은 이들을 분노에 휩싸이게 만들었지요. 여기에 피해 아동의 신상과 구체적인 피해 내용이 밝혀지면서 자칫 묻힐 수 있었던 처참한 아동학대 사건이 수면 위로 올라온 것입니다. 이후 많은 언론의 후속보도가 이어졌습니다. 그리고 언론은 집중하기 시작하지요. 꼬리에 꼬리를 물고 발생하는 또 다른 아동학대 사건도 사람들의 분노와 관심에 힘을 얻어 세상에 터져 나옵니다. 자연적으로 각계에서는 아동학대와 관련된 사회적 논의 또한 구체적으로 이뤄지고 있고요. 언론이 사회문제에 대해 제대로 된 고발자, 공론장의 역할을 해낸 것입니다.

아동학대 사건의 형태는 여러 가지가 있습니다. 그중 가장 심각한 것은 부모의 탈을 쓴 인면수심의 어른들로 인한 학대입니다. 가정이라는 안전한 울타리가 오히려 위험한 공간으로 돌변했을 때 아이들의 피해는 가중됩니다. 보통 아이들은 부모에 의해 감정을 통제받는 일이 많습니다. 따라서 아이들에게 있어 부모의 학대는 결국 스스로를 갉아먹는 최악의 결과로 나타나게 되지요. 그래서 다각적인 방법으로 아동을 보호할 수 있는 선제적인 복지 시스템을 개선하려는 노력이 우선돼야 합니다.

2021년 2월 26일, 아동학대 살해죄를 신설하는 아동학대범죄처벌특례법 개정안이 국회 본회의를 통과했습니다. 개정안은 아동학대 치사죄의 형량을 높이지 않는 대신 고의로 아동을 학대해 사망하게 한 경우 '살해죄'를 적용하도록 했습니다. 형법상 살인죄보다 처벌 수위를 높였지요. 더불어 아동학대 범죄사건 피해자에 대해 국선변호사, 국선보조인 선임을 의무화했습니다. 이 과정에서 졸속입법 발의라는 비판의 목소리도 나왔습니다. 당연히 입법 전 세밀한 분석과 부작용에 대한 검토는 필수적입니다. 하지만 이미 너무 많이 늦었다는 생각입니다.

우리는 이미 막을 수 있었지만 막지 못했던 수많은 아동학대 사건을 외면하고 지나쳐버렸습니다. 이번 입법 과정의 진통은 진작 우리

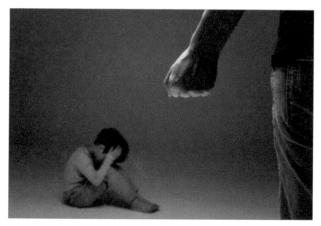

학대 받는 아이들의 골든타임을 지켜줄 책임은 우리에게 있다

가 관심을 기울이지 못한 죄책감에 대한 대가이지 않을까요?

골든아워. 골든타임이라고도 합니다. 환자의 생사를 결정지을 수 있는 사고 발생 후, 수술과 같은 치료가 이루어져야 하는 최소한의 시간을 의미합니다. 지금도 우리 주변 어딘가에서 어른들의 학대로 고통 받고 있는 아이들이 있습니다. 이 아이늘 인생의 골든디임을 지켜줄 책임은 바로 우리 모두에게 있다는 것을 잊지 말아야 합니다. 특히 아이들의 인권을 보호하기 위해 언론의 역할은 그 어떤 때보다 중요합니다. 하지만 언론은 아동학대 사건과 같은 인재人災를 담아내는 데 아직 미숙한 부분이 많아 보입니다. 이번 양천 아동학대 사건 보도를 보더라도 자극적 단독 경쟁과 형량 강화 등 피상적 접근과 입장 전달식 보도가 끊임없이 쏟아졌습니다. 아동학대와 같은 피해 사건은 일반 시사 문제와 전혀 다른 접근 방식과 엄정한 보도 준칙이 필요합니다. 아동은 어른의 소유물이 아닌, 한 명의 시민으로 프라이버시를 존중 받을 권리가 있습니다. 이번 아동학대범죄처벌법을 넘어, 우리 사회 안에서 소외된 아동에 대한 복지 정책과 해당 법안이 하루빨리 정비·보완될 수 있도록 동력을 보태야 합니다. 우리 언론이 더는 지체하지 말아야 합니다. 현장 취재와 심층보도로 사각지대에 놓인 아이들의 삶을 직접 마주하고 기사를 써야 합니다. 그래야 우리 아이들 생명의 골든타임을 놓치는 과오를 더 이상 반복하지 않을 테니까요.

밝혀야 할
어두운 이야기

바실리 페로프, 〈트로이카〉
1866

이 그림을 처음 접하고 떠올린 장면이 있습니다. 어렸을 때 만화영화로 보았던 〈플랜더스의 개〉입니다. 파트라슈라는 커다란 개와 소년 넬로에 관한 이야기지요. 어려서 부모님을 여읜 넬로는 파트라슈가 끄는 수레로 우유 배달을 하면서 할아버지와 함께 생계를 이어갔어요. 그림에 뛰어난 재능을 보였지만 어려운 환경 탓에 미술 공부를 하지 못했습니다. 화가의 꿈을 이루지 못한 채 어느 추운 겨울, 너무나 좋아했던 루벤스의 그림 아래에서 파트라슈와 함께 깨어나지 못할 잠이 들고 맙니다. 어린아이들이 보는 만화영화를 꼭 그렇게 슬프게 만들어야 했는지 원망하면서, 마음이 많이 힘들었던 기억이 납니다.

도대체 왜 19세기 러시아 화가 바실리 페로프Vasily Grigorevich Perov, 1833~1882가 그린 〈트로이카Troika〉1866를 보고 〈플랜더스의 개〉를 생각한 것일까요? 수레를 끌 수 있을 만큼 커다란 개, 그리고 어린 나이에 할아버지 대신 일을 해서 삶을 꾸려간다는 사실이 막연하나마 깊은 기억을 새겼던 모양입니다. 러시아어로 숫자 3을 뜻하는 트로이카는 삼두마차, 그러니까 세 마리의 말이 끄는 러시아 전통 썰매나 마차를 가리킵니다. 눈보라가 일상인 험한 날씨를 뚫기 위해 가운데 힘센 말을 놓고, 그 말이 이끄는 길을 양옆에서 두 마리가 돕도록 한 것이지요.

페로프의 〈트로이카〉는 말들이 아니라 아이들, 고작해야 10세 안팎의 남매로 보이는 아이들입니다. 머리칼을 흩날리는 차가운 바람을 맨 얼굴의 아이들이 정면으로 맞서고 있습니다. 눈으로 뒤덮인 거친 길 위로 커다란 통이 실린 썰매를 끌고 있지요. 거친 숨을 들이켜는 아이들의 새파랗게 언 피부가, 시린 이가 생생하게 느껴집니다. 그림에도 개가 등장하기는 하지만 도움은 안 됩니다. 옆에서 응원가를 부르는 정도로 보입니다. 어쩌면 러시아에 살았던 '넬로'들일지도 모르겠습니다. 아주 엉뚱한 상상만은 아닌 것이 페로프가 그림을 그렸던 것이 1866년이었고, 영국 작가 위다Ouida, 1839~1908가 넬로를 소설 속 주인공으로 하여 《플랜더스의 개》를 출간한 것이 1872년이었습니다. 그 시절 가난한 집안 아이들을 대표하는 모습들일지도 모르겠습니다.

페로프는 당시 러시아 민중의 모습을 그림으로 기록했습니다. 대다수의 사람들은 '차르'라는 절대권력의 지배를 받던 농노로 살았지요. 그림이 그려질 무렵엔 그들도 지주의 소유물 취급을 받던 농노의 지위에서는 벗어났지만, 산업화 시대 도시 빈민으로의 변신이 기다리고 있었습니다. 아이들이라고 딱히 다를 수 없었습니다. 아니 오히려 아이들에게 더욱 가혹한 시대였다고 봐야겠지요. 페로프와 동료 화가들은 그런 민중의 삶을 그리는 일을 예술가의 사명으로 삼았습니다. 거기서 그친 것도 아니었습니다. 이들을 '이동파'라고도 불렀는데요. 문화생활이라고는 꿈꾸기 어려운 사람들을 위해 그림을 들고 가난한 사람들에게 찾아가 전시회를 열었습니다. 〈플랜더스의 개〉에서 입장료를 낼 수 없던 넬로가 루벤스의 그림을 보지 못해 애태웠던 것과 비교하면 얼마나 큰 의미였을지 짐작할 수 있습니다.

가난은 아이들에게 성장하기 위한 양분을 주기 어렵게 만듭니다. 넬로가 살았던 유럽에서, 그리고 우리나라를 비롯한 어느 나라의 역사에서도 아이들의 노동력을 소모했으니까요. 15세 미만의 노동을 원칙적으로 막고 있는 지금의 국제 기준이라면 아동학대라고도 볼 수 있었습니다. 하지만 만화영화 속 넬로는 할아버지와 또 좋아하는 다른 사람들과 즐겁고 행복할 때도 많았습니다. 결말이 슬퍼서 그렇지요. 페로프의 그림에서 역시 아이들이 꼭 어렵고 힘들게만 보이지는 않습니다. 어딘지 모르게 힘차게, 미래의 희망을 향해 발을 내딛고 있는 것처럼 볼 수도 있습니다. 근거도 있습니다. 가만히 살펴보면 트로이카 썰매의 뒤편에는 등골이 휘어져라 썰매를 밀고 있는 사내가 있어요. 남매의 아버지겠지요. 힘겨운 일상으로부터 조금이라도 더 나은 곳으로 아이들을 밀고 있는 것 아닐까요? 아이들의 얼굴은 추위에 질린 게 아니라 앞날의 빛으로 환한 것은 아닐까요? 벗어날 가능성이 있는 어려움이란 역설적으로 강렬한 희망이기도 하니까요.

그런 면에서 대한민국에서 벌어지는 아동학대는 이해하기 어려운 측면이 있습니다. 해방이 됐고, 한국전쟁을 겪은 지 70년이 지났습니다. 경제력만 따지면 세계 10위권을 오르내립니다. 다른 어느 나라, 어느 시대와 비교해도 가난을 핑계로 할 수는 없습니다. 드높은 교육열에 비춰볼 때 지적 수준이 낮은 나라도 결코 아닙니다. 'K 컬처'가 휩쓰는 문화 선진국이기도 합니다. 아무리 봐도 어두운 터널을 지나는 국가가 아닙니다. 아이들을 학대하는 핑계를 찾을 수 없습니다. 그런데도 해외로 아이들을 입양 보내는 순위 역시 OECD 국가 중 첫 번째를 차지하고 있지요. 무언가 왜곡돼 있습니다. 우리보다 훨씬 가난한 나라들과 비교해도 훨씬 많은 아이들을 포기하고 있습니다. 사회의 무관심 속에, 잔인한 어른들의 손에 아프게 죽어간 아이들을 생각하면 이 땅을 떠난 것이 축복이겠지요.

아동학대의 원인을 단순하게 경제적인 측면에서만 보려는 것은 아닙니다. 잊힐 만하면 들려오는 슬픈 소식을 멈추게 하려면 뭔가 근본적인 접근이 필요하기 때문입니다. 언론은 친부모인지 양부모인지, 폭력의 수단은 무엇이었는지, 다른 사건과 비교할 때 뭐가 다른

지 등 선정적인 뉴스들로 도배합니다. 아이가 얼마나 끔찍한 일을 겪었는지, 부모가 얼마나 잔인하고 나쁜 사람들인지 보여주는 일에만 급한 듯합니다. 국회의원들이 서둘러 내놓는, 강력한 처벌을 하겠다는 식의 반복되는 대책들 역시 반복해서 전하지요. 제대로 겉만 핥았어도 수박 껍질이 다 닳았을 정도지만, 여전히 속을 찾지 못하고 있습니다.

언론이 떠들썩하게 다뤘던 아동학대 사건을 맡았던 적이 있습니다. 폭력적인 가정에서 자라 똑같이 학대를 하는 아버지가 돼버린 남성이 범인이었지요. 일자리를 잃고 부인이 가출하면서 술에 빠져 몇 년을 지내는 동안 아이가 희생됐던 것입니다. 구치소에 갇힌 지 며칠이 지나서야 자신이 저지른 짓을 깨달을 정도로 철저하게 망가진 삶을 살았어요. 그 남자에 대한 변명이 아니라, 그 때문에 결국 아이가 세상을 떠나야 할 지경이 되도록 우리는 무엇을 하고 있었는지에 대한 자책으로 마음이 아팠습니다. '잘산다'는 것이 경제적인 면만을 가리키는 것은 아닙니다. 얼마나 구성원 전부가 건강하게 함께 살고 있는지를 봐야겠지요. 그치지 않는 아동학대는 우리가 설고 찔실고 있지 않다는 명백한 증거라고 봅니다. 어디에 뚫린 구멍 탓에 찬바람에 얼어붙는 아이들이 있는지 언론은 찾아봐야 하지 않을까요? 페로프와 동료들이 그랬던 것처럼 그들의 모습을 그리고 보여주며 바꾸기 위한 노력을 기울일 수는 없을까요?

아동이 살기 편한
사회

필립 아리에스 지음, 문지영 옮김, 《아동의 탄생》
새물결, 2014

몇 년 전부터 뉴스에서 끊이지 않고 나오는 보도가
있어요. 바로 아동학대예요. 제 아이가 우리나라 나이로 6살이 되어
서 그런지 이런 뉴스가 나오면 더 유심히 지켜보게 됩니다. '아무리
어리다 해도 인격체인데 왜 이리 마음대로 해도 되는 물건처럼 취급
하는 것일까?' 저절로 이런 의문이 들지요. 이런 질문을 하다 보면
학대한 사람의 개인적 이유보다는 그 사람을 둘러싼 사회구조적 문
제에 대해서 생각해보게 되곤 해요. 개인의 도덕성도 사회구조, 사회

윤리에 영향을 받기 때문이에요. 쉽게 말해 우리 사회가 구조적으로 아이를 편안하게 키울 수 있는 곳인가에 대해 생각하게 되는 것이죠. 아, 그런데 이런 생각이 개인에게는 도덕적 책임이 없다는 말로 듣지는 말아주세요. 어떤 상황 속에서 생명에 대한 기본적 태도는 지켜야만 하는 거니까요.

아동의 사회적 위치는 '보이지만 보이지 않을 수 있는 존재'로 규정할 수 있어요. 왜냐고요? 아동은 기본적으로 '인간의 권리를 가지고 있지만, 그 권리를 스스로 충분히 행사할 수 없는 존재들'이기 때문이에요. 우리가 흔히 보는 '18세 미만은 안 된다'는 제약에는 좀더 많은 보호가 필요한 존재들이라는 의미가 담겨 있어요. 이걸 정치적으로 해석한다면 아직은 공적 영역에 나올 수 없기에 철저하게 가정이라는 사적 영역에 갇혀 있는 존재라는 의미가 됩니다. 그래서 '보이지만 보이지 않을 수 있는 존재들'이 되는 거고요.

소년 강력범죄에 초점을 맞추면서 처벌강화를 외치는 분들이 있지만, 그 반대편에서는 학대당하는 아이들이 있습니다. 2018년 기준 1만 8,919명의 아이들이 부모로부터 학대를 당했는데, 하루 평균 52명의 아이들이 부모 손에 맞거나 정신적·성적 수모를 겪고 있지요. 게다가 하루 세 끼를 제대로 못 먹는 아이들도 아직 많아요. '요즘 밥 못 먹는 사람이 어디 있어?'라고 하지만 2018년만 해도 지자체 지원을 받는 결식우려 아동이 35만 명, 100명 당 거의 4명이었어요. 그런데 한편에선 (2019년 발표된 아동종합실태조사를 보면) 우리나라 아동 빈곤율이 2010년 이후 예측보다 빨리 낮아지고 있는 걸 볼 수 있어요. 그런데 그 이유 중 하나가 청년세대가 결혼과 출산을 미루거나 포기하는 경향이 증가한 것과 관련이 있다고 합니다. 사회적 부가 증가한 영향도 있겠지만, 알고 보면 낳아서 제대로 못 기를 바에야 아이를 낳지 않겠다는 경향이 아동빈곤율 감소로 이어졌다는 거죠.

그런데 여러분, 우리가 지금 이렇게 걱정하고 있는 아동이 18세기의 발명품이라는 사실, 들어보셨나요? 실제로 어떻게 아동이 18세기에 탄생했는지 밝힌 연구가 있어요. 필립 아리에스Philippe Ariès, 1914~1984의《아동의 탄생L'enfant et la vie familiale sous l'ancien regime》1973이라는 책입니다. 아리에스에 따르면 근대 이전의 아이들은 어른들의 축소판처럼 여겨졌어요. 그래서 실제로 아이들을 어른처럼 대했답니다. 그런데 산업혁명이 일어나면서 아이들을 어른처럼 대접하면 안 되는 일이 생겨났어요. 왜 그런 일이 일어났냐고요? 그 이유라는 것이 듣고 보면 조금 황당한데 값싼 노동력의 확보 때문이었습니다. 산업혁명 초기는 기계 앞에서 일할 수 있는 값싼 노동력을 확보하는 것이 성공의 관건이었어요. 그래서 찾아낸 값싼 노동력 중의 하나가 아동이었지요. 이 아동을 값싼 노동력으로 만드는 첫 번째 단계가 어른처럼 대하지 않는 것이었답니다. 성숙하지 않다는 핑계로 어른들보다 임금을 적게 줘도 됐기 때문이죠.

게다가 산업혁명에 나선 이들은 이 아동들이 미래 노동력으로서 국부의 중요한 원천이 된다는 생각을 하게 되었습니다. 산업혁명 초기 자본가들이 가장 애를 먹었던 게 규율과 통제력을 갖춘 성실한 노동력의 확보였어요. 산업혁명 초기만 하더라도 사람들은 필요 이상의 시간을 노동하며 보내려 하지 않았어요. 방적기를 만들었던 아크라이트는 '누구도 기계 앞에서 필요 이상의 시간을 일하려 하지 않는다'며 불평을 털어놓았지요. 그래서 근대의 개혁가들이 시작한 프로젝트가 아동을 만들어내고 이들 대다수를 수용하는 근대적 학교 교육이었어요. 산업혁명이 시작된 영국에선 1870년에 초등교육법이 만들어지는데요. 이 법을 초안한 자유당의 하원의원 윌리엄 포스터는 이렇게 쓰고 있습니다.

> 우리 산업의 번영이 초등교육을 신속히 시행하는 데 달려 있습니다. 교육받지 못한 미숙련 노동자들을 그대로 방치한다면 (⋯) 세계에서 벌어지는 경쟁에서 상대가 되지 않을 겁니다.

결국 아동은 좋게 말하면 미래 노동력의 확보라는 차원에서 발명되었고, 나쁘게 말하면 값싼 노동력 착취를 위해 발명되었던 겁니다. 영어에서 아동보호, 'Child Care'라는 말이 1915년에 처음 쓰인 것만 봐도 아동은 근대적 개념일 뿐만 아니라, 아동이 윤리적으로 보호해야 한 대상이라는 발상이 20세기 초반에야 생겨난 것임을 알 수 있어요. 우리나라에서도 젊은이, 늙은이(과거 나이 많은 어른을 이르는 일반적인 말)처럼 아동을 독자적인 존재로서 '어린이'라고 표현한 것은 1920년 방정환 선생님이 처음이었지요.

아동이 애초에 착취의 대상으로 발명되어서일까요? 우리들은 아이들을 소유물처럼 생각하는 경향이 있습니다. 대부분의 아동학대가 가정 내에서 이뤄진다는 건 이미 많이 알려져 있지요. 우리나라만 해도 2018년 복지부의 통계에 따르면 아동학대 가해자 중 76.9%가 부모였어요. 가족애라는 핑계로 내 아이를 소유물처럼 여기는 것, 특히 가족애를 강조하는 우리나라에도 이런 인식이 널리 퍼져 있는 듯합니다. 하지만 아이들이 소유물로 여겨진다면, 아이들은 필요에 따라, 편의에 따라 버려도 되는 것 혹은 기분에 따라 망가뜨려도 되는 사물과 같은 존재가 될 수도 있어요. 아동학대는 바로 그런 가능성이 현실화된 것이죠.

이에 반해 우리나라에서 이에 대한 처벌은 '아동학대범죄의 처벌에 관한 특례법'까지 있지만 실제로는 솜방망이 수준이에요. 아동학대 가해자 중 징역 10~15년 중징계를 받은 사례는 매우 드물어요. 대부분 5년 이하의 형을 받는 데 그쳤어요. 더 아이러니한 것은 아동을 학대한 이들이, 처벌이 가해질 때는 이 아이들을 돌봐야 한다며 법정에 선처를 호소한다는 거예요. 찰스 디킨스의 소설 《올리버 트위스트》에서 올리버를 학대하고 착취한 도적단의 페긴이 처벌을 피하기 위해 어린 올리버를 앞세워 선처를 호소하는 모습이 겹치는 것은 왜일까요?

이처럼 아동의 존재가 구조적 문제에서 탄생했듯이, 아동의 문제도 구조적인 데서 생겨날 수 있습니다. 기본적으로 우리 사회에는 아이들은 부모가 키우는 것이란 생각이 지배저이라 그런지, 사회가 함께 키우는 것이라는 발상이 공유되어 있지 않아요. 아니 그런 발상이 사라져버렸죠. 예를 들어 '노 키즈 존No kids zone'을 생각해볼까요? 철저하게 아이들이 배제된 공간이지요. 이곳은 아이들에게 어른의 규율을 강요하면서, 그 규율을 지키지 못하면 진입조차 하지 말라고 하는 거예요. 아니 '노 키즈 존'은 아이들에게 그런 규율을 지킬 기회조차 주지 않겠다는 의미를 담고 있는 것이죠. 열차를 타도 마찬가지예요. 유아동반 칸이 따로 분리되어 있고, 심지어 유아동반 칸에서조차 아이들이 울면 객실과 객실 사이로 나가서 부모들이 아이들을 달래는 것을 흔히 볼 수 있습니다. 아이들을 우리가 같이 키우는 존재로 보지 않는 현상이 반영된 상징적 공간이라 할 수 있어요.

아동학대에서 언론이 보다 더 조명해야 하는 것은, 학대한 개인들의 인성이나 가족 배경이 아니라 이런 구조적 문제라는 생각이에요. 그런데 우리 언론의 보도를 보면 아연실색하게 만드는 부분이 있습니다. 예를 들어, '아동학대를 한 사람이 친부모가 아니다'라는 걸 무한반복 강조하는 거죠. 비혈연관계이기 때문에 이런 일이 일어난다는 식의 보도가 난무하죠. 한 종편의 진행자가 아동학대 주범으로 '의붓어머니'를 계속 강조하는 걸 지켜보던 출연자 주원규 삼육대 겸임교수는 방송 중에 이렇게 말합니다.

먼저 저는 아쉬운 게 이게 자꾸 의붓어머니의 어떤 학대라고만 (하면) 저는 오히려 사적으로 몰고 가는 거라고 생각을 합니다. 의붓어머니든 친어머니든 아이를 학대하는 행동에 대해서는 우리가 사회가, 사회문제로 보고 접근을 해야지 가족의 문제로 접근해서는 절대 안 된다는 생각이 들고요.

아동학대 보도를 보면 입양가정, 재혼가정, 동거가정, 한부모가정과 같은 표현을 너무 자주 볼 수 있어요. 하지만 현실에선 친부모들이 학대하는 비율이 양부모보다 훨씬 높아요. 보건복지부가 내놓은 2019년 '아동학대 주요통계'를 보면 양부모가 가해자인 경우는

0.3%인 반면 친부모는 72.3%에 달하는 걸 볼 수 있어요.

이처럼 언론이 비혈연관계, 비정상적 가정을 강조할 때 생겨나는 문제는, 아동학대의 본질을 사적영역에 가두어버릴 수 있다는 점이에요. 예를 들어, 아이들을 맡길 곳이 없어 일하러 나가는 동안에 아이들을 홀로 남겨두어야 하는 외부모의 상황은 사회구조적 문제일 수밖에 없는 데도 말이죠. 아이들이 잘 성장하려면, 아이들만 잘 성장하는 것이 아니라 어른과 사회도 잘 성장해야만 해요. 개개의 사건에서 아이들에 대한 학대와 관련된 자극적인 정황 대신, 아동과 관련된 보다 구조적인 문제에 대한 보도들이 언론에 더 많아졌으면 바람, 여기에 또박 또박 궁서체로 적어둡니다.

((**08**))

검찰개혁의
꿈은
이뤄질까?

2016년,
촛불에 담긴
꿈

2016년 11월, 시민들이 밝힌 촛불로 광화문 광장은 밤새 환했다

2016년 겨울은 참 추웠고, 참 따뜻했습니다. 촛불을 손에 든 시민들의 얼굴은 단호했고 굳건했습니다. 그 모습을 카메라에 담기 위해 광화문 거리를 헤맸고 중계차를 탔습니다. 지독한 찬바람에 몸이 얼다가도 시민들의 손에 들린 촛불을 바라볼 때면 마음이 울컥 달아올랐던 기억이 납니다. 2016년 9월 박근혜 정부의 비선실세 의혹이 불거지면서 10월 29일 국정농단과 박근혜 대통령 퇴진

을 요구하는 촛불집회가 본격화됐습니다. 다음해 3월까지 이어진 촛불집회는 누적 인원 1,500만여 명을 넘어서면서 대한민국 헌정 사상 최대 규모의 시위로 기록됐지요. 당시 평화적 시위를 지키면서 부당한 권력을 심판했던 우리를 기억하시나요?

2016년 11월, 첫눈 오던 날이었습니다. 남녀노소 모두 모여 한마음으로 밝힌 촛불로 광화문 광장은 밤새 환하게 빛나고 있었습니다. 당시 시민들의 목소리를 기록하면서 던졌던 공통 질문이 있습니다. "왜 촛불을 들고 거리로 나오셨나요?" 모두와 함께 나누고 싶어 그 기록을 꺼내봅니다.

"나라가 진정이 안 돼서 대통령을 물러나게 하려고 나왔어요."(10세, 김가현)

"국민이 투표로 준 권력을 대통령이 최순실과 나눠 썼기 때문에 비판하러 나왔어요."(11세, 장재익)

"대통령이 잘못을 저지른 것 같아요. 대통령이 자리에서 내려오면 좋겠어요."(12세, 최연호)

"나라 돌아가는 게 너무 답답해서 집에 가만히 있을 수 없었어요."(16세, 정성직)

"혼란스러워요. 돈 때문에 특정 사람들이 특혜를 받지 않고 모두가 공평하면 좋겠어요."(16세, 박형천)

"이런 일이 다시는 반복되지 않기 위해서 더 많은 시민들이 뭉치면 좋겠어요."(18세, 최중호)

"자괴감이 들어요. 지금 시험기간인데 저희 같은 고등학생들이 열

정을 갖고 달려 나왔어요. 저희가 촛불이 절대 꺼지지 않도록 꼭 지키겠습니다."(18세, 박권우)

"세월호 참사로 희생당한 친구들이 저희 또래입니다. 박근혜 대통령은 세월호 참사에 대한 책임이 있다고 생각합니다."(21세, 서유린)

"국민이 국민의 의견을 말할 수 있어야 진정한 민주주의 국가라고 생각합니다. 그 민주주의를 이루기 위해 저도 실천하려고 나왔어요."(21세, 김혜린)

"답답해서요. 사람이 죄를 지으면 벌 받는 게 마땅하잖아요. 그런 당연한 일이 이뤄졌으면 하는 바람으로 나왔습니다."(25세, 송형석)

"촛불이 국민의 마음을 대변하고 있기 때문에 이렇게 같이 촛불을 들게 됐습니다."(29세, 박성현)

"저는 정치에 관심이 없었어요. 그런데 이번에 우리가 투표한 그 한 표의 권한이 잘못 행해졌을 때 나라가 어떻게 위태로워지는지 뼈저리게 느꼈습니다. 그래서 나왔습니다."(39세, 조중현)

"전 국민이 나라가 힘든 것에 대해 공감하는 것 같아요. 날씨가 조금 춥지만 아이들 교육상에도 매우 중요한 문제인 것 같아서 딸과 함께 나왔습니다."(42세, 이혜숙)

"저희 자녀가 세 명입니다. 우리 아이들이 이렇게 거짓된 나라 안에서 살지 않았으면 좋겠고, 국민들이 나서야만 정치인들이 정신 차리고 움직일 것 같아서 나왔습니다."(43세, 홍승우, 김영진 부부)

"촛불 집회가 열리는 이 광장이 아이들에게도 민주주의 산교육의 현장이기 때문에 보여주고 싶어 나왔습니다."(46세, 오용호)

"참담하지요. 집에 가만히 앉아 있을 수 없었어요."(56세, 김희빈)

"속상해서! 울고 싶어서! 분해서! 망신스러운 게 분해서…."(63세, 송창호)

"망신스러운 게 분해서…." 당시 예순세 살 송창호 씨의 울부짖음이 생생하게 기억나네요. 우리의 기록을 다시 꺼내보는 지금, 어떤 생각이 드시나요? 저는 마음이 저려옵니다. 정권만 바뀌면 모든 게 술술 풀릴 줄 알았어요. 아니 그렇게 믿고 싶었습니다. 그런데 오늘의 대한민국은 별반 다르지 않아 보이네요. 문재인 정부가 내세웠던 주요 사안에는 권력기관의 개혁이 있었습니다. 기존 정부가 권력기관의 힘을 정권의 독으로 활용했고, 권력자 개인의 이기적 목적으

2019년 대검찰청 앞, 검찰개혁을 외치는 촛불집회가 열렸다

로 오용하면서 나라가 어떤 식으로 위험에 처하는지 우리는 똑똑히 보았지요. 이와 함께 공범자로 전락한 언론의 민낯도 확인했고요. 문제는 예나 지금이나 언론의 모습은 크게 다르지 않아 보인다는 것입니다.

한 나라의 정권, 그리고 그 안에 담긴 여러 권력기관들의 탄생은 국민적 지지나 바람이 없으면 불가합니다. 즉, 권력기관 개혁을 한다는 것은 국민을 위해서 사용돼야 할 권력이 자신들 스스로의 이익을 위해서 사용되고 있는 현상을 뜯어고치고자는 것이겠지요. 그중 무소불위로 칭해졌던 '검찰개혁'이 화두에 있습니다. 하지만 '검찰'은 정치적 독립성과 중립성을 침해하는 행태라며 크게 저항하고 있습니다.

여기서 핵심은 어떤 방향이 검찰의 독립성과 중립성을 해치지 않는 것인지 그 판단의 중심에는 국민이 있어야 한다는 것입니다. 불행하게도 대한민국은 국민의 정책 판단을 도와줄 사회 시스템이 부족합니다. 때문에 그나마 국민들이 정확한 정보를 얻을 수 있는 통로인 언론 보도의 방향성과 심층성이 중요한 것입니다. 하지만 지금 언론이 권력기관 개혁을 다루는 데 있어 어떤 모습을 보이고 있을까요? 검찰개혁이라는 중대 사안을 개인과 개인의 다툼으로만 쟁점화하며 그 본질을 흐리고 있습니다. 그 중심에는 언론이 있습니다. 매일 반복되는 정쟁화 보도, 자극적 헤드라인, 팩트체크도 되지 않은 안일한 보도들이 각종 뉴스 포털을 뒤덮고 있지요. 매일 언론 보도를 바라보는 국민들은 현기증과 멀미에 답답하고 혼란스럽기만 합니다. 자! 다시 한 번 정신을 바짝 차려야 할 때입니다.

국민의 촛불로 세워진 지금의 정권, 과연 다수의 권력기관 중 검찰개혁에 비중을 둔 이유는 무엇이었을까요? 그 이유를 알기 위해서는 먼저, 2016년 광화문 광장을 메운 촛불의 메시지를 다시 한 번 꺼내서 기억해야 하지 않을까요?

⊡

TBS 〈시민의 촛불〉
'우리가 촛불을 들고 거리에 나온 이유는?', 2016

렘브란트가 알려주는
개혁의 이유

개혁이라는 단어를 쓰는 전제조건은 무엇인가 잘못되어 있다는 것입니다. 올바른 모습을 띠고 있지 않거나 제자리에 있지 않다는 것이지요. 검찰의 모습이 어떻길래 그럴까요? 표정으로 친다면 웃고 울거나, 인상을 찌푸리거나, 어떤 얼굴을 하고 있는 것일까요? 엉뚱한 질문일까요? 하지만 검찰을 한 사람으로 빗대어 생각하는 일이 근거 없지는 않습니다. '검사동일체 원칙'이라고 들어보았을 것입니다. 검찰총장을 정점으로 모든 검사가 하나의 유기체처럼 일사분란하게 움직인다는 원칙 말입니다. 막강한 권력을 가진 검사들이 너무 제각각 움직여서는 곤란하니까, 국민들에게 혼란을 줄 수 있으니까, 어느 정도 통일성을 주기 위해 그렇게 하는 것입니다. 그런데 가뜩이나 힘이 센 검사들이 똘똘 뭉쳐 있다고 하면, 조금 아니 많이 무서운 얼굴이 떠오르기도 합니다.

여러분은 어떤 모습과 표정을 주로 지으세요? 그거야 무슨 생각과 감정이 있느냐에 따라 다르지 않겠냐고요? 그렇지만 평소 혹은 사진

렘브란트, 〈야경〉
1642

을 찍거나 할 때 내미는 '대표선수'가 따로 있잖아요. 그저 무뚝뚝할 수도 있고, 이를 드러내며 활짝 웃거나, 새초롬하게 살짝 입가를 올리는 정도? SNS를 보면 정말 다양한 모습들이더라고요. 그런데 인류가 그렇게 각종 표정을 지으며 사진을 찍게 된 데는 필름 회사의 기여가 크다고 합니다. 사진이 처음 보급되기 시작하던 무렵만 해도 사람들의 얼굴은 생긴 모습 그대로 천편일률적이었습니다. 영화나 드라마에 비춰지는 오래된 흑백 사진들을 떠올려보세요. "일동 차렷"으로 얼굴도 딱딱하게 굳어 있잖아요. 그도 그럴 것이 사진은 초상화를 대체하는 것으로 여겨졌거든요. 그러니까 시간이 오래 흘러 모습이 변했거나 아이가 태어나 가족 구성원이 늘었거나 하지 않는 한 다시 찍을 필요를 느끼지 못했지요. 필름이 팔리지 않았던 것입니다. 그래서 필름 회사들이 '치즈'를 외치며 다양한 모습과 표정으로 사진을 찍으라고 부추겼다는 것입니다. 물론 그 덕에 사람들은 훨씬 더 풍성한 추억들을 남기기 시작했지요.

네덜란드 출신의 '빛의 화가' 렘브란트Rembrandt Harmenszoon van Rijn, 1606~1669는 이미 17세기에 그런 발상을 회화에 도입했다고 합니다. '찰칵' 하고 찍으면 그만인 사진이 아니라 수많은 붓질을 거듭해야 하는 초상화에 말입니다. 자기 얼굴을 통해 다양한 표정을 연구하기 위해 두 개의 거울로 이리저리 비춰보며 연구했다고 하지요. 초상화뿐만 아니라 여러 가지 장면에 등장하는 사람들의 순간적인 감정을 담아내려고 노력했습니다. 그뿐만 아니에요. 사진 좀 찍어본 사람이라면 조명이 얼마나 중요한지 알 것입니다. 렘브란트는 인물을 위한 조명을 절묘하게 그림에 들여왔어요. 주변 배경으로 어두운 부분을 넓게 두면서, 강조하고 싶은 부분을 작고 밝게 그렸지요. 연극 무대의 조명처럼 인물에게 시선을 집중시켰던 것입니다. 그런 기법들로 태어난 대표적인 작품이 바로 〈야경The Night Watch〉1642입니다.

제목과 어두운 배경 때문에 여수 밤바다 풍경을 떠올리기 십상이지만, 밤 경치와 아무 상관이 없어요. 막 행군에 나서려고 하는 민병대원들을 낮에 그린 것입니다. 모두 31명이나 등장하는 대형 집단 초상화이고요. 민병대원들은 침략 세력으로부터 영토와 재산을 지키기 위해 자발적으로 나선 사람들이었다고 합니다. 자신들의 멋진 모습을 후세에 남기기 위해 당대 최고의 화가였던 렘브란트에게 의뢰한 것이지요. 그 시절에는 그런 것이 유행이었다고 하네요. 렘브란트는 꼬박 2년에 걸쳐 이들의 모습을 그려냈습니다. 최신 기법을 동원해 행군에 나서는 와자지껄한 순간을 그린 것입니다. 지휘관으로 보이는 사내를 중심으로 대원들이 무기를 챙겨 모여들고 있습니다. 저마다의 표정과 동작도 다르고 빛을 받는 정도도 제각각입니다. 중구난방으로 보이지만 어수선하지 않은 질서를 가지고 있지요. 인물들이 살아 움직일 것처럼 생동감이 넘칩니다.

그렇게 탄생하게 된 세계적인 명작에 그들은 뛸 듯이 기뻐했을까요? 전혀 아니었습니다. 이들은 요즘 우리도 흔하게 찍는 단체 사진과 같은 그림을 기대했습니다. 결혼식장에서 찍어보셨지요? 신랑 측, 신부 측 잘 나누고, 키와 체격에 맞춰 가지런히 줄도 잘 세우고, 무엇보다 혹시 얼굴이 가리는 사람은 없는지 살펴본 다음, 모두가 축하하는 환한 미소로 찍는 사진 같은 그런 모습 말입니다. 민병대원들은 딱 그런 그림을 원했던 것인데 〈야경〉을 보고 얼마나 당황했겠습니까? 가운데 그려진 인물들부터 보세요. 대장으로 보이는 사람 옆 장교는 옆모습만 그려진 반쪽입니다. 두 사람을 중심으로 총과 창을 든 민병대원들이 어지럽게 자리잡고 있지요. 명화라고 생각하지 말고 그 속에 그려진 인물들에 감정이입을 해보세요. 서로가 서로의 팔과 몸통에 가려져 있는데다 일부는 어둠에 갇혀 얼굴을 알아보기조차 어렵기도 합니다. 여럿이 등장할지언정 분명히 '초상화'인데 말이에요. 이들은 화를 내며 그림을 거절했다고 합니다. 원래는 31명이 얼마씩 각출을 해 그림값을 치르기로 했는데 돈을 못 내겠다고 한 것이지요. 어떤 이야기에 따르면 얼굴이 나온 만큼씩만 셈을 치르기도 했다고 하고요. 아무튼 렘브란트는 큰 손해를 입었고, 화가로서의 명성에도 금이 갔다고 해요. 후대에 온 세계가 두고두고 그들을 기억하게 해준 것인데, 민병대원들이 너무했지요?

그런데 그 이전에 과연 도시를 지키겠다고 나선 사람들이 '기념 촬영'에 그렇게 신경을 썼다는 것이 조금 우스웠습니다. 아, 물론 그 시절 사람들을 폄하하고자 하는 것은 절대 아닙니다. 어디까지나 현대의 관점에서 볼 때 그렇다는 것입니다. 작품을 보고 느끼고 해석하는 것은 저마다 다른 것이니까요. 제게는 바깥의 적으로부터 도시를 지키겠다는 사람들이 스스로를 주인공으로 내세우는 것처럼 여겨져 모순으로 보였습니다. 언젠가부터 뉴스의 중심을 차지하고 있는 검찰의 모습처럼 말입니다. 검찰 역시 범죄로부터 국민을 지키는 존재입니다. 바깥에서 바깥을 바라보고 있어야 하지요. 그 덕분에 국민이 안심하고 일상을 누릴 수 있을 때 고마운 존재가 되는 것입니다. 그게 아니라 정치의 영역, 도덕의 영역을, 이리저리 밟고 다니면 어지러움을 주는 것입니다.

검찰은 죄와 벌, 형법을 집행하는 존재이지요. 형법은 보충성과 최후수단성을 가져야 한다고 법이 정하고 있습니다. 다른 수단과 방법이 없을 때만 마지못해 찾아야 하는 것입니다. 그런데 마치 역사의 주인공처럼 행동하고, 언론 역시 그렇게 검찰을 대접하는 뉴스를 쉽게 봅니다. 검찰, 법원의 사회적 역할은 병원, 그중에서도 수술을 하는 외과와 같은 곳이어야 합니다. 몸이 조금 불편하다고 병원부터 찾는 경우는 드물지요. 집에서 쉬거나 약국부터 들릅니다. 좀처럼 낫지 않을 때, 증세가 아주 심할 때 병원에 갑니다. 거기서도 약물치료를 먼저 하고, 이런저런 검사를 해보다가 도저히 안 될 때 몸에 칼을 대는 수술을 합니다. 낫기 위한 것이지만 몸에 끼치는 영향이 너무 크니까요. 그렇듯이 사소한 갈등만으로 검찰, 법원으로 가지 않습니다. 다투다 누구 말이 옳은지 증명해보자며 집을, 회사를 압수수색하는 일은 상상하기 어렵습니다. 아, 요즘 정치권의 행태는 그런 면이 없지 않더군요. 국회에서 토론으로 결말을 짓지 못하고 걸핏하면 고소장을 들고 서초동으로 갑니다. 법을 만들 수도 있다는 점에서 상위의 역할을 해야 하는데, 거꾸로 법을 집행하는 곳에 문제를 들고 가는 것입니다. 정치권마저 검찰의 역할을 키운 것이지요. 그러다보니 검찰총장이 대선 주자로 나서는 일까지 벌어졌지요. 그게 얼마나 어색한 일인지조차 언론은 제대로 짚지 않더군요. 렘브란트의 〈야경〉에는 여러 가지 추측이 담긴 한 장면이 있습니다. 그림에서 가장 환한 조명을 받고 있는 사람을 찾아보세요. 가운데 왼쪽 편에 한 소녀가 눈에 들어옵니다. 혹자는 노파라고도 하는데, 어쨌든 민병대원으로 보이지는 않습니다. 총, 칼을 들고 있지도 않지요. 저는 이렇게 해석합니다. 민병대원들을 그리던 렘브란트는 그들의 존재 이유를 그림에 담고 싶었을 것이라고. 저런 평범한 소녀, 시민들을 지키는 일이 먼저라고. 얼굴을 내세우고 자랑하기 이전에 말입니다. 순전히 제 상상에 의한 해석이지만, 검찰의 존재 이유도 마찬가지 아닐까 싶습니다.

아무리 외면해도
검찰개혁은 필요하다

문재인 · 김인회 지음, 《문재인, 김인회의 검찰을 생각한다》
오월의봄, 2011

요즘 검찰개혁이 국가적으로 중요한 과제로 등장했
어요. 생각해보면 1987년 민주화 이후 우리나라에서 지속적으로, 눈
에 보이지 않은 곳에서 가장 강력한 권력으로 등장한 국가기구가 검
찰입니다. 독재시대 독재자들에게 충실하게 봉사했던 검찰이, 민주
화 이후 독재시대에 부여받았던 기소독점이라는 '특권'을 통해 국가
적으로 강력한 기구로 등장한 거죠. 게다가 민주화 이후에도 이어진
정치보복의 역사 속에서, 그 보복의 과정에서 가장 핵심적인 역할을

수행하며 더 많은 권력을 얻게 되었죠. 하지만 모든 권력이 비대해지면 그 권력을 제한해야 하는 법. 이에 따라 검찰개혁이 민주진영에서 오래전부터 제기되었습니다. 그런데 2016년 촛불 이후에도 '적폐청산' 과정에서 검찰이 여전히 중요한 임무를 부여받을 수밖에 없는 위치에 있다 보니 개혁되어야 할 대상이 개혁의 기둥 역할을 하는 아이러니한 상황이 되어버렸어요.

이런 복잡한 상황 속에 개혁 대상으로서 검찰은 자신들의 절대적 독립성을 강조하고 있는 반면, 한쪽에서는 검찰이 민주적으로 통제되어야 한다는 주장이 격렬하게 맞부딪치고 있습니다. 그 가운데 검찰이 자신들의 독립적 지위를 위해 가장 남용하고 있는 개념이 '준사법기구'예요. 용어가 좀 어렵게 들리죠. 그럼 그 의미부터 알아볼까요? 우리 법 체계가 채택한 대륙법 체계를 가지고 있는 독일의 경우, 법원의 친구 내지는 보조자 역할을 수행하는 정부기관을 준사법기구라고 불러요. 그리고 이런 기구들이 사법부와 유사하게 심문, 명령, 판단 등의 행위를 해는 걸 두고 준사법행위라고 부르지요.

그런데 이 준사법기관이라는 용어가 권력 관계에서는 마법 같은 용어예요. 왜 그럴까요? 작년 6월 열린 민주당 김진애 의원과 추미애 장관이 법사위에서 나눈 대화를 보면 이 용어의 마법 위에서 줄타기하고 있는 한국검찰의 성격을 알 수 있어요.

김진애 의원   검찰총장은 왜 법사위에 나와서 보고하지 않느냐? 검찰총장은 국무위원도 아니고 정부위원도 아니고 도대체 검찰총장은 뭐라고 규정할 수 있느냐?

추미애 장관	일종의 준사법기관으로서 정치적으로 검찰총장에 대한 정치적 책임은 법무부장관이 지는 거고, 장관은 거기에 대한 지휘 감독을 내린다. 장관은 정치적 외풍을 막는 역할을 하는 것이다.
김진애 의원	그러면 검찰총장이 법무부에 보고할 때 총장이 장관에게 보고하나?
추미애 장관	그렇지 않다.
김진애 의원	검찰이 국회에 지는 의무 규정 자체가 아예 없다.

이 대화에서 우리는 검찰의 정체성을 확인할 수 있어요. 준사법기관이라는 모호한 정체성 때문에 법사위 보고는 법무부장관이 사실상 대신해주고 정치적 책임도 법무부장관이 져주지만, 법무부장관에게 총장이 보고도 하지 않고, 법무부장관이 수사지휘권을 쓰면 독립성을 해친다고 나서는 거지요. 당대에 민주정체가 채택하고 있는 권력분립은 권력만이 권력을 잡을 수 있다는 발상에서 시작됐어요. 그래서 법을 만드는 자, 법을 운용하는 자, 법을 판단하는 자를 갈라놓고 서로를 견제하게 만들어놓은 것이지요. 그런데 우리 검찰은 법을 운용하는 자와 법을 판단하는 자, 즉 행정부와 사법부 사이에서 양쪽에 전부 다리를 걸치고 양쪽에서 쓰는 권력은 다 가지고 있으면서도 어느 쪽으로부터도 간섭은 받지 않겠다고 말하는 거예요.

만약 검찰이 주장하는 대로 검찰을 준사법기관으로 볼 때, 이 준사법기관이 사법기관보다 어떤 측면에서는 더 큰 힘을 발휘할 수 있는데, 검찰이 어떤 사건을 (형사)재판으로 가져갈 수 있는지 결정할 수 있기 때문이에요. 우리나라에서는 검찰의 기소독점주의 때문에 오로지 검찰만이 이 권한을 가지고 있거든요. 여기에 더해 기소편의주의로 검찰의 재량에 따라 공소를 제기하지 않을 권한을 가지고 있기 때문에 사법부는 검찰이 사건을 가져다줘야만 판단할 수 있어요. 이로 인해 사법부의 재판할 수 있는 권력을 검찰이 사실상 독자적으로 어느 정도 제한할 수 있는 힘을 가지고 있죠. 그래서 검찰에 대한 민주적 통제가 이루어지지 않는다면 문제가 될 것이라고 보는 거예요.

실제로 문재인 대통령은 2011년에 쓴 《문재인, 김인회의 검찰을 생각한다》에서 검찰을 준사법기관으로 보는 견해에 대해서 비판적 입장을 내보입니다. "검사의 결정을 법관의 판결과 동일하게 볼 수 있는 근거는 어디에도 없다"면서 "재판이 시작돼야 사건에 개입하는 소극성과 수동성을 특징으로 하는 법원과, 수사 개시 여부 및 기소 여부를 적극적·능동적으로 결정하는 검찰은 본질적인 면에서 다르다"고 말하지요. 검찰을 우리가 사법기관으로 여기니까 검찰이 자행하고 있는 인권침해 같은 일에 합법성을 부여하거나 면죄부를 주게 되고 검사의 결정이 마치 판사의 결정인 양 여기게 된다는 비판도 가합니다. 게다가 검사들도 이 준사법기관론에 따라 자기들이 판사인 양 법관에 준하는 독립성, 신분 보장을 요구하게 된다고 강조합니다. 실제로 우리나라 검사들은 스스로 준사법기관이라 주장하는데 여기에는 몇몇 이유가 있어요. 예를 들어 검찰은 검사장을 고등법원 부장판사와 같은 차관급이라고 봐요. 그래서 출퇴근 차량 등 고등법원 부장판사가 받는 대우를 실제로 그대로 검사장에게도 해왔고요.

이 책에서 보여주는 문 대통령의 관점은 검찰이 결국 행정부의 일부라는 겁니다. 행정기관의 모든 공무원이 정치적 중립의 의무를 지키며 민주적 통제를 받고 있듯 검사들도 중립을 지키면서 민주적으로 통제되어야 한다고 보는 것이죠. 행정기구의 일부로서 검찰 역시 법무부의 통제를 받아야 한다고 보는 거예요. 추미애 전 장관 대 윤석렬 전 총장의 대결 구도 역시 이런 측면에서 파악할 수 있어요. 물론 그 과정이 매끄럽지 않았다는 것은 모두가 다 아는 사실이고요.

그럼 이렇게 민주적 통제를 하려는 시도들이 정말 검찰의 독립성을 해치는 것일까요? 다시 독일의 사례로 돌아가볼까요. 2015년에 독일에서 검찰총장이 해임된 적이 있어요. 메르켈 총리가 재가하고 하이코 마스 법무부장관이 하랄트 랑케 검찰총장을 해임했지요. 당시 《넷츠폴리티크Netzpolitik》라는 인터넷 매체에서 독일헌법수호청(독일 국내정보기관)이 국내 온라인 감시를 강화하려 한다는 폭로 기사를 게재했는데, 독일검찰은 기밀문서에서 그 보도 내용이 나왔기에 반역죄를 적용해야 한다고 봤어요. 실제 《넷츠폴리티크》 기자 2명과 제보자들을 국가반역죄 혐의로 수사하겠다고 언론사에 통보를 했지요. 그러자 《넷츠폴리티크》가 통보문을 공개하고 강하게 반발하고 나섰던 겁니다.

그러자 독일 및 국제사회에서 검찰을 비판하는 목소리가 높아졌습니다. 결국 이런 비판에 수긍한 법무부장관이 수사를 그만하라는 지시를 내렸는데, 검찰총장이 '독립성 침해'라는 성명을 내면서 불응하는 일이 일어났어요. 사실 이 사건으로 검찰총장이 기자회견을 자청했을 때만 해도 사과 혹은 사임하는 것으로 봤는데, 오히려 독립성 침해를 주장한 거죠. 그러자 법무부장관이 총리에게 요청해서 검찰총장을 해임시켜버린 사건이었어요.

실제 이 사건은 검찰에 대한 민주적 통제의 중요한 사례로 주목받았어요. 당시 독일 언론은 검사들의 반란을 해임으로 잘 통제했다고 평가했죠. 검찰의 독립성이라는 것이 애초부터 권력의 부패나 남용, 인권침해 같은 사안을 권력에 영향을 받지 않고 기소하기 위해 보장되었던 것이기 때문이에요. 이것이 자기 내부의 잘못을 감싸기 위해 존재하는 것이 아니기 때문에 해임은 당연했다는 평가였습니다.

자, 이제 문 대통령의 주장으로 돌아가볼까요. 문 대통령은 대통령이 되기 전부터 검찰이 준사법기관의 탈을 쓰고 정치화되어가고 있는데 정치적 중립을 이유로 검찰을 내버려두는 것이 오히려 모순이라고 봤어요. 실제 우리나라 검찰이 내세우는 준사법기관론은 우리나라 맥락에서는 법적 용어라기보다는 일종의 정치적 용어예요. 안으로는 이미 법으로 폐지된 검사동일체라는 집단 결속의 원칙을 외치면서 밖으로는 개인의 양심에 따라 판단하는 법관에 준하는 권리를 검찰이 요구하고 있는 상황, 이런 모순적 현실은 검찰이 내세우는 준사법기관론이 명백하게 정치적이라는 것을 알려주고 있어요.

현재 우리 검찰은 너무 많은 권력을 가지고 있어요. 너무 많은 권력은 반드시 민주적으로 통제되어야만 해요. 만약 우리 검찰이 정말 준사법기관으로서 독립성을 계속 주장하고 싶다면 기소독점주의, 기소편의주의로 대표되는 권력을 내려놓아야만 하지 않을까요?

09

대의 민주주의
사회 속
언론의
역할은?

희생으로 지켜낸
선거의 가치

1948년 제헌의 날, 국회의원 선거날 풍경

1948년 5월 10일 제헌의회선거, 이날은 우리가 처음 선거하던 날이기도 합니다. 당시 우리를 대표하는 사람을 뽑기 위해 투표소로 향했던 국민들에게 '투표'라는 행위 자체는 매우 낯설고 두려운 일이었습니다. 전국에 뿌려진 전단을 집어 들고, 전봇대에 붙은 벽보를 한참 바라봐도 이해하기 어려운 내용들이 가득했으니까요. 아이를 업고 나온 아낙네에게도, 아내 손에 이끌려온 남편에게도, 나이가 많은 사람에게도, 젊은이에게도 똑같이 한 표가 주어졌지요. 만

21세 성인이면 누구나 참여 가능한 선거. 나이, 학력, 재산, 성별의 차이 없이 누구에게나 한 표가 주어진 최초의 보통, 평등, 비밀, 직접 선거였습니다. 글을 모르는 사람들을 위해 그림으로 투표 절차를 소개하기도 했지요. 기호 대신 그려진 작대기의 수를 보고 신중하게 한 표를 적기도 했습니다. 그렇게 종이를 정성스레 접어 나무통에 넣었지요. 이날 748만 개의 투표용지가 모였고, 198명의 제헌국회의원이 선출됐습니다. 국가가 국민의 생명과 안전을 지키기 위해 만들어야 할 법, '헌법'을 만들 국민의 대표였지요.

1948년 5월 31일, 대한민국 최초의 국회인 제헌국회가 열립니다. 제헌의회의장 이승만을 필두로 1948년 7월 12일, 대한민국 최초의 헌법도 만들었지요. 1948년 7월 20일 대한민국 최초의 대통령도 선출합니다. 초대 대통령 이승만, 초대 부통령 이시영. 1948년 7월 24일 새로운 대통령을 보기 위해 빗속에 모여든 국민들은 내 남편, 내 아버지가 잘되길 바라는 마음으로 응원을 해요. 1948년 8월 15일, 3년 전 남의 나라의 식민지로부터 해방되던 날을 되새기며 대한민국 정부를 수립합니다. 다만, 남한만의 단독정부 수립이라는 안타까운 결과를 낳았지요. 국민들은 남북이 갈라지는 것을 원하지 않았습니다. 우리는 이미 식민지의 설움으로 민족분열과 이산가족의 아픔을 뼈저리게 겪었으니까요. 하지만 해방 직후 모든 게 불완전했던 터라 또 다른 외세에 흔들릴 수밖에 없었습니다. 당시, 미국, 러시아 등 남의 나라의 간섭이 우리의 남북 통일국가 설립에 발목을 잡았지요. 하나 된 온전한 정부를 수립하기 위해 우리는 아직 힘이 부족했으니까요. 우리나라 첫 선거 날이 오는 그 과정 속에서 수많은 국민의 희생도 잇따랐습니다. 당시 꼭 짚고 넘어가야 할 아픈 역사가 있습니다.

1947년 3월 1일 제주도, 한반도를 둘러싸고 미국과 소련의 대립으로 통일정부 수립이 난항을 겪고 있을 때입니다. 자주독립을 촉구하기 위해 제주북국민학교 근처에서 3·1절 기념대회를 개최합니다. 당시 관덕정 앞 광장에서 구경하던 어린아이가 기마경찰에 치여 다치게 됩니다. 기마경찰이 이를 알고도 그냥 가려는 것을 보고 주변 사람들은 돌을 던지며 쫓아가지요. 이를 시위대의 경찰서 습격으로 생각한 경찰은 민간인들에게 발포를 합니다. 민간인 6명이 사망하고, 6명이 중상을 입는 참사가 발생하지요. 국민들은 분노했습니다. 1947년 3월 10일에서 13일까지 95%에 달하는 제주의 민·관 166개 기관과 단체가 파업에 동참하면서 대규모 총파업까지 이뤄집니다.

한편, 미군정은 재조선미육군사령부군정청을 파견하여 진상조사에 나섰습니다. 당시 작성된 미군의 정보보고서에는 "3·10총파업에 좌우익이 공히 참가하고 있으며 제주도 인구의 70%가 좌익단체에 동조자이거나 관련이 있는 좌익분자의 거점으로 알려져 있다"라고 기술됐습니다. 그들은 경찰 발포에 대한 과오를 추궁하여 민심을 수습하기보다는 좌익세력 척결에 주력하는 정책을 전개하지요. 조사단이 떠나고 제주도는 '붉은 섬'으로 지목됩니다. 제주도는 빨갱이 사냥을 명분으로 민간인 대학살이 자행되고 무고한 국민들의 붉은 피로 얼룩지게 됩니다. 희생자 수는 무려 1만 5천 여 명에 이르렀어요. 이것이 바로 우리가 알고 있는 '제주4·3 사건'의 도화선입니다.

제주4·3 사건은 "1947년 3월 1일 경찰의 발포사건을 기점으로 하여, 경찰·서북청년회의 탄압에 대한 저항과 남한의 단독선거·단독정부 반대를 기치로 1948년 4월 3일 남로당 제주도당 무장대가 무장봉기한 이래 1954년 9월 21일 한라산 금족지역이 전면 개방될 때까지 제주도에서 발생한 무장대와 토벌대간의 무력충돌과 토벌대의 진압과정에서 수많은 주민들이 희생당한 사건"(제주4·3 사건 진상규명 및 희생자 명예회복위원회 조사 결과)입니다. 2003년 10월 31일 진상조사위원회의 의견에 따라 노무현 대통령은 유족과 제주도민에게 공식 사과문을 발표하지요. 그리고 2021년 2월 26일에서야 '제주4·3 사건 진상규명 및 희생자 명예회복에 관한 특별법' 전부개정안이 국회를 통과하면서 국가 불법행위 책임이 명시되고 4·3피해자에 대한 보상을 현실화하게 되지요. 부당하게 희생당한 국민에 대한 구제는 국가의 존재 이유라는 걸 되새길 수 있어 그나마 다행이란 생각을 했습니다.

국가의 주인은 국민입니다. 우리 국민들이 내 나라를 지키기 위해, 내 나라의 올바른 정책을 위해 억울한 희생까지 감당한 역사만으로도 그 이유는 충분합니다. 그렇게 세우고 지켜온 나라이고 정부입니다. 국민의 선택, 선거로 일궈낸 오늘의 국가 시스템. 정부와 국회를 넘어 우리 사회의 크고 작은 구성원들이 그 무게와 가치를 인지해야 합니다. 서로 다른 상황 속에서 최적의 정치 시스템을 만들어가는 일은 국민 모두가 함께 협력하고 보완하는 여정일 것입니다. 참정권이란 국민의 권리가 있습니다. 국민이 직·간접적으로 국가 정치에 참여할 수 있는 권리지요. 선거권, 피선거권, 공무원이 될 수 있는 것 등이 있습니다. 국민들이 참정권을 침해받지 않고 제대로 행사할 수 있도록 도움을 줄 수 있는 사회 시스템 속에서 가장 큰 주체가 바로 '언론'입니다. 국민의 뜻을 대변하는 것은 국회의원뿐만이 아닙니다. 시민단체, 민간연구단체 등 그 형태는 다양하지요. 그 중심에 언론이 있습니다. 언론은 '국가 시스템의 협치를 돕는 공론장' 역할을 해야 합니다. 그 속에서 언론은 주요 논쟁 사안을 제대로 국민들에게 보도할 의무가 있습니다. 이것이 언론의 존재 이유기도 합니다. 그런데 오늘날 우리 언론의 모습은 어떤가요? 정치적 쟁점에 대한 여·야당의 이분법적 사고만을 받아쓰거나, 정쟁화시키기에 바쁩니다. 무엇이 국익을 도모하고 국민을 위한 올바른 정책인지, 어떤 법으로부터 국민이 보호를 받아야 하는지 제대로 담아내지 못하고 있지요. 과연 '협치'란 무엇이고 그 속에서 언론은 어떤 역할을 해나가야 할까요? 인생에서 갖게 될 투표권을 어디에, 누구에게 행사해야 할지 고민하는 국민들에게 언론은 도움을 줘야 합니다. 언론은 국민의 선택에 현명한 길라잡이가 될 수 있도록 더 이상 게으름 피우지 말아야 할 것입니다.

TBS 〈정준희의 해시태그〉
'선거, 언론은 우리의 선택을 얼마나 돕고 있는가?', 2020

민주주의 부활의 신호탄,
테니스 코트의 서약

자크 루이 다비드, 〈테니스 코트의 서약〉
1789

　　최초의 민주주의 정치체제는 고대 그리스 아테네에서
이뤄졌다고 합니다. 아테네인들이 민주주의를 지키기 위해 고안해냈
던 제도 중에 도편추방제陶片追放制, ostracism 가 있습니다. 독재자로 변
질할 위험이 있어 보이는 인물의 이름을 '도편', 그러니까 도자기 조
각에 적어낸 것이지요. 투표를 통한 다수결 원칙의 등장이었던 셈이

고요. 여기서 뽑힌 사람은 10년 동안 도시에서 추방됐다고 합니다. 절차적 정당성을 지키기 위한 노력도 있었습니다. 아무 때나 무작정 투표를 한 것은 아니었고, 해마다 열리는 정기 회의에서 그해에 도편 투표를 할지부터 정했다고 합니다. 투표를 하기로 결정이 나면 이후 두 달 정도 시민들 사이에 크고 작은 토론이 이어졌고요. 투표를 실시해 결과가 나오면 어떤 변명도 허용하지 않았고, 추방을 거부하거나 10년 이내에 몰래 들어왔다 걸리면 사형에 처했습니다.

시민권을 박탈하는 것은 아니었기 때문에 10년이 지난 다음에는 다시 돌아와 공직에 오를 수도 있었다고 합니다. 전쟁이나 자연재해, 질병 탓에 당시 평균 수명은 고작 30년가량이었다는 점을 감안하면 큰 의미는 없었을 것입니다. 실제로 독재를 저지른 것도 아니고, 다른 사람들이 보기에 위험해 보인다는 이유로 쫓아냈다고 하니 고개를 갸웃하게 만들기도 합니다. 민주주의에 따른 결정과 선하고 올바른 결정이 꼭 같은 것은 아니라는 사실을 드러내는 것이겠지요. 옳고 그름이란 보는 사람에 따라 달라지기도 하는 것입니다. 투표를 통해 다수결로 정해야 할 만큼 서로 다른 주장을 하고 있다면, 이미 어느 한쪽만 옳다고 보기 어렵겠지요. 실질적으로나 절차적으로 정당한 다수결이라면 그 결정을 받아들이고, 이제는 함께 실천에 옮기는 일이 중요할 것입니다. 고대 그리스인들이 정치적으로 민주주의를 이뤘다고 인정받는 지점도 거기에 있지 않을까 싶습니다.

고대 그리스 이후 2천 년 가까이 민주주의는 인류 곁을 떠났습니다. 투표와 다수결의 원칙은 형식적으로 남았지만 남용되기 쉬웠지요. 잘못된 결정을 정당화해주는 수단으로 말입니다. 뉴스에서 본 기억이 있을 것입니다. 북한의 최고 지도자가 대의원 신분을 증명하는 수첩을 들어 보이면, 인민회의에 참가한 모두가 같은 모습으로 찬성하며 의결하지요. 만장일치라는 거짓 정당성을 독재자에게 부여하는 과정입니다. 그런 일들은 지구상에 민주주의가 다시 등장하기 전까지 수없이 반복됐습니다. 18세기 프랑스에서 역시 마찬가지였습니다. 중세 프랑스는 왕족을 최상위로 한 신분제 사회였습니다. 제1신분인 성직자와 제2신분인 귀족, 그들을 떠받치는 제3신분인 평민들이었지요. 당시 절대 왕정은 크고 작은 전쟁과 호화로운 생활로 파탄에 이르렀습니다. 세금을 더 거둬야 하는데 딱히 명분도 없었고요.

궁리 끝에 루이 16세는 무려 175년 만에 세 개의 신분을 대표하는 사람들이 모인 삼부회를 개최하기로 합니다. 국민의 의견을 구하는 척하겠다는 것이었지만, 꿍꿍이가 있었습니다. 전체 국민의 2% 정도인 성직자들과 귀족들은 제1, 2신분으로 많은 재산을 가지고도 세금을 내지 않았습니다. 신을 받드는 수도원을 관리해야 한다느니, 영지를 다스리고 병력을 준비하는 데 비용이 필요하다느니 하면서 말입니다. 호화찬란한 베르사이유 궁전을 유지하는 것은 절대 다수인 평민들, 제3신분의 몫이었지요. 그런 상황에서 삼부회가 열렸는데 투표 방법에 문제가 있었습니다. 다수결은 다수결인데, 신분별로 따로 의견을 모으는 방식이었거든요. 성직자와 귀족이 힘을 합치면 무조건 2:1로 평민이 지는 것이었습니다. 가뜩이나 힘겨운 삶을 살아가는 평민들은 자칫 더 무거운 짐을 져야 할 상황이었지요. 왕이야 어떻게든 자신의 배만 불리면 된다는 식이었고요. 다만 왕이 한 가지 간과했던 사실은 이미 유럽에 계몽사상이 퍼져 있었다는 것입니다. 인간은 자유롭고 평등한 존재이고, 이에 어긋나는 잘못된 제도들을 고쳐야 한다는 목소리들이 높아져가던 시기였습니다. 제3신분은 대표자들 숫자대로, 글자 그대로의 다수결로 투표방식을 바꾸자고 요구했습니다. 지금으로서야 너무나 당연한 얘기지만 기득권자였던 성직자, 귀족 입장에서는 기존 체제를 무너뜨리는 일이었겠지요. 제3신분은 요구가 받아들여지지 않자 따로 모여 새로운 의회를 만들겠다고 나섰습니다. 이른바 '테니스 코트의 서약'입니다.

자크 루이 다비드Jacques-Louis David, 1748~1825의 작품 〈테니스 코트의 서약Tennis Court Oath〉1789은 당시의 정치적 상황에 자신의 소망을 덧붙여 그린 것입니다. 군중 한복판에 선 평민들의 대표자가 새로운 헌법을 만들 때까지 절대 흩어지지 말자며 손을 들어 맹세하고 있습니다. 주변에는 그를 지지하는 군중이 마찬가지로 손을 들어 동참하고 있고요. 로베스 피에르, 장 폴 마라와 같은 프랑스혁명의 주역들도 그려져 있습니다. 이날의 서약에는 성직자와 귀족 일부도 동참했습니다. 사제복을 입은 가톨릭 신부가 개신교 신자를 끌어안는 모습으로 종교적 화합을 희망했습니다. 2층 창문으로는 환호하는 군중이 보이고, 드리워진 커튼이 변화의 바람에 흩날립니다. 우여곡절을 거쳐 이들은 인권선언을 하기에 이릅니다. "인간은 태어나면서부터 자유와 평등의 권리를 가진다"(프랑스혁명 인권선언문 제1조)며 국가 이전부터 존재하는 인간의 권리를 선포한 것이죠. 21세기에 민주주의를 누리며 사는 사람에게는 당연하게 여겨지는 자유와 평등을 비로소 찾은 것입니다. 대한민국 헌법 역시 여기서부터 만들어졌습니다. 그 결정적인 순간은 다름 아닌 투표에 의한 정당한 다수결을 보장해

달라는 요구로부터 이어진 것이었습니다. 국민이 주인인 민주주의는 국민의 뜻을 반영하는 정치체제이기에, 너무나 당연한 일이겠지요.

다수결의 원칙을 기준으로 본다면 언론이 해야 할 일은 간명해 보입니다. 후보로 나선 사람들에 대해 유권자들이 정확하게 판단할 수 있도록 정보를 제공해야 합니다. 일단 선출된 다음에는 대표들에게 민의가 정확하게 전달되도록 해야 할 테고요. 그럼 의회는 다수결에 의해 나랏일을 정할 것입니다. 구체적으로야 따질 것들이 있겠지만 원리는 단순합니다. 우리 언론은 그 단순한 원리에 충실한 역할을 다하고 있을까요? 보수로, 진보로 바깥에서는 나누기도 하지만 스스로는 객관적이고 중립적인 위치인 척할 때가 많지요. 입맛에 맞는 방향을 '정론'이라 주장하며 언론사 스스로의 주장에 맞는 뉴스들을 생산하고요. 여권에서 과반을 넘어선 절대 다수 의석을 차지했던 때도 그랬습니다. 야권에서 나온 말을 옮기는 형식을 빌려 '의회 독재'라거나 '다수의 횡포'라는 주장들을 펴기도 했습니다. 그런 주장대로라면 다수 평민들의 의견을 반영하기 위해 삼부회라는 기존 정치체제를 뛰쳐나왔던 프랑스혁명 역시 다수의 횡포로 봐야 할 것입니다. 먼저 언론은 유권자들의 선택이 국회에서 제대로 반영되고 있는지를 살펴야 하는 건 아닐까요? 정치적인 입장이 있다면, 최소한 솔직하게 그렇다고 털어놓으며 국민들을 설득해야 할 것입니다. 객관적이고 중립적이라는 '거짓'은 다수를 왜곡시키고, 민주주의를 왜곡시키는 범죄가 아닐까요? 소수의 성직자, 귀족의 권리를 지키기 위해 투표라는 명분만 거쳤던 삼부회 같은 제도를 원하지는 않으리라 믿습니다.

언론이 선거에 뛰어들어
갈등을 부추긴다면?

베르나르 마냉 지음, 곽준혁 옮김, 《선거는 민주적인가》
후마니타스, 2004

선거, 민주주의 꽃이라 불리죠. 하지만 원래 민주주의가 탄생했던 고대 그리스에서는 더 뛰어난 자를 선발하는 제도라는 점에서 선거를 민주적 제도로 여기지 않았습니다. 그렇다면 어떻게 대표자를 선발했냐고요. 여러분이 다 아시는 제도죠. 바로 추첨입니다. 고대 그리스에서는 시민이라면 누구나 공공사에 참여할 수 있는 능력이 있다고 보았고, 그렇다면 대표는 추첨을 통해 뽑는 게 더 공정하고 정의롭다고 보았지요. 이 추첨은 아리스토텔레스의 플루트 연주자의 비유에서 정말 잘 드러납니다. '만약 플루트 두 대가 있는데 연주자가 10명이라면 어떻게 나누는 게 옳은가?' 여러분이라면 어떻게 하시겠어요. 연주자 중에서도 제일 잘 부는 두 사람에게 플루트를 나눠주자고요? 이게 바로 선거의 방식이지요. 그런데 아리스토텔레스의 대답은 달라요. '플루트를 연주자들이 돌아가며 연주하면 된다!' 그럼 플루트를 부는 순서는 어떻게 정해야 할까요? 그 방법이 바로 추첨이에요. 고대에는 이처럼 추첨이야말로 진정한 민주적 제도라고 여겼습니다.

게다가 고대 세계에서 이 추첨은 도시가 형성된 방식과도 서로 상응한 제도라 더 많은 사람들의 지지를 받았어요. 그게 뭐냐고요? 고대 도시 이름을 생각해보세요. 특히 아테네, 테베 등 자신들이 모시는 신의 이름을 따서 도시의 이름을 지었지요. 이름은 그렇지 않더라도 많은 도시국가들이 자신들이 모시는 신들이 따로 있었습니다. 그런데 추첨 제도를 생각해보세요. 이건 순전히 운에 달린 것이지요. 이 운, 운명을 결정하는 존재가 누굴까요? 바로 신입니다. 추첨을 통해 공직을 담당하게 되었다면, 그건 신이 정해주는 일, 반드시 의무적으로 수행해야만 하는 일이었지요. 그러니 추첨은 민주적 선거방식이기도 하면서 시민들에게 자신이 맡은 직책에 대한 의무감을 부여해주는 제도로 최적이었던 거예요.

그런데 우리가 현재 유지하고 있는 대의 민주정에서는 추첨은 사라지고 선거로 대표자를 뽑고 있습니다. 역사적으로 돌아보아도 이 고대 그리스의 시기를 제외한다면 대의정이 들어선 곳에서 추첨이 대표자를 뽑는 제도로 쓰인 적이 없어요. 심지어 고대 아테네에서조차 아주 중요한 공직은 선거를 통해 대표자를 뽑았으니까요.

그렇다면 무엇이 선거를 민주적으로 만드는 것일까요? 이에 대해 《선거는 민주적인가The Principles of Representative Government》1997의 저자 베르나르 마냉Bernard Manin, 1951~은 아주 중요한 두 가지 이유를 제시합니다. 우선 민주주의의 선거가 역사의 오랜 시간 동안 지배적 원칙으로 쓰인 세습주의 원칙을 거부한다는 거예요. 민주주의에서는 표를 던지는 유권자의 동의를 얻지 않고는 그 누구도 직위를 얻을 수가 없어요. 그리고 그 직위를 자기 마음대로 자식이나 지인에게 물려줄 수도 없지요. 두 번째는 유권자들이 마음에 들지 않는 대표자들을 비록 제한적이긴 하지만 여전히 갈아치울 수 있다는 점이에요. 누가 우리를 대표하는 엘리트일 수 있는지, 누가 그 자격을 얻는지를 유권자들이 자기 손으로 결정할 수 있다는 점에서 민주적이라고 말하지요. 거기에서 한 발 더 나가서 그 대표자들이 마음에 안 든다면, 우리가 조직해서 대표자들을 세울 수도 있고, 스스로 대표가 되고자 출마할 수 있는 기회가 누구에게나 주어진다는 점에서 민주적이라 할 수 있어요.

그런데 많은 사람들이 지금 대의 민주주의가 위기를 맞고 있다고 주장하고 있어요. 맞아요. 지금의 대의 민주주의는 대표하는 사람과 대표되는 사람, 바로 대표자와 유권자 사이에 간극이 너무 넓어져 있는 게 사실이에요. 예를 들어 지난 20대 국회는 '식물국회' '동물국회'라고 불리었는데, 이는 대표와 유권자들 사이에 간극이 엄청나다는 것을 보여주는 대표적 사례죠. 모든 사회는 각종 균열을 지니고 있고 여러 세력이 갈등합니다. 특히 다원주의 사회라면 그 균열과 갈등의 정도는 더 심하지요. 여러분 들어보셨죠? '민주주의는 시끄러운 체제다.' 민주주의가 서 있는 토대가 균열과 갈등이기 때문이에요. 우리가 알고 있는 정당정치가 그 균열과 갈등을 반영한 결과물이에요. 예를 들어 영국의 노동당은 노동자 계층을 대변하는 정당이고 보수당은 상류층을 대변하는 정당이지요. 사회 내 계급 간 균열과 이념적 갈등을 반영하고 있는 것이지요. 정당정치는 이런 균열을 공식적으로 드러내고 갈등을 함께 합의하고 제도를 만들어서 해결하라는 취지로 만들어진 겁니다.

마키아벨리Niccolò Machiavelli, 1469~1527는 이런 사회적 균열과 갈등 해결자로서 정당정치의 원형을 《로마사 논고Discorsi sopra la prima deca di Tito Livio》1517에서 명확히 제시하고 있어요. 여기서 사회의 균열과 갈등이 결코 나쁘지 않다고 연신 강조하며 그 증거로 로마가 가장 강력했던 시대를 보라고 하죠. 바로 로마가 공화국이었을 때인데요. 귀족을 대표하던 원로원, 평민을 대표하던 호민관, 국가의 통치자로서 행위하던 집정관, 이 세 개의 세력이 서로 갈등하며 견제하면서 충돌하는 문제들을 제도적으로 해결해나갔던 이 시기가 로마가 가장 강력했다는 거예요. 이 시기에 탄생한 정교한 성문법은 이런 균열과 갈등 해결의 결과물이었지요. 이런 역사적 경험을 상기시키며 마키아벨리는 우리에게 새로운 지혜를 전달합니다. '만약 제도적으로 해결할 수 있다면 사회갈등과 균열은 국가에 이롭다.' 지금의 정당정치는 바로 이런 마키아벨리적 지혜 위에 만들어진 거예요.

생각해보세요. 우리가 '동물국회' '식물국회'라 부르던 그 시기의 국회에 시민들이 실망한 것은 국회가 갈등을 제도적으로 푸는 일을 전혀 하지 않고 있었기 때문이었어요. 만약 제도적 해결 없이 정치권에서 갈등이 정말 심해지면 어떤 일이 일어날까요? 만약 대표자들이 갈등의 해결보다 갈등을 부추기는 데 관심이 더 있다면 어떤 일이 일어날까요? 그렇게 되면 정당의 균열을 따라 시민들이 함께 균열하는 일이 생겨나고, 정당이 타협하지 못하고 분열되면 시민들 간에도 분열이 나타나게 되는 겁니다.

이런 분열이 극심해지면 선거 역시 혼탁해지고, 선거로 뽑은 대표자는 자신을 반대한 세력의 말을 철저히 무시하거나 외면하는 현상이 나타나죠. 그것이 극심해지면 트럼프의 미국처럼 민주주의가 아예 주저앉는 경험을 하게 되는 것이고요. '민주주의는 더이상 쿠데타로 망하지 않는다. 민주주의의 붕괴는 우리가 뽑은 대표자의 손에서 일어난다'는 주장을 되새겨 들어야만 하는 이유가 여기에 있습니다.

그런데 이런 상황에서 만약 언론이 자신의 이익을 지키기 위해 선거전에 뛰어들어 균열과 갈등을 부추긴다면 어떻게 될까요? 선거의 감시자 역할을 해야 될 언론이 선거에서 자신의 이익을 추구하게 된다면, 그래서 때로는 어떤 사실은 감추고 어떤 사실은 부풀리며 사실 자체를 공정하게 다루지 않게 된다면 어떻게 될까요? 그리고 정파적 입장이 다른 정당들을 공격하는 여론을 주도하는 세력이 된다면 어떻게 될까요?

여러분도 기억하겠지만 2020년 4·15총선은 위성정당의 등장으로 선거 그 자체가 엉망이 되어버렸습니다. 4·15총선에는 다양한 정치적 목소리를 반영하기 위해 준연동형 비례대표제가 도입이 되었지만, 자유한국당(이후 미래통합당으로 당명을 바꿈)이 선거제도의 허점을 이용해 미래한국당을 위성정당으로 등록하고 더불어민주당이 더불어시민당으로 맞받아치는 가운데 원래 선거제도를 개혁했던 취지는 사라지고 선거판 자체가 혼탁해지는 상황으로 치달아버렸던 거죠. 이 가운데 일부 보수언론은 이 혼란이 선거제도 개혁에 가담했던 군소정당들 때문에 일어난 일이라고 보도했습니다. 자유한국당 시절 스스로 합의한 선거법 개정 추진을 깨뜨리며 연동형 비례제를 막으려 하고, 선거법이 개정되자 '위성정당'을 만들어 선거판을 엉망으로 만든 정당의 책임은 철저히 외면한 채, 그 책임을 고스란히 합의를 고수하고 이행한 군소정당들에게 지웠던 거죠. 더하여 위성정당이란 아이디어가 처음 나왔을 땐 '신의 한수'라고 표현하며 정파성을 같이 하는 정당을 옹호하는 데 급급한 모습을 보였습니다. 선거의 절차적 정당성은 아랑곳하지 않았던 것이었죠.

그 선거의 결과는 여러분이 알고 있는 그대로입니다. 양당의 독식은 더욱 강화된 반면 군소정당은 사실상 그 역할이 사라져버린 상태이며, 한국정치의 숙원이던 비례제 강화는 국민의 의식 속에 부질없는 수단이 되어버렸죠. 물론 다음 선거에도 위성정당은 등장할 수 있기에, 이제 선거제도를 또다시 바꾸어야 하지만 그 일은 정치와 언론 모두에서 아무런 진척도, 제대로 된 언급도 없이 남아 있는 상태입니다.

재난 보도,
어떻게
살려야
하나?

피할 수 없는 재난,
피할 수 있는 2차 피해

이정서 작가가 번역한 《노인과 바다》

문득 학창시절에 읽었던 고전소설을 다시 읽고 싶어 졌습니다. 서점으로 가서 고전 분야 책장과 마주섭니다. 눈에 가장 먼저 들어온, 어니스트 헤밍웨이의 《노인과 바다The Old Man and the Sea》 1952. 바로 책을 꺼내 펴고, 가장 유명한 문구를 본문 속에서 찾습니다. '찾았다!'

"인간은 파멸 당할 수는 있을지언정 패배하지 않는다A man can be destroyed but not defeated." 우리가 기억하고 있는 이 소설의 주제 '늙은 어부가 불굴의 의지로 고난과 시련을 이겨내고 물고기를 잡는 이야기'와 가장 상통하는 문장일 것입니다. 소설의 주인공인 노인 산티아고는 청새치를 잡는 어부예요. 낚시마니아로 유명했던 헤밍웨이 본인을 투영했다는 이야기가 있지요. 그가 오랜 기간 머물며 집필 작업을 했던 쿠바에서는 1950년부터 '헤밍웨이 낚시 토너먼트 대회'가 열리고 있는데요. 대회가 열리는 구간 중 아바나 동쪽 코히마르 마을이 바로《노인과 바다》의 배경이 된 곳이기도 합니다.

사실《노인과 바다》를 선택한 또 다른 이유가 있습니다. 2014년 출판계가 번역 논란에 시끄러운 적이 있어요. 당시 책 프로그램을 제작하고 있었기에 논란에 대한 체감 정도는 더 컸지요. 요지는 이랬어요. 한 번역가가 기존 알베르 카뮈《이방인》의 오역을 지적하는 새로운 번역서를 내놓은 것입니다. 학계를 적지 않은 충격에 빠뜨린 당사자는 번역가 이정서입니다. 그는 의역에 익숙한 기존 번역관을 비판하며, 원래 작가가 쓴 그대로 서술 구조를 지키는 번역을 해야 한다고 주장했죠. 기존 통념을 깨고 새로운 번역관을 제시한 그의 번역이 궁금했습니다. 그래서 그가 옮긴《노인과 바다》2018를 골랐습니다.

《노인과 바다》는 오히려 자연에게 패배하는 인간의 한계를 보여주는 작품입니다. 와중에 오히려 잡아 죽여야 할 적이라 해도 상대를 배려하고 존중해주는 데 인간의 위대함이 있다고, 헤밍웨이는 시적인 문장으로 말하고 있기도 합니다. 그렇기에 세계인이 감동하고 100년이 지난 지금도 환호하는 것일 테고요.

_《노인과 바다》'역자 이정서의 말' 중에서

공존하는 인간과 자연 사이의 미묘한 가치 싸움이라고 해야 할까요? 아마 헤밍웨이는 인간과 자연의 소중함을 글 속에 동일하게 담고 싶었던 것이 아닐까 싶습니다. 다만, 자연의 힘은 인간보다 강하기 때문에 인간의 물리적 가치를 '파멸'시킬 수 있고, 그 속에서 인간은 '패배'하지 말고 정신적 가치를 지키며 협력하며 살아가야 한다는 메시지를 강조하면서 말이지요. 물론, 자연의 힘을 간과한 채 무차별적인 개발, 환경오염을 일삼는 인간의 무無배려와 무無존중에 대한 비판의 메시지도 내포돼 있겠지요. 그로 인해 우리는 위태로운 자연환경 속에서 아슬아슬 살아가고 있으니까요.

매년 여름마다 우리나라에서는 기록적인 폭우로 많은 희생자가 발생합니다. 2020년 여름, 부산에 갑자기 들이닥친 폭우로 큰 피해가 발생했지요. 그런데 당시 지상파 채널 KBS에서는 음악프로그램이 흐르고 있었어요. 부산 시민들은 분노했고, 국민의 비판도 거셌습니다. 재난 상황이 발생하면 적어도 지상파 방송에서는 일명 '재난방송' 체제가 신속하게 이뤄져야 합니다. 하지만 소도시나 지방에서 발생하는 재난 상황에 대해 우리 언론은 소극적일 때가 많습니다. 더 큰 추가 피해 예방을 위한 보도 조치마저 부족하죠. 예를 들어 홍수 피해 발생 지역에 시민의 접근을 막아 추가 인명 피해가 발생하지 않도록 하는 등의 보도 말입니다. 하지만 우리 언론의 지역 재난 보도 실태는 사고가 일어난 다음 날이 되어서야, 당시 아연실색한 사람들의 모습과 피해 규모 정도를 메인뉴스에 담아내고 끝날 때가 많아요.

매년 지구의 이상기온으로 홍수, 지진, 산사태 등 천재지변의 자연재해 피해가 늘어나고 있습니다. 과연 우리는 재난 앞에서 어떤 태도로 스스로 대처하고 사람들과 협력해야 할까요? 그리고 언론은 재난의 암흑 속에서 등불과 길라잡이 역할을 얼마나 잘해내고 있을까요? 기본적인 역할조차 해내지 못하는 언론, 우리를 어둠 속에 방치하고 있지는 않나 생각해봐야 합니다. 갑작스러운 재난이 발생하자마자 신속하게 사람들에게 알리는 일, 특히 재난으로 피해 입는 모습을 그대로 알리고 전달하는 일, 피해 지역에 대한 도움의 손길을 안내하는 일, 피해자들이 재난 속에서 패배하지 않도록 지속적인 관심을 갖는 일, 재난 전후 대응·개선 방향성을 분석하고 알리는 일 모두가 재난 속 언론의 주요 역할입니다. 재난 발생 시 언론은 재난 이전의 보도, 재난 당시의 보도, 재난 이후의 보도를 나눠서 접근해야 합니다. 재난 전에는 주로 경고, 이후는 예방 위주의 보도, 재난 중간에는 피해를 최소화하기 위한 분석적 보도를 통해 재난 후 복구 지원에 공감하고 협력하는 데 힘을 싣는 보도 방식이 이뤄져야 하지요. 하지만 언론은 오보와 허위 보도는 물론이고, 피해자들의 사생활 침해, 선정적이고 추측성 보도를 일관하며 그 사명을 제대로 못하고 있습니다.

"재난이 발생했을 때, 정확하고 신속하게 재난 정보를 제공해 국민의 생명과 재산을 지키는 것도 언론의 기본 사명 중 하나다." 한국기자협회 재난 보도 준칙 첫 구절입니다. 하지만 언론의 사명 중 하나라는 이 재난 보도 준칙은 얼마나 지켜지고 있을까요? 재난이 일상화된 시대, 우리 언론의 재난 보도는 과연 누구를 위한 것일까 의문이 듭니다. 이것이 우리가 언론 감시에 관심을 가져야 할 중요한 이유 중 하나입니다.

재난 이전의
재난 예방 보도

　　"저 푸른 초원 위에 그림 같은 집을 짓고, 사랑하는
우리 님과 한 백년 살고 싶어….."

　　가수 남진이 부른 〈님과 함께〉의 시작 부분이지요. 어려서 처음
이 가사를 들었을 때부터 뭔가 이상했습니다. 다른 집들은 없는 허허
벌판에 집을 짓겠다는 것인지, 길은 뚫려 있는지, 전기와 수도는 공
급이 되는 것인지…. 아니라면 엄청 불편할 텐데 왜 그런 곳에 사랑
하는 사람을 데리고 가겠다는 것인지 이해하기 어려웠습니다. 화려
한 도시가 아니면 못 살겠다는 식은 절대 아니고요. 병치레가 있는
편이었기 때문에 불편한 것을 못 견뎌 했습니다. 그게 쭉 이어지다보
니 요즘 유행하는 캠핑 같은 레저에도 좀처럼 공감을 못하지요. 멀쩡
한 집 놔두고 천막에서, 차에서 힘들게 먹거나 자고 싶은 생각이 들
지 않습니다. 살짝 삭막한 것일까요? 자연을 마냥 편하게 여기는 것
도 반쪽의 시각이라고 변명해봅니다.

　　〈초원의 집〉이라는 미국 드라마도 있었습니다. 1970년대 중반부

터 해를 이어가며 9개 시즌을 방영했던 인기작이었지요. '미드'라는 것이 요즘처럼 넷플릭스에 넘쳐나는 시절이 아니었잖아요. 채널이라고는 고작 지상파 두 개였습니다. 그런 텔레비전에서 일주일에 한 편씩 볼 수 있던 귀한 작품이었습니다. 19세기 후반 미국 서부를 배경으로 한 가족드라마였지요. 글자 그대로 넓고 푸른 초원에 목장을 개척하며 살아가는 평범한 사람들의 이야기였습니다. 총알들이 빗발치는 '웨스턴 마카로니'와는 거리가 멀었어요. 그래서인지 딱히 강렬한 인상이 남아 있지는 않았는데, 윈슬로 호머Winslow Homer, 1836~1910의 그림들을 알게 되면서 기억이 되살아났습니다. 호머가 남긴 작품들과 정확하게 시대가 겹치거든요.

호머는 주간지 삽화를 그리는 일을 하다 1861년 일어난 남북전쟁에 참전해 전투 장면과 병사들의 생활을 그림으로 옮겼습니다. 일종의 종군 기자였던 셈이지요. 전쟁이 끝나고는 농가의 일상과 자연을 그리기 시작했습니다. 선명하고 맑은 자연을 투명한 수채화로 옮기면서 명성을 얻었습니다. 그 시절 작품들이 딱 〈초원의 집〉에 나오는 그런 모습들이었어요. 들녘을 가꾸는 농군들과 뛰노는 아이들, 초록빛 배경에 통나무로 지은 집이 나옵니다. 사진이나 영상이 발달하기 전 일상의 모습을 엿볼 수 있는 귀한 자료들입니다. 틀림없이 드라마 제작진 역시 호머로부터 영감을 얻었을 것이라고 봅니다. 그런데 그의 그림들에서도 불편함이 느껴집니다. 풀밭에서 뛰어노는 아이들은 신발을 신지 않았고요. 청교도적 엄숙주의가 지배하던 시대인지라 여성의 치마는 발목을 덮을 만큼 길고 답답합니다. 무엇보다 역시 자연이 두렵습니다. 농부가 마주한 밀밭은 너무 광활해 보이고,

윈슬로 호머, 〈멕시코 만류〉
1899

출렁이는 검푸른 바다에 비해 어부의 조각배는 위태롭기만 합니다. 통나무 널빤지로 지은 집은 찬바람이 쌩쌩 드나들 것만 같습니다. 아무래도 〈나는 자연인이다〉 같은 프로그램들에는 공감 못할 성격이겠지요?

호머 역시 말년에 접어들며 자연에 대한 경외감을 드러냅니다. 해안가에 머물며 바다와 인간을 그렸어요. 거친 파도 속의 인간은 악착같지만 또 한없이 연약한 존재일 수밖에 없습니다. 자연과 싸워 이겨서가 아니라, 자연의 허락으로 살고 있는 모습으로 그려집니다. 종군 기자로 전쟁터를 누볐고, 광활한 서부를 개척하던 시대정신으로 젊음을 보냈지만, 연로하면서 인간이 아닌 자연의 힘에 눈을 뜬 것이지요. 대표적으로 〈멕시코 만류The Gulf Stream〉1899를 꼽을 수 있습니다. 호머는 남미의 카리브해 연안 국가들을 여행하느라 여러 차례 이 바다를 건넜습니다. 거친 바다에서도 가장 사나운 짐승인 상어를 낚기 위해 싸우는 어부들의 모습이 그의 눈에 강렬하게 들어왔지요. 그것을 화폭에 옮긴 〈멕시코 만류〉에는 넘실거리는 짙푸른 파도 위에 어선 한 척이 떠 있습니다. 말이 좋아 어선이지 한 사람이 겨우 몸을 누일 정도 크기의 조각배지요. 배 앞쪽 돛대가 있어야 할 자리엔 부러진 밑둥만 남아 있습니다. 선창에는 낚시 도구들이 늘어져 있을 뿐 노조차 없습니다. 동력을 잃고 비스듬하게 떠 있는 것입니다.

그런 것들보다 사실 눈길을 사로잡는 것은 배 아래쪽에 짙게 그려진 바다에 넘실거리는 상어들입니다. 파도 위 물 밖으로 절반은 떠오른 상어가 입을 떡 벌리고 있습니다. 파도 사이사이 빛의 반사인 듯 혹은 무엇인가의 피인 듯 불길한 붉은 기운이 흩어져 있기도 합니다. 아무리 봐도 여름철 납량특집으로 개봉하는 영화 포스터 같습니다. 어쩌면 그런 영화들의 원조 역시 호머의 그림 아닐까 싶습니다. 돛대를 부러뜨린 폭풍과 싸운 뒤여서일까요? 위태롭게만 보이는 배 위의 흑인은 이런 상황에 아예 체념한 것처럼 보입니다. 저런 조각배에 의지해 상어를 잡으러 나왔다는 사실 자체가 말이 안 돼 보이기도 합니다.

문득 한 가지 궁금증이 듭니다. 미술의 역사에서 호머가 있는 그대로의 현실을 옮기려고 했다는 뜻에서 사실주의 혹은 현실주의로 본다고 하는데요. 그럼 그림의 장면은 현실이었을까요? 호머가 실제로 목격한 장면이었느냐는 것입니다. 엉뚱한 궁금증을 품는 나름의 이유가 있습니다. 조각배 위 남성의 시선은 오른쪽을 향하고 있습니다. 왼편 뒷쪽 저 멀리로는 아득하게 범선이 지나가고 있거든요. 어쩌면 남성은 목숨을 건질 순간을 잃고 있는 것일 수 있고요. 어쩌면 범선에 탄 사람들은 조난 당한 배를 나몰라라 지나치고 있는 것일지 모릅니다. 구해주기에는 이미 늦었다면서 말입니다. 실제로 미술관에서 이 그림을 처음 본 사람들이 제일 많이 던진 질문이 바로 그림 속 흑인이 살아남았느냐는 것이었다고 합니다. 어쩌면 당연한 궁금증일 수 있고요. 어쩌면 사람의 목숨을 너무나 가볍게 여기는 것일 수도 있겠지요.

아름답고 평화로워 보이는 자연이지만 사실 인간으로서는 감당할 수 없는 거대한 존재이지요. 그럼에도 그것을 어떻게 다루느냐는 또 다른 문제일 것입니다. 예술로서 호머의 그림 혹은 그로부터 영감을 얻었을 수 있는 영화, 드라마와 실제 현실을 보도하는 언론은 다를 것입니다. 예술이라면 자연의 장엄함을 보여주거나 거기에 맞서 싸우는 인간의 감동적인 모습을 보여주는 것으로 충분할 수 있습니다. 어떤 감동을 가져가는지는 각자의 몫이지요.

그러나 언론은 폭풍우가 몰아치고 생명이 경각에 달려 있는 순간, 그 순간만을 중계하는 일로는 부족하겠지요. 비바람이 몰아치는 바닷가에 위태롭게 서서 날씨를 전하는 일은 많이 수고스러워 보입니다. 그런데 그 모습에서 얻을 수 있는 것은 과연 무엇일까요? 거대한 재난을 맞아 사상자가 몇 명이 나왔노라 흥분해서 소리치는 목소리만이 언론이 전달할 수 있는 것일까요? 호머의 그림 속 저 멀리 떠가는 범선처럼 아무런 도움도 안 되는 일일 것입니다. 뱃머리를 돌려 데리러 가야 할 것입니다. 혹은 누군가 데리러 올 수 있도록 빛과 신호를 쏘아 보내야 할 것입니다.

그런 역할을 우리 언론은 얼마나 수행하고 있는지 돌아봤으면 좋겠습니다. 한편으로는 천재지변이라며 누구도 책임지지 않으려는 일이 사실은 인재인 경우가 많다는 사실도 잊어서는 안 될 것입니다. 위험하기 짝이 없는 상어를 잡는답시고 조각배로 바다에 나선 것입니다. 공식적으로 인종 차별을 하던 시대에 흑인이 그 일을 맡았다는 것도 그렇습니다. 막을 수 있는 재난을 버려두었다가 재난이 났다고 큰소리로 떠드는 일이 언론의 역할은 아닐 것입니다.

⚖

잊지마세요.
언론도 재난이 닥친
이 세계의 일부란 사실을

알베르 까뮈 지음, 이휘영 옮김, 《페스트》
문예출판사, 2012

2020년 2월, 우리 중 그 아무도 예측하지 못했던 전염병이 전 세계를 덮쳤어요. 세계보건기구가 '코비드19 COVID-19'로 명명한 전염병이 순식간에 지구적 시장에 멈춤 버튼을 눌러버리며 팬데믹이 되어버렸죠. 과거에도 인수공통감염병이 존재했지만, 이 코로나19는 정말 우리가 생각지도 못한 규모로, 우리가 예상하지 못한 방식으로 우리의 일상을 덮쳐버렸습니다.

지브리 애니메이션 중 〈바람의 계곡 나우시카〉 혹시 보셨나요?
이 애니메이션에서 환경 파괴로 오염된 지구에 살아남은 사람들은
모두가 마스크를 쓰고 지내고 있어요. 이런 놀라운 상상력에 감탄하
고 공감했던 이들도 이렇게 순식간에 그 상상이 현실이 되어버릴 줄
은 몰랐을 거예요. 저 역시 그런 사람 중 하나예요. 코로나19 역시 우
리가 환경을 파괴한 대가라는 점에서 보면, 이제 그 공상과학만화는
더 이상 공상이 아닌, 그리고 미래도 아닌, 현재가 되어 우리의 일상
으로 자리잡아버렸네요.

　이제 많은 사람들이 코로나19가 우리 인류가 살아가는 방식의 전
환점이 될 것이라 이야기하고 있어요. 모두가 다 '위드With 코로나'
니, '포스트Post 코로나'니 하며 모두 코로나19가 조건 지워놓은 삶
에 대해 이야기하고 있지요. 하지만 '새로운 조건 아래 어떤 삶이어
야 하는가?' 이 질문 앞에 설 때마다 더 막막해지는 건 코로나19의
시대가 "시간이 멈춘 시간", 특히 "희망이라는 시간이 멈춘 시간"처
럼 느껴지기 때문인 듯합니다. 어떻게 하면 불안하고도 경험해보지
못한 이 시간을, 희망이라는 시간이 멈춰버린 것 같은 이 낯선 세세
를 건너가는 법을 알 수 있을까요? 어떻게 해야 보통의 우리가 그 단
서라도 쥘 수 있을까요? 이런 일이 있을 때마다 인류는 오랫동안 사
랑해오고 아껴오고 존중해왔던 책 속에서 그 지혜를 찾으려 했었지
요. 그렇다면, 그런 지혜가 담긴 그 어떤 책이라도 있는 것일까요?

　제가 책장 속에서 뽑아낸 책은 알베르 까뮈Albert Camus 1913~1960의
《페스트La Peste》1947예요. 까뮈. 제가 상당히 좋아하는 실존주의자
인데요. 우리에게 '사멸하는 존재인 우리가 굳이 이 부조리한 세계를

열심히 살아야 하는 이유'를 들려주는 작가지요. 생각해보면 까뮈는 죽음의 목전에서 인간의 합리성에 대해 모든 것을 의심할 수밖에 없는 세계대전을 경험했던 인물이에요. 전쟁의 시대에 합리성이라⋯. 그 자체로 부조리하게 들리는 말이죠. 그런데 까뮈는 말합니다. "삶의 끝이 결국 죽음이라면 인생은 부조리한 것이다. 하지만 비록 인간의 삶이 부조리한 것이라 해도, 난 계속해서 '오직' 인간이기를 원한다. 다시 말해, 난 인간에게만 주어지는 '생각하는 능력'을 포기하지 않을 것이며, 내 이성을 사용해 끊임없이 세계를 이해하기 위해 노력할 것이다. (⋯) 나는 바로 지금, 바로 여기의 삶에 충실할 것이다." 재난의 시대를 살아가는 우리들, 까뮈의 책을 펼쳐도 좋을 이유가 여기에 있다는 생각이 드네요.

페스트는 고대 이래로 오랜 시간 동안 공포의 대상이었습니다. 까뮈가 꺼내어놓은 이야기 역시 1940년대, 알제리의 오랑이라는 도시가 페스트로 인해 갑자기 봉쇄되며 벌어지는 이야기죠. 무엇보다 이 작품이 인상적인 것은 이 이야기에 그 어떤 영웅적인 사람도 등장하지 않는다는 점이에요. 우리가 바라는, 모든 어려움을 뚫고 도시의 사람들을 구하는 영웅적 존재는 이 작품 어디에도 없어요. 이 작품에는 하루하루를 간신히 버텨내며 자신의 자리에서 페스트에 맞서 싸우고 있는 평범한 사람들만 있을 뿐이죠. 좀더 구체적으로 이 작품엔 페스트와 맞서 일선에서 싸우는 의사, 성직자, 기자, 행정가, 활동가들이 등장해요. 그들은 서로의 상황과 뜻이 달라도 페스트와 맞서 함께 싸우고 있지요. 이 책을 읽는 내내 이들은 전염병 시대의 의료, 종교, 언론, 행정, 시민이라는 다양한 역할에 대해 생각하게 만듭니다.

코로나19 시대에 누가 뭐라 해도 가장 고생하고 있는 분들은 바이러스와 현장에서 매일매일 맞서 싸우고 있는 의료진들이에요. 국민 누구라도 의료 현장에 계신 분들에게 감사할 거란 생각이 드는데요. 까뮈의《페스트》에도 '페스트의 현장'에서 의료인으로 싸우는 '리유'라는 인물이 등장합니다. 리유는 의료인으로서 자기 일을 한결같이, 묵묵히 수행하는 인물입니다. 리유는 자신이 하고 있는 일에 대해 이렇게 말합니다. "이 모든 일은 영웅주의와는 관계가 없습니다. 그것은 단지 성실성의 문제입니다. 아마 비웃음을 자아낼 만한 생각일지도 모르나, 페스트와 싸우는 유일한 방법은 성실성입니다. 그것은 자기가 맡은 직분을 완수하는 것이라고 알고 있습니다." 묵묵히 자신이 있는 곳에서 자신이 해야 할 일을 하는 우리 각자의 성실성이 전염병과 싸워 이기는 유일한 방법이라고 말하고 있는 거죠.

한 도시에 죽음의 그림자, 엄청난 재난이 덮쳤을 때 사람이라면 그 그림자로부터 모두 달아나려고 할 거예요. 의사 리유도 자신의 일이 사람들이 죽음으로부터 멀리 달아나려는 일을 돕는 것이라는 신념을 가진 인물이고요. 그런데《페스트》에서 오랑에 닥친 재난으로부터 가장 먼저 달아나고 싶어 하는 인물은 기자 랑베유예요. 랑베유는 아랍 도시의 위생상태를 취재하러 오랑에 왔다가 도시에 갇히게 된 언론인이에요. 그는 파리에 두고 온 사랑하는 여인에게 돌아가야 한다며 도시를 탈출하려고 온갖 노력을 다합니다. 리유를 처음 급히 찾아온 이유 역시 페스트에 걸리지 않았다는 증명서를 얻어 도시를 떠나기 위해서였지요.

랑베유는 리유에게, 파리에 있는 사랑하는 여인에게 돌아갈 수 있도록 증명서를 써달라고 사정합니다. 하지만 리유는 랑베유의 부탁을 단칼에 거절해요. 랑베유처럼 이 도시에 잠시 들렀다가 갇혀버린 비슷한 사람들이 수천이나 있다면서 말이지요. 그러자 랑베유가 외칩니다. "선생님, 전 이 고장 사람이 아니란 말입니다!" 그 말에 리유는 이렇게 답해요. "지금부터는 유감입니다만, 이제 선생도 이 고장 사람입니다. 다른 모든 사람들처럼 말이죠." 리유의 말처럼 랑베유가 비록 타지에서 왔더라도 이제 이 도시의 일부가 되었다면, 랑베유가 해야 하는 일은 뭘까요? 아니 아무리 타지에서 왔더라도, 오랑에 잠시 취재 차 들른 것뿐이라도 만약 랑베유가 진정한 기자였다면 그곳에 일어나고 있는 상황을 정확히 취재해서 안팎으로 알리는 일을 해야 했던 것 아닐까요?

《페스트》를 읽다 보면 우리 시대의 모습이 많이 겹쳐 보여요. 적합한 치료제도 없고, 백신도 없는, 그런 상황이 코로나 시대가 갑작스레 몰아닥친 2020년의 우리의 모습과 닮아 있지요. 재난 시기를 지나면서 새삼 깨닫게 되는 하나는, 재난을 더 어렵게 만드는 것이 사실을 외면하고 정파적인 입장에서 재난을 다루는 뉴스들이라는 점이에요. 재난 시기에 정보를 대하는 사람들은 새로운 정보에 민감하게 반응할 수밖에 없어요. 그 정보가 희망이 되기도 하고 절망이 되기도 하니까요. 그런데 이른바 기성 언론들이 정파적인 입장에서 사실을 자의적으로 해석하고 집단을 혐오하고 공포를 조장하는 데 자신의 펜을 쓰는 걸 보면 좌절감을 느낄 수밖에 없지요.

《페스트》에서 의사 리유는 적합한 치료제도, 제대로 된 백신도 없는 상황에서 페스트를 치료하는 자신의 행위를 이해할 수 없는 부조리한 상황에 대한 반항으로 묘사해요. 페스트가 신이 내린 형벌이라는 파늘루 신부를 지켜보며 신이 내린 형벌이라면 더더욱 그러하다고 확신하지요. 저는 재난보도 역시 자연이 만드는 부조리한 상황, 인간의 얕은 합리성으로는 이해하기 어려운 상황 앞에서 우리가 인간임을 증명하는 행위라는 생각이 들어요. 저는 우리가 증명해야 할 그 인간다움이, 절망적인 상황에서도 희망을 찾는 데 있다고 믿어요. 그런데 지금 우리 언론은 마치 랑베르처럼 자신은 이 재난의 일부가 아닌 것처럼, 이 재난을 자신들의 정파적 이익을 강화하는 데 쓰고 있는 듯 보일 때가 있어요. 그것도 너무 자주 말이죠.

까뮈의 《페스트》를 읽다보면, 페스트에 감염된 사람이 아니라 페스트에 감염된 도시를 느끼게 됩니다. 코로나 시대도 마찬가지인 듯해요. 코로나에 확진된 사람들이 아니라 코로나에 감염된 도시를, 국가를, 세계를 느끼게 되죠. 코로나에 감염된 도시에서 사라진 것, 아무리 생각해봐도 까뮈의 말처럼 그것은 미래에 대해 기대할 수 없는 '희망의 사라짐' 같아요. 하지만 까뮈는 우리가 자신의 자리에서 할 일을 한다면 멈춰버린 시간을 가로질러 희망을 찾을 수 있다고 힘주어 말합니다. 우리 언론도 자신의 자리에서, 사실의 보도를 통해 희망을 던져주었으면 해요. 의학이 과학으로 우리를 치유한다면, 언론은 사실로 우리를 치유할 수 있다는 희망, 그 희망을 우리가 버리지 않도록 말이지요. 기억해주세요. 마침내 도시의 일부가 되어 페스트와 맞섰던 랑베르처럼, 묵묵히 사실로 희망을 찾는 일, 그것이 재난이 몰아친 이 세계의 일부로서 언론이 해야 할 일이란 걸 말이지요.

11

저널리스트가
찍은
사진 한 장의
가치는?

역사의 순간을
포착하는 힘

케빈 카터, 〈수단의 굶주린 소녀〉
1993(1994년 퓰리처상 수상작)

1993년 아프리카 남수단의 한 마을, 고요한 정적이 흐릅니다. 사진작가 케빈 카터Kevin Carter, 1960~1994는 한 손에 카메라를 쥐고 온몸의 신경을 집중하며 서 있습니다. 그의 눈앞에 있는 한 어린 소녀를 바라보는 중입니다. 소녀는 앙상하게 마른 몸을 지탱하기도 힘든 듯 조용히 땅에 머리를 대고 엎드려 있습니다. 그 뒤로는 독수리 한 마리가 보입니다. 금방이라도 덮칠 기세로 소녀를 응시하고 있습니다. 이 한 장의 사진에 짙게 드리워진 어두운 그림자, 긴장과 불안, 연민과 슬픔에 이 사진을 보는 우리 또한 복잡한 감정에 휩싸입니다. 이 작은 소녀의 지난한 삶을 우리는 상상이나 할 수 있을까요?

케빈 카터는 말했습니다. "지금도 1분마다 전쟁과 가난으로 아이들이 죽어가고 있습니다. 이 사진 한 장으로 경종을 울리고 싶었습니다." 이 사진은 전 세계의 많은 사람에게 굵직한 메시지를 던지며, 1994년 퓰리처상 수상작으로 선정됩니다. 하지만 모두가 박수를 보낸 것만은 아닙니다. 사진 한 장으로 아프리카 남수단의 극심한 기아와 비참한 전쟁을 널리 알렸지만, 자칫 독수리에게 공격당할 수 있는 위험에 처한 소녀를 바로 구하지 않고 사진을 먼저 찍은 행동에 대해 비윤리적인 것 아니냐는 여론이 일었기 때문이지요. 사람들은 케빈 카터를 직업적 가치만을 좇는 비인간적인 사진작가로 내몰았습니다. 불행하게도 그는 퓰리처상을 받은 해 7월, 스스로 목숨을 끊게 됩니다. 그리고 사람들은 윤리적 비난을 견디지 못해 자살한 것이라 단정하며 이야기를 굳혀갔고요.

먼저 오해부터 풀어보겠습니다. 우리가 알고 있는 케빈 카터와 그의 사진에 관한 이야기, 한 번쯤 되짚어봐야 하지 않을까요? 같이 들여다보겠습니다. 하나, 당시 수단의 전 지역은 극심한 전염병을 앓고 있었어요. '취재 시, 누구에게도 손을 대지 말고 가까이 가지 말 것!' 취재진에게 전달된 수칙이었다고 하네요. 둘, 케빈 카터는 사진을 찍은 직후, 도움을 청해 소녀를 병원으로 옮기면서 소녀는 살았다고 합니다. 셋, 그의 자살 동기가 당시 사람들에게 받은 윤리적 비난을 견디지 못한 것이란 추측. 그가 떠나며 남긴 유서를 보면 그게 아니라는 이야기가 있습니다. 수년간 전쟁의 참상인 살인, 시체, 분노, 고통, 굶주림, 상처투성이 아이들을 카메라에 담아내며 정신적으로 힘들었던 그의 고뇌가 드러나 있었지요. 또한, 퓰리처상을 받은 직후 남아공 취재 현장에서 동료 작가 켄 위스트부르크가 사망하면서 그의 정신적 고통은 극에 달했다는 후문입니다. 어떤가요? 이 모든 것이 복합적으로 작용해 그를 극단적인 선택으로 몰고 가진 않았을까요? 조심스럽게 생각해봅니다.

한 장의 사진은 저널리스트에게 가장 강력한 무기가 될 수 있습니다. 다만, 사진에 누가, 어떤 의도를 담아내느냐에 따라 사진의 해석은 달라지지요. 그래서 우리는 사진도 거짓말을 할 수 있다는 가능성을 열어둘 필요가 있어요. 즉, 보도사진도 어떤 글(캡션)을 만나느냐에 따라 해석이 달라질 수 있습니다. 뛰어난 저널리스트로 평가받고 있는 프랑스 출신 사진작가 마크 리부Mark Riboud, 1923~는 사진의 가치에 대해 이렇게 말했습니다. "사진이 세상을 바꾸지는 못해도 이 세상이 변하는 그 순간을 담아낼 수 있다"라고 말입니다. 보도사진

같은 보도사진에 서로 다른 해석과 프레임이 씌워진다

은 욕심을 부리지 말아야 한다는 말로 들립니다. 보도사진은 해석보다 사실 그대로를 담아내야 한다고요. 거장의 이 한마디가 매우 겸손하게 다가와 울림이 더 큽니다.

오늘날 한국 언론 속 보도사진은 어디를 향하고 있을까요? 언론사들은 사실과 진실을 담아내는 보도사진은 그 가치보다 클릭 장사의 수단으로만 내몰고 있지는 않을까요?

예를 들어보지요. 같은 사진에 진보와 보수의 정파적 색이 입혀 엉뚱한 프레임이 씌워지는 경우를 어렵지 않게 볼 수 있습니다. 사진이 오히려 대중들의 판단을 흐리게 만들고 눈을 가려버리는 역효과가 나타나게 되지요. 보도사진은 예술작품이 아닙니다. 있는 그대로를 담아 전달해야 합니다. 우리 언론은 아주 위험한 상황입니다. 보도사진이 담아내는 결정적인 순간이 얼마나 저널리즘에 가치 있는지를 진지하게 생각해봐야 하지 않을까요?

다비드가 그려낸
정치적 보도사진

자크 루이 다비드, 〈알프스를 넘는 나폴레옹〉
1801

신문 지면이나 스마트폰 화면에 올라온 한 장의 사진
은 수십, 수백 페이지의 글보다 강력한 힘을 가지고 있지요. 사진을
눈에 보이는 객관적인 사실로 받아들이기 십상이지만, 사진 기자가
보여주고 싶은 모습을 일방적으로 전달받기 일쑤입니다. 사실, 같은

인물이라도 웃고 우는 표정에 따라, 주변 상황에 따라 전혀 다른 의미를 띄지 않겠습니까? 그중 어떤 모습을 보여주느냐는 순전히 언론이 고르는 것입니다. 눈에 보이는 사실이기 때문에, 진실이 아니라는 반론을 하는 것도 사실상 불가능할 때가 많습니다. 그런 역사는 이미 그림을 통해 수없이 이뤄져왔지요. 그래서 동서를 막론하고 화가를 지원하는 왕실, 귀족들은 자신들의 초상화를 그럴듯하게 그려내도록 주문했습니다. 이미지가 가진 힘을 알고 있었기 때문이겠지요. 프랑스의 화가 자크 루이 다비드는 그 힘으로 나폴레옹 황제를 만들어냈습니다.

　다비드는 프랑스 고전주의 미술의 대표 작가로 꼽힙니다. 동시에 로베스피에르, 마라 같은 인물들과 함께 프랑스혁명을 이끌면서 현실정치에 관여하기도 했습니다. 자유·평등·박애를 상징하는 프랑스 국기를 도안했고, 국왕의 들러리 노릇을 했던 삼부회를 부정하며 새로운 의회를 선언했던 〈테니스 코트의 서약〉을 그림으로 남기기도 했습니다. 하지만 다비드는 혁명의 혼란기를 지나면서 일종의 변절을 합니다. 혁명 이념을 완성해줄 인물로 나폴레옹을 지지했던 것이지요. 군인이자 혁명가, 정치가로 나폴레옹의 이미지를 완벽하게 꾸며줬습니다.

　아무리 그림에 관심이 없는 사람이더라도 〈알프스를 넘는 나폴레옹Napoleon Crossing the Alps〉1810을 보지 못한 사람은 없을 것입니다. 한마디로 정말 멋있지요. 눈덮인 알프스의 험준한 산 가운데 준마에 올라탄 나폴레옹이 빨간 망토를 휘날립니다. 어쩌면 할리우드 히어로 영화에 등장하는 주인공들의 '원조' 아닌가 싶기도 합니다. 그런

차림으로 앞발을 들어올린 말 위에서 오른손을 치켜들고 진격 명령을 내리고 있습니다. 저 멀리 대포를 끌고 진격하는 군인들의 모습도 보이고요. 바닥의 바위에는 '보나파르트'라는 나폴레옹의 성이 새겨져 있습니다. 역사를 바꾸는 진군을 뜻하는 것이겠지요? 사정을 모르고 봐도 가슴이 뛰는데, 혁명의 혼란을 극복하지 못한 상황에 주변 국가들로부터 시달리던 프랑스 국민들에게는 오죽했겠습니까? 영웅도 그런 영웅이 없었겠지요. 그런데 이 그림, 사기입니다. 알프스 산맥은 준마가 달릴 수 있는 지형이 아니지요. 스포츠카, 그것도 오픈카로 스키장을 거슬러 올라가는 일이나 마찬가지예요. 실제 나폴레옹은 노새에 올라 담요로 군복을 돌돌 말고 힘겹게 알프스를 넘었습니다. 물론 그 역시 대단하지만 있는 그대로 그려내기에는 초라했겠지요.

아무튼 그렇게 나폴레옹은 영웅으로 국민들의 뇌리에 그려졌고, 권력을 잡았습니다. 다비드는 다시 새로운 모습으로 나폴레옹을 그립니다. 〈서재에 있는 나폴레옹-Napoleon in His Study〉 1812입니다. 어라, 그런데 이상합니다. 짜리몽땅한데다 아랫배는 볼록 튀어나온, 솔직히 볼품없는 모습입니다. 나폴레옹이 키 작은 거야 세상 모두가 안다고 하지만 굳이 저렇게까지 그렸어야 하나 싶습니다. 게다가 숱도 별로 없는 머리칼은 흐트러져 있고, 입고 있는 바지도 자글자글 주름이 깊습니다. 옷소매 단추까지 풀린 모습인데, 알프스를 넘을 때조차 망토로 멋을 부렸던 그 영웅은 어디로 간 것일까요?

그림은 궁전의 서재에서 일을 하다 누군가를 맞이하기 위해 자리에서 일어나는 나폴레옹의 모습입니다. 뒤에 있는 시계를 보면 4시

자크 루이 다비드, 〈서재에 있는 나폴레옹〉
1812

10분을 살짝 넘어 가리키고 있습니다. 거의 다 타고 짧게 남은 양초가 오후가 아닌 새벽녘이라는 사실을 알려줍니다. 그러니까 나폴레옹은 서재에서 밤새 일을 하다 누군가를 맞이했던 것입니다. 무슨 일을 하느라 그랬을까요? 오른편에 어지럽게 쌓인 서류 위에 'CODE'라는 글자가 선명합니다. CODE, 그러니까 통치자 나폴레옹의 가장 큰 업적으로 꼽히는 법전을 들여다보고 있었던 것입니다. 계급적 특권을 폐지하고 사유재산을 보장한다는 프랑스혁명 정신을 반영한 법전이었습니다. 군인으로 황제에 오르게 만들어줬던 칼은 이제는 서류 더미 밑에 깔려 있고요. 이 그림이 무슨 얘기를 보여주는지 알겠지요? 정복자로 권력을 잡았지만, 민생을 보살피는 통치자로 변신했다는 것입니다. 이보다 더 완벽한 '정치적 보도사진'이 어디 있겠습니까?

지금도 정치인들은 보여주고 싶은 모습을 잘 찍히기 위해 매일처럼 카메라 앞에 서지요. 영상이 대세인 세상인 만큼 방송국 카메라가 있으면 갑자기 목소리를 높여 앞으로 나서기도 합니다. 국회 회의장 같은 곳에서 활짝 웃기도 하고, 오만상을 쓰기도 합니다. 자연재해 현장에는 어김없이 옷소매를 둘둘 말아 올린 모습들이지요. 선거철에는 재래시장에서 음식 먹는 모습을 빼놓을 수 없고요. 그런데 잊지 말아야 할 것이 있습니다. 언론은 자신들의 입맛에 맞는 사진, 영상을 골라 보여준다는 사실입니다. 비판하고 싶은 정치인들은 어딘가 모르게 어그러진 모습일 때가 많습니다. 두 사람이 삿대질을 주고받아도 '미운 놈'이 나서는 장면으로 골라서 보도하지요. 긴 시간의 영상 중 문제가 있어 보이는 장면만 잘라내 몇 번이고 반복해서 틀기도 합니다. 한 사람이 가지고 있을 수많은 모습들, 진짜 그 사람의 모습이 어떤지는 알기가 어렵습니다. 물론 그런 사진도 거짓말은 아니겠지요. 그래서 더욱 위험할 수 있다는 것입니다.

사건사고 현장을, 재해 현장을 위험을 무릅쓰고 전하는 사진들이 많지요. 1987년 6월항쟁에서 쓰러진 이한열 열사의 모습처럼 한 장의 사진이 역사를 바꾼 일도 있습니다. 그런 사진들은 대개 있는 그대로의 진실을 담은 것들입니다. 보여주고자 하는 쪽의 의도를 강조한 것이 아니라 말입니다. 언론에서 보고 싶은 사진과 영상은 그런 것들이겠지요. 혁명 정신을 이어줄 것으로 기대했던 나폴레옹은 결국 절대 권력의 독재자로 빠졌습니다. 다비드는 나폴레옹이 워털루 전투에서 패하자 브뤼셀로 망명해 말년을 쓸쓸하게 보냈습니다. 프랑스 최고의 화가이자 황제의 수석화가였지만 동시에 '변절자'라는 역사적 딱지가 붙어 있지요. 보도사진을 다루는 언론의 역사는 어떻게 남아야 할까요?

한 장의 공감이 만드는
나비효과

수잔 손택 지음, 이재원 옮김, 《타인의 고통》
이후, 2007

　　'타인의 고통.' 우리는 흔히 타인의 고통에 공감할 수
있어야 한다고 말해요. 그렇다면 공감한다는 건 어떤 의미일까요?
영어에서 공감을 뜻하는 말은 'Sympathy'예요. 이 용어는 '함께sym'
'고통받는다pathy'는 뜻을 가지고 있어요. 그러니까 타인의 고통에 공
감한다는 것은 결국 '타인과 함께 고통 받는다'는 뜻이죠. 이 '타인
의 고통'을 제목으로 삼아 책을 쓴 수잔 손택Susan Sontag, 1933~2004이
라는 작가가 있어요. 손택을 어떻게 소개해야 할까요. 인문사회, 미

디어 쪽에 관련된 호칭은 다 갖다붙일 수 있는 그런 인물이지요. 에세이 작가, 철학자, 영화 제작자, 정치활동가 등 '하지 않은 일이 뭐야?' 싶은 대표적인 미국의 지식인이에요.

　그런데 《타인의 고통Regarding the Pain of Others》2003은 일반적으로 생각하는 것과 다른 질문을 하고 있어요. "우리는 정말 타인의 고통에 공감하고 있는 걸까?" 타인의 고통에 공감한다는 것, 타자들과 함께 고통 받는다는 것, 우리는 어떻게 이런 경험을 할 수 있을까요? 대다수 사람들은 고통 받는 타인들을 보면서 그런 경험을 공유하게 됩니다. 이런 점에서 '본다'는 행위는 참 많은 의미를 담고 있어요. '바라봄'으로 타인이 느끼는 슬픔, 기쁨, 더하여 여기서 이야기하는 고통까지 느끼게 되니까요. 손택은 이런 '바라본다'는 우리의 행위가 만드는 '공감'의 경험을 사진문화를 통해 묻고 있어요.

　손택 이야기를 하기 전에 여러분에게 이렇게 묻고 싶습니다. '여러분에게는 타인의 고통을 바라본다는 것은, 타인의 고통을 함께 느낀다는 것은 어떤 의미인가요?' '아, 저 사람이 고통 받고 있구나' 단순히 이렇게 느끼는 것이 타인의 고통에 대한 공감일까요? 아니면 '아, 저 사람이 진짜 고통 받고 있구나, 그래서 내가 무언가를 해야 겠구나' 이것이 타인의 고통에 대한 공감일까요? 여러분은 어떠세요. 손택은 우리가 타인의 고통에 공감하는 행위가 대체로 '아, 안됐다, 불쌍하다' 이 정도에서 끝나버린다고 합니다. 그렇다면 왜 우리의 타인의 고통에 대한 공감은 거기서 끝나고 마는 것일까요? 손택은 그 이유를 이렇게 말합니다. "그건 우리가 그 고통에서 안전거리를 확보하고 있기 때문이다." 한마디로, 그 위험 속에 있지 않기 때문이라는 거지요. 곱씹어볼수록 너무 아픈 지적인 것 같아요.

하지만 한편으론 이렇게 말할 수 있을 것 같아요. '그러면 어쩌라고, 그 위험 속으로 함께 뛰어들라는 거야?' 생각해보면 타인의 고통이 전쟁 상황에서 발생하고 있다면 평범한 우리들은 도대체 무슨 일을 할 수 있을까요? 그 전쟁 속으로 뛰어들 수도 없는데 말이지요. 그런데 손택의 말을 이렇게 이해한다면, '그건 오해다'라고 말씀드리고 싶어요. 실제 손택이 우리에게 던지는 질문은 전혀 다른 거예요. 오히려 손택은 전혀 다른 방향에서 의문을 제기합니다. 우리들이 타인의 고통을 반복적으로 바라보는 가운데, 타인의 고통을 느끼는 데 조금씩 무뎌져가는 건 아닐까? 그러다 보니 시간이 갈수록 더 자극적인 이미지가 눈앞에 있어야만 타인의 고통에 공감하게 되는 건 아닐까? 손택은 한발 더 나아가 이렇게 말해요. '우리가 타인의 고통을 바라보는 시선은 마치 포르노그래피를 보는 것과 다름이 없다. 보면 볼수록 우리는 더 자극적인 이미지를 찾는다.' 손택이 내세우는, '진정한 공감이란 바라보는 데서 오는 것이 아니라 행동에서 나온다'는 주장은 이런 맥락에서 나오는 거예요.

관련해서 손택의 주장이 더 놀라운 것은, 언론의 보도사진이 이런 포르노그래피 같은 속성을 가지고 있다는 점이에요. 불행하게도 자본주의 시대의 모든 언론은 끊임없이 상업주의와 맞서 싸워야 하는 운명에 처해 있어요. 하지만 누구나 알고 있듯 언론이 상업주의와 맞서서 자신의 진지한 저널리즘의 자세를 지키는 일이 쉽지는 않습니다. 신문은 구독률, 라디오는 청취율, TV는 시청률 경쟁을 해야만 하니까요. 민영방송의 경우 이런 경쟁 상황에서 이윤까지 내야 하는 상황이니 더 진지한 자세로 저널리즘에 다가가기가 어렵죠. 예를 들어볼까요? 〈굿나잇 앤 굿럭Good Nigihgth, And Good Lcuk〉2005이라는 영화가 있습니다. 이 영화는 미국 메이저 방송사인 CBS에서 뉴스 진행자로 이름을 떨친 에드워드 머로와 그 동료들의 이야기를 다뤄요. 머로와 동료들이 언론인으로 지금도 존중받는 것은 메카시즘의 열풍 속에서 메카시에 맞서 싸운, 사실상 유일한 언론인들이었기 때문이에요. 그런데 이 머로조차 언론에 파고들던 상업주의를 수용해야만 했습니다. 자신의 프로그램을 유지하기 위해 한 담배회사가 머로의 지적 이미지를 활용하는 것을 받아들여야만 했고, 자신이 그다지 관심 없는 유명 연예인들을 인터뷰해야 했으니까요. 머로는 이런 상황을 강하게 비판했지만 그 자신도 극복하기 어려운 일이었지요. 요즘은 공영방송마저 이윤을 내야 하는 압박에 시달리고 있으니 점점 더 상업주의의 압력에 맞서는 언론을 찾기 어려운 상황입니다.

그러다 보니 자본주의 시대의 언론은 속성상 즉흥적으로 관심을 유발할 수 있는, 보다 자극적인 것을 끊임없이 찾아 헤맬 수밖에 없는 상황에 놓여 있어요. 언론이 전달하는 이미지는 어제보다 오늘, 오늘보다는 내일이 좀더 자극적이고 충격적이어야만 해요. 이런 상황에서 언론이 전달하는 이미지들이 포르노그래피처럼 점점 변해가는 것은 어쩌면 당연한 수순일지도 모를 일입니다.

《타인의 고통》에서 손택은, 이런 이미지와 관련하여 아주 중요한 요점 하나를 우리에게 알려줍니다. '한 장의 사진이 가진 힘'이에요. 우리는 수많은 미디어의 홍수 속에 살고 있어요. 그 가운데 이미지를 전달하는 매체는 다양하게 발전해가고 있지요. 그럼에도 손택은 이런 다양한 매체를 제치고 사진이야말로 가장 자극적이라고 단언합니다. 실제 정보 과잉의 시대를 살아가고 있는 우리들이 필연적으로 모든 것을 간결하게 기억하고자 하는 습성을 지니고 있기 때문이죠. 그런 우리의 습성에 가장 적합한 매체가 바로 사진이라는 거예요. 더역동적이고 화려한 매체들이 등장하고 있지만, 그럼에도 사진이 여전히 강력한 매체일 수 있는 이유가 바로 여기에 있는 거지요.

> 프레임에 고정된 기억, 그것의 기본적인 단위는 단 하나의 이미지다. 정보 과잉의 이 시대에는 사진이야말로 뭔가를 신속하게 파악할 수 있는 방법이자 그것을 간결하게 기억할 수 있는 형태다. 사진은 인용문 그도 아니면 격언이나 속담 같은 것이다.

손택의 말처럼, 우리가 어떤 사진 한 장을 제대로 보게 된다면 그사진이 우리 기억 속에 새겨지게 됩니다. 그리고 그 사진 한 장을 통해 우리가 기억하는 사건과 연결되고 더 나아가 몇 장의 사진만으로도 사건과 사건을 연결할 수 있게 되지요. 그러니 사진이야말로 이킥도, 여전히 강력한 것이고 마치 우리가 기억하고 있는 격언이나 속담처럼 우리 곁에 존재하게 되는 거예요.

이런 손택의 주장은 큰 울림이 있습니다. 종이신문의 시대를 돌아보면, 일간지 1면을 차지한 사진 한 장은 그날 신문 전체의 주제를 결정하는 힘이 있었어요. 대부분의 사람들은 가판대에 놓인 일간 신문의 1면 메인 기사의 질문과 사진을 보면서 그날의 중요한 사건들을 기억했지요. 종이신문의 1면 사진만 훑어보아도 지난 한 주, 지난

달, 지난 일 년 동안 어떤 일이 있었는지 자연스럽게 떠올릴 수 있었던 거예요. 그런데 종이신문의 시대는 이미 지나갔어요. 그렇다면 상황이 달라진 것일까요? 우리가 인터넷을 통해 찾아보고 있는 대부분의 기사들은 많은 경우 여전히 몇 장의 사진과 함께 실려 있어요. 그 몇 장의 사진은 조용히, 우리가 어떻게 기사를 읽어야 하는지 그 방향을 알려주거나, 우리가 읽고 있는 기사의 의미를 왜곡시키거나, 축소하거나, 과장하기도 하지요. 그러니 보도사진의 힘은 인터넷 시대에도 여전히 강력하게 발휘되고 있는 거지요.

타인의 고통은 시대를 넘어 언론이 다루는 가장 중요한 소재예요. 각종 미디어 매체는 타인의 고통에 대한 이야기로 넘쳐나지요. 그 이야기를 따라 자연스레 우리 주변에는 너무 많은 고통의 이미지들이 난무하고 있어요. 그러다 보니 수많은 고통의 이미지를 보면서 모든 것에 다 반응할 수 없는 상황입니다. 하지만 우리 역사를 돌이켜보면 사진 한 장이 역사를 바꿔왔다는 것을 쉽사리 알 수 있습니다. 머리에 최루탄을 맞고 피 흘리는 이한열 열사의 사진 한 장, 더 거슬러 올라가면 마산 중앙부두 앞에 떠오른 김주열 열사의 죽음이 담긴 사진 한 장이 수많은 학생과 시민을 거리로 불러냈지요. 비록 손택은 곳곳에서 언론의 보도사진에 대해 비관적으로 바라보고 있지만, 역사적 경험은 우리에게 말해주고 있어요. 타인의 고통을 목격한 우리 시민들이 필요한 순간 행동으로 타인의 고통에 공감하리라는 것을! 타인의 고통을 결코 외면하지 않을 것이라는 희망을 말이지요!

12

인종 차별
프레임,
혐오는
어디에서
오나?

인종 차별 문제
다루는 데 미성숙한
우리 언론

2020년부터 서서히 번진 코로나19 바이러스로, 우리 일상은 통제되고 전 세계의 전염병 감염 공포는 극에 달했습니다. 사람들은 점점 예민해졌고 뭔지 모를 울화에 시달리고 있었지요. 힘겹게 채워지고 있던 하루하루, 5월의 끝자락이었습니다. 이후 몇 달간, 언론의 헤드라인을 장식했던 팬데믹이 잠시 자리를 비우게 된 사건이 발생했습니다.

"숨을 쉴 수가 없어요…I can't Breathe…."

흑인 남성 한 명이 거리에 엎어져 있습니다. 백인 경찰의 무릎에 제압당한 그의 얼굴은 길바닥에 짓눌려 있었어요. 고통에 신음하는 그의 호소는 무려 8분 46초간 이어집니다. 정신을 잃어 병원으로 이송된 그는 더 이상 숨을 쉴 수 없게 되지요. 현장 영상이 SNS를 통해 퍼지면서 전 세계는 충격에 휩싸입니다. 2020년 5월 25일, 미국 미네소타주 미니애폴리스에 살던 아프리카계 미국인 조지 플로이드가 20달러짜리 위조지폐로 술을 사려고 한 혐의로 경찰에게 체포되는 상황이었습니다. 조지 플로이드는 순순히 체포에 응했고 위험한 상황은 없어 보였지요. 그런데 왜, 국가를 대신해 국민을 보호해야 할 경찰이 국민을 해쳐야만 했을까요? 당시 경찰은 그를 사람으로 보지 않았습니다. 그가 처참하게 죽고 나서야 세상이 그를 사람으로 대했지요. 사람들은 분노했고 거리로 나와 외쳤습니다.

"흑인의 생명도 소중하다Black lives matter." 이 사건으로 경찰관 4명이 해고됐지만 전 세계 시민들의 분노는 식을 줄 몰랐습니다. 조지 플로이드의 비극 이전에도 아프리카계 미국인을 대하는 경찰의 태도가 미국 내 고질적인 문제였으니까요. 시민들은 길거리로 나와 인종차별과 인권유린에 대한 분노를 표출했습니다. 팬데믹 상황이 심해지고 있었지만, 사람들의 시위행렬은 줄어들지 않았어요. 코로나19 바이러스라는 통제 상황 속에서 국가의 역할에 대한 의심이 분노로 변질하면서 시위를 가중했던 것이지요. 국가와 국민, 경찰과 시위대의 마찰로 긴장감은 고조됐습니다.

워싱턴 D.C.에서는 평화시위를 해산시키기 위해 국가폭력이 동원됐고, 최루탄과 고무탄으로 시위를 해산시키는 영상들이 쏟아져 나왔습니다. 게다가 과거 유적도 그 타깃이 됐지요. 영국의 시위대가 브리스톨시에 설치된 '17세기 노예상 에드워드 콜스턴'의 동상을 끌어내리고 바다에 빠뜨리는 사건이 발생합니다. 결국 그 자리엔 '흑인 여성 시위자 젠 리드'의 동상이 올라가게 돼요. 시위대가 역사 보존의 가치를 훼손하면서까지 국가 권력의 부당한 행사에 대해 비판 의지를 보여준 사건이지요. 아마 인종 차별에 따른 인권 문제는 전 세계가 수백 년간 풀지 못한 역사적 숙제일 것입니다.

우리나라에서도 크고 작은 시위가 이어졌습니다. 명동에서 시민 200여 명이 연대해 인종 차별 반대 시위를 강행하는 등 조지 플로이드를 추모하고 인종 차별에 반대하는 뜻을 모았지요. 그런데 과연 우리나라는 인종 차별 문제에서 얼마나 자유로울까요? 법무부 출입국외국인정책본부가 발표한 2019년 12월 《통계월보》에 따르면 2019년 12월 말 현재 한국에 체류하고 있는 외국인은 252만 4천 656명으로 2007년 8월 100만 명, 2016년 6월 200만 명을 돌파했습니다. 외국인 250만 명 시대가 열린 것입니다. 당시 5,178만 명(2019년 인구주택총조사, 통계청)인 국내 총인구 대비 4.8%가 넘는 수치지요. 통상 학계에서 국내 체류 외국인 비율이 5%를 넘으면 다문화사회로 분류합니다. 이제 우리나라도 다문화사회 문 앞에 다다른 셈이지요. 우리는 미국 내 인종 차별을 반대하고 있지만, 국내에 거주하는 이주민들을 어떤 시선으로 바라보고 있는지 자문해야 합니다. 한국에서 살아가는 이주민들은 한국 내 인종 차별 문제에 어떤 평가를 하고 있을까요? 미국 내 인종 차별 정도를 백인이 아닌 흑인에게 물어야 제대로 된 답을 얻을 수 있듯이, 한국 내 차별 정도는 이주민에게 묻고 그 이야기에 귀 기울여야 합니다. 이에 중요한 역할을 해야 하는 것이 바로 '언론'입니다. 조지 플로이드 사건이 발생하면서 우리 언론은 세계의 여러 상황을 주시하며 재빠르게 발을 맞췄습니다. 하지만 문제의 본질보다 시위대의 '폭력성'만을 강조하거나 정치인들의 발언과 행태를 활용해 정파적으로 몰고 가는 참담한 보도가 많았습니다. 평소 인종 차별 프레임에 갇혀 아프리카계 미국인에 대한 편견과 선입견을 내포하고 있는 우리 언론의 모습을 확인할 수 있었지요.

백인경찰의 제압으로 사망한 조지 플로이드 추모 시위

우리 언론은 인권 문제를 다뤘던 지난 여정을 반성해야 합니다. '혐오와 차별'에 대한 불씨가 조지 플로이드 사망 사건, 국가 권력의 참사와 같은 잘못된 방향으로 터져 나오는 것을 막기 위해서는 언론이 예방책 역할을 선행해야 합니다. 지금 언론은 인권과 혐오, 차별 문제에 어떤 대응을 하고 어떤 대안을 제시하고 있을까요? 더 나아가 인권 문제에 얼마나 성숙한 접근과 심층보도를 이어가고 있을까요? 그 고민과 대답을 더는 미루지 말아야 할 것입니다.

다양한 색이
어우러진 세계

조르주 피에르 쇠라, 〈그랑드 자트 섬의 일요일 오후〉
1884

미국에서 유전자 검사 바람이 불었던 적이 있습니다. 자신의 '뿌리'를 알아보기 위한 것이지요. 미국은 다양한 국적, 인종이 섞여 새롭게 만든 나라잖아요. 몇 세대가 지나면서 지금을 사는 후손들이 자신들의 조상님을 궁금해한 것이었습니다. 뜻밖의 결과들이 나왔다고 합니다. 전혀 생각하지 못했던 핏줄이 흐르고 있는 경우가 참 많았습니다. 그 바람에 큰 충격을 받는 사람들도 적지 않았고 요. 그도 그럴 것이 유럽에서 온 코카서스인인줄로만 알았는데 몇 대째의 할아버지, 할머니 중에 남미나 아시안, 아프리칸 계통이 있었다는 식입니다. 인종 차별을 하며 특히 아시아 출신들을 싫어하던 사람이었는데, 정작 자신이 그 후손이라는 사실이 드러났다고 생각해보세요. 출신 국가, 피부색을 이유로 한 차별이 얼마나 어리석은 일인지 쉽게 깨달을 수 있습니다.

차별과 갈등이라는 날 선 주제와 정반대라서 어울리는 그림으로 〈그랑드 자트 섬의 일요일 오후Sunday Afternoon on the Island of La Grande Jatte〉1884를 골랐습니다. 프랑스 화가 조르주 피에르 쇠라Georges Pierre Seurat, 1859~1891의 작품이지요. 스쳐 지나가면서라도 이 그림을 못 본 사람은 없을 것입니다. 햇살이 무척 따사로워 보이는 강변입니다. 양산을 쓴 여인들과 뛰어노는 아이들, 높은 모자를 쓴 사내들이 한가롭게 거닐지요. 흐르는 강물을 바라보며 '멍 때리는' 모습들이 눈에 띕니다. 반려견도 있고, 원숭이도 보이네요. 물 위에는 삼각 돛배, 증기선, 조정 경기를 준비하는지 열심히 노를 젓는 보드기 떠 있습니다. 한강공원의 봄날이라 불러도 좋을 평온한 장면이네요. 가장 눈에 띄는 것은 그림 그 자체입니다. 쇠라는 수없이 많은 작은 점을 찍어 형태를 구성하는 점묘법으로 폭 3m, 높이 2m 가량의 대작을 만들어냈습니다. 완성된 그림을 예상하는 스케치를 그린 다음 2년 넘도록 셀 수 없이 많은 점을 찍어야 했습니다.

쇠라는 왜 이런 수고롭기 그지없는 방법을 썼을까요? 그는 인상주의 작가로 불립니다. 아련한 봄날 오솔길 위로 쏟아지는 햇살, 그 빛을 받아 반짝이는 나뭇잎, 그리고 그 길을 함께 걸었던 그, 그녀의 느낌. 단순히 보이는 것뿐만 아니라 그런 인상들을 화폭에 담아내려 했던 화가들입니다. 목표를 달성하는 방법으로 쇠라는 사물을 하나의 색으로 표현하는 전통적인 기법을 거부했습니다. 잠시 초등학교 미술 시간으로 돌아가볼까 합니다. 여러 가지 물감을 섞으면 어떤 색깔이 나왔는지 기억하시겠지요. 빨강과 파랑은 보라, 노랑과 빨강은 주황이 되는 것 말이에요. 좋아하는 색깔을 여러 가지 섞으면요? 우중충한 시궁창이 되고 말지요. 쇠라는 그것을 극복하기 위해 고유의 색깔을 점으로 찍은 것입니다. 하나의 형태를 만들기 위해 대비되는 수많은 색의 점을 찍었지요. 그 점들을 한 발자국 떨어져 그림을 바라보는 관객의 시선에서 뒤섞이며 찬란한 빛깔로 받아들여지도록 한 것입니다.

이런 기법은 마치 현대의 스마트폰이나 태블릿PC 액정에 쓰이는 LED를 떠올리게 합니다. 쇠라의 그림처럼 가까이서 보면 고유의 색을 띤 수많은 점으로 이뤄져 있지요. 점이 많을수록 고화질이라고 부르고요. 우리가 살고 있는 세상을 한 발자국 떨어져서 초대형 모니터처럼 바라보면 어떨까요? 커다란 그림을 이루는 많은 점들 중에는 사람도 있을 것입니다. 누구는 조금 진하고, 누구는 더 연하겠지요. 다른 색들이 서로를 뒷받침하기에 각자가 드러날 수 있는 것입니다. 쇠라의 그림 속 인물들은 단순히 색만 다른 것도 아닙니다. 대부분 정장을 입고 있는데, 맨 팔뚝을 드러내고 반쯤 기대어 누운 붉은 셔츠 차림의 사내가 보이지요. 당시의 노동자 계급을 나타낸 것으로 보입니다. 오른쪽에 가장 가깝고 크게 그려진 숙녀 옆에서는 원숭이가 뛰놀니다. 그 시절에는 매춘을 상징하는 것이었다고도 합니다. 저마다인 모두가 모여 한 폭의 그림을 이루는 것이 세상이라는 뜻 아닐까요?

그림에 관해 한 가지 더 짚고 싶은 것이 있습니다. 가만히 들여다 보면 전체가 점으로 이뤄진 것은 아닙니다. 보통 그림처럼 통째로 색 칠해진 부분이 있습니다. 어디인지 먼저 찾아보실래요? 그림 한가 운데 하얀색 원피스를 입은 소녀가 있습니다. 쇠라는 소녀의 옷만큼 은 통으로 그려 넣었습니다. 그 이유에 관해 이렇게 해석하고 싶습니 다. 다시 한 번 미술 시간의 기억을 떠올려봅시다. 다른 색깔의 물감 들을 섞으면 어두워집니다. 하지만 빛은 다르지요. 여러 가지 빛을 섞을수록 하얗게 빛납니다. 화가에 의해 그려진 색이 아니라, 받아들 이는 사람의 시선에서 섞이는 빛을 그린 것이라고 했잖아요. 형형색 색을 있는 그대로 받아들이면, 차별하는 것이 아니라 조화를 이루는 것이라고 강조하고 싶었던 것은 아닐까요? 그 조화의 정점을 소녀의 흰옷으로 표현했던 것이고요. 같은 세상이라도 어떻게 바라보느냐에 따라 평화로운 오후로 살 수 있거나 각자의 다른 점을 헐뜯고 미워하 며 살 수 있을 것입니다. 어떤 선택을 해야 하는지 답은 참 쉽습니다.

인종 차별 문제는 서로가 다르다는 사실을 인정하지 않는 것에서 부터 시작합니다. 다른 색깔을 함께 어우러질 수 있는 빛깔로 여기지 않기 때문입니다. 그런 의미에서 대한민국이 강조하는 특별한 사고 방식이 걸림돌이 되곤 하지요. 단군 할아버지 이래 반만년 역사를 가 진 단일 민족이라는 개념입니다. 다양한 문화, 다른 나라로부터 건너 온 사람들에 대한 부정적인 생각으로 연결되기 쉽습니다. 엉뚱하게 도 생김새가 전혀 다른 선진국 인종을 선호하면서, 정작 공통점이 많은 동남아시아의 문화와 민족에 대한 무관심으로 이어지곤 합니다. 나아가 대한민국에 살려면 고유의 언어와 문화를 받아들여야 한다는 강요를 드러내기도 합니다. 한편으로는 같은 민족으로 정체성을 지키고 있는 조선족에 대해서는 또 다른 이유에서 거부감을 드러내면서 말입니다. 다양한 다른 세계를 찾아보는 일조차 쉽지 않다는 것이 어쩌면 우리 언론이 가장 크게 놓치고 있는 일일 것입니다. 심지어 예능프로그램을 봐도 그렇습니다. 김치 잘 먹는 외국인을 보여주기에 열심일 뿐 반대로 우리가 받아들여야 할 다문화에 집중하지는 않지요. '백의민족'을 강조하느라 얻을 수 있는 다양한 빛깔들을 놓치고 있는 것은 아닌지 걱정입니다.

혐오를 부르는 주문,
편견

고든 올포트 지음, 석기용 옮김, 《편견》
교양인, 2020

우리는 흔히 인종이 타고난 피부색, 그러니까 유전자에 따라 정해지는 생물학적인 것이라 생각하는 경향이 있어요. 그런데 원 드롭 룰one-drop rule, 이른바 한 방울의 법칙이라는 것이 있습니다. 과거 미국에서 한 개인의 인종을 결정하는 방법이었지요. 한 개인에게 아프리카계 조상의 피가 한 방울이라도 섞여 있다면 그 사람은 소위 흑인이 된다는 법칙이에요. 그런데 한번 뒤집어 생각해볼까요? 만약 이 한 방울의 법칙이 조상들 중 백인들의 피가 한 방울이라도 섞여 있다면 그 사람을 백인으로 결정하는 원칙이라면 상황은 어떻게 될까요? 아마 지금쯤 미국의 거의 모든 사람들이 백인으로 존재할지도 모르겠네요. 이처럼 인종은 타고나는 것이 아니라 한 지역, 국가의 상황에 따라 규정되는, 사회적으로 구축되는 개념이에요.

인종 차별, 이 이야기를 해보기 위해서 우선 차별이 무엇인지부터 시작해보는 건 어떨까요? 우선 가장 일반적이고 쉬운 접근법은 차이와 차별을 비교해보는 거예요. 일단 차이는 '서로 다름'을 뜻하는 말이지요. 이 '서로 다름'은 겉으로 보기에는 논쟁적일 것이 없지만 이 '서로 다름'을 인정하지 못하기 때문에 수많은 정치적, 사회적, 문화적 문제가 일어납니다. 서로 다름을 구실 삼아 서로를 '구별 짓기' 시작하고 그 '구별 짓기'에서 차별이 생겨나는 흐름이죠. 이런 구별 짓기는 주로 성, 인종, 종교, 직업 등을 따라 생겨나고, 이에 따른 구별 짓기를 통해 특정한 개인과 집단을 공정하게 대하지 않는 것을 차별이라 부릅니다.

이런 차별이 작동하는 방식은 다양할 수 있겠지만, 여러 전문가들이 지적하는 차별의 공통적인 주요 원인 중 하나는 편견이에요. 편견이란 우리가 어떤 대상에 대해 이미 다 결정해서 지니고 있는 판단이나 의견을 말해요. 이런 편견은 우리가 흔히 스테레오 타입이라고 부르는 선입견 속에서 자라나죠. 실제 모든 사람들은 선입견을 가지고 있습니다. 그럼 이런 선입견이 어떻게 차별의 근원으로 작용하는지 인종문제를 예를 들어 이야기해볼까요?

비버리 다니엘 타툼Beverly Daniel Tatum이란 유명한 아프리카계 미국인 교육자가 있어요. 미국에서 가장 오래된 아프리카계 미국인 여자대학의 총장도 지낸 분이지요. 이분이 제자들과 실제로 겪었던 사례 하나를 들어볼게요. 이분의 학생들이 인종 차별에 대한 연구를 하는 과정에서 한 마을의 3~4세 아이들에게 '네이티브 아메리칸', 그러니까 원주민을 그려보라고 했다는군요. 그런데 '네이티브 아메리칸'이라는 용어를 아는 애들이 거의 없더래요. 그래서 질문을 바꿔서 '인디언'을 그려보라고 했더니 아이들이 그리기 시작했답니다. 그런데 이 아이들이 그린 모든 그림에 공통점이 하나 있었는데, 그림 속 모든 인디언들이 머리에 깃털을 꽂고 있었다는 거죠. 그런데 역사적으로 보면 깃털을 꽂고 다닌 원주민들은 별로 많지 않았다고 하네요. 무엇보다 실험 대상인 아이들은 주로 백인이 모여 사는 마을에 살아서 원주민을 실제로 볼 기회조차 없었다고 해요. 그런데 모든 아이들이 하나 같이 깃털을 꽂은 인디언을 그린 것이지요. 어떻게 이런 일이 일어난 걸까요? 그 이유는 바로 〈피터팬〉이라는 디즈니 영화 때문이었어요. 그러니까 영화를 통해 아이들이 원주민들에 대한 잘못된 정보를 가지게 됐고, 그 정보가 무의식에 자리잡으면서 한 집단에 대한 선입견이 되었다는 거죠.

그런데 이렇게 어릴 때부터 만들어진 선입견은 어른이 되어서도 쉽게 버리지 못하는 것이 되곤 해요. 이런 경향은 타툼이 소개한 또 다른 사례에서 선명하게 드러납니다. 두 학생이 클레오파트라에 대해서 이야기를 나누고 있었답니다. 이 와중에 한 학생이 "원래 클레오파트라는 흑인이야"라고 말했더니 다른 학생이 이 이야기를 듣고 깜짝 놀라면서 이렇게 말했다는군요. "사실일 리가 없잖아, 클레오파트라는 아름다운데." 실제로 클레오파트라는 프톨레마이오스 왕조의 마지막 파라오입니다. 이 왕조가 고대 그리스에 그 뿌리를 두고 있었던 이집트인이라 클레오파트라의 인종을 두고 논란이 있긴 해요. 지금으로서는 정확히 알 도리가 없지요. 그런데 이 학생은 클레오파트라가 아름다우니 당연히 백인일 거라 생각하는 선입견이 작동하고 있었던 거지요.

하지만 모든 사람은 잘못된 정보로서 선입견을 어느 정도는 다 지니고 있어요. 이런 점에서 스테레오 타입에 따라 정형화된 선입견을 가지고 있다는 것 자체는 문제가 아니에요. 심리학에서는 20세기의 전설적인 작품이자 이미 고전이 된 《편견The Nature of Prejudice》1954을 쓴 고든 올포트Gordon Willard Allport, 1897~1967에 따르면, 문제는 잘못된 정보임을 알고 난 뒤에도 이 선입견을 고치려 하지 않을 때 생겨납니다. 이처럼 자신이 어떤 대상에 대해 가지고 있던 기존의 정보가 잘못된 것을 알고도 고치려 하지 않는 태도, 이게 바로 편견이에요. 올포트는 차이가 반드시 부정적 감정으로 전환될 이유가 없음에도 편견에 가득차 있는 사람들은 그 차이 때문에 자기가 특정 집단에 대해 부정적 감정을 갖는다는, 비이성적인 변명을 하는 경향이 있음을 지적하지요. 특히 이런 부정적 감정이 극대화되면 적개심으로 드러나게 되죠.

이런 편견에 가득찬 사람들은 자신의 편견에 맞는 정보는 부풀리고 그렇지 않은 정보는 생략함으로써 자신이 편견을 지닌 대상에 대한 비합리적 범주화를 해나갑니다. 비합리적 범주화. 말이 좀 어렵게 들리지요? 쉽게 말하자면, 어떤 특정 대상을 비상식적인, 부도덕한 존재로 만드는 거예요. 대상이 비상식적일수록, 부도덕할수록 자신이 가하는 차별이 정당화되기 쉽기 때문이지요. 미국의 경우 '흑인들은 유전적으로 머리가 나쁘고 게으르다'는 식의 잘못된 사실을 과학적 지식이라는 이름으로 포장해 전파하며 아프리카계 미국인들이 부도덕함을 타고났다는 비합리적 범주화가 행해졌어요.

문제는, 올포트의 지적처럼 이런 비합리적 범주화에 때론 일말의 진실조차 없을 수 있다는 거예요. 그럼에도 단 한 차례라도 이런 비합리적 범주화가 퍼뜨리는 정보에 상응하는 경험을 하게 되면 그것을 진실이라고 믿어버리고 마는, 대상화된 집단에게는 너무나 부당한 편견이 굳어지게 되는 일이 일어난다는 거죠. 올포트는 학문을 연구하는 사람들이 가치중립이라는 명목으로 이런 편견들을 방치하는 것을 두고 비판합니다. 특히 통계를 들먹이며 차별을 조장하는 편견에 침묵하는 것을 경계하며 이렇게 말해요. "어떤 경우라도 통계의 단순한 나열이 저절로 의미를 드러내지는 못한다…. 만약 논증이 건전하다면, 통계는 그 사실을 기호로 표시하는 것뿐이다. 논증이 건전하지 않다면, 통계가 아무리 정교하더라도 결코 그 논증을 건전하게 만들 수 없으며 오히려 혼란만 더 키울 수 있다." 결국 우리가 학문을 하는 이유는 더 나은 사람이 되기 위한 것이니 올포트의 비판은 귀 기울여야만 하는 조언이란 생각이 드네요. 그런데 이런 편견이 학문을 하는 사람에게만 해당되는 일일까요? 만약 정보를 다루는 언론이 이런 편견에 젖어 있다면 어떻게 될까요?

2020년 가나 출신 방송인 샘 오취리가 자신의 SNS에 의정부고 '관짝소년단'에 대한 글을 올려 사회적 논란이 된 적이 있습니다. 의정부고 학생들이 SNS를 통해 유명해진 가나의 장례댄스팀을 패러디

하는 가운데 얼굴을 검게 칠한 것을 보고 "저희 흑인들 입장에서 매우 불쾌한 행동"이라며 "제발 하지 말라, 문화를 따라 하는 것은 알겠는데 군이 얼굴 색칠까지 해야 하나. 한국에서 이런 행동들이 없었으면 좋겠다"는 글을 올린 게 발단이었죠. 오취리가 이렇게 민감하게 반응한 건 서구사회에선 얼굴을 검게 칠하는 '블랙페이스'의 행위가, 공공연히 흑인들을 희화화하고 차별하는 방식으로 쓰였기 때문이에요. 물론 블랙페이스에 대해 몰랐을 수 있단 생각이에요. 하지만 거꾸로 생각해볼까요? 백인들을 흉내 내기 위해 화이트페이스를 하는 경우, 여러분 보신 적이 있나요? 뭔가 '원 드롭 룰'에 배여 있는 차별이, 이 블랙페이스에도 스며들어 있다는 생각이 들지 않나요?

그런데 당시 우리 일부 언론은 이 논란을 지속적으로 확대 재생산하면서 오히려 이건 차별이 아니라고 주장했어요. '의도가 없었으니 차별이 아니다'라는 것이죠. 게다가 '패러디의 대상이 된 당사자가 유쾌하게 받아들여서 인종 차별 논란에 종지부를 찍었다'는 식의 보도가 이어졌어요. 오히려 언론은 오취리의 과거 행적을 뒤져가며 '알고 보니 네가 아시아인 차별주의자이고 문제아'란 보도를 이어갔어요. 하지만 이게, 올포트가 지적하듯 과연 건전한 논증이었을까요?

물론 일부 언론이 주장하듯 의도성이 없다는 것은 매우 중요한 차이를 만들어요. 하지만 의도가 없었다고 잘못이 아닌 것은 아니에요. 이런 상황을 우린 '과실'이라 부릅니다. 이보다 더 좋지 않았던 심각한 문제는 '알고 보니 네가 더 나빠'란, 잘못을 지적하는 이들을 향한 전형적인 공격방식을 언론이 조장하고 있었던 거예요.

우리 모두, 어느 정도 도덕감이 있다면 그 누구도 내가 차별주의자라는 생각은 당연히 받아들이기 어려울 겁니다. 더군다나 타자의 문화, 역사에 대해 모든 것을 알 도리도 없어요. 하지만 블랙페이스는 하면서도 화이트페이스는 하지 않는다는 이 작은 차이 속에 우리 안의 타자를 구분 짓고 차별하는 의식이 자리잡고 있는 건 아닐까요? 그 차이를 조명하고 보여주는 대신, 때로 부당한 여론에 편승해 비판자를 부도덕한 자로 몰아갔던 언론. 결국 이 논란은 오취리의 사과로 끝났지만, 결국 그 끝이 우리 안의 차별주의에 눈감은 것이란 생각을 떨칠 수가 없네요.

13

공인의
사생활은
국민의 알 권리
일까?

유명인
사생활 침해의
역사

언론의 취재 경쟁을 말할 때 '파파라치paparazzi'라는 단어를 빼놓을 수 없습니다. 유명인의 사생활을 쫓아다니며 특종 사진을 노리는 직업적 사진사들을 말하지요. 본래 이탈리아어로 '파리처럼 웽웽거리며 달려드는 벌레'를 뜻하는 단어입니다. 파파라치 문화의 시초는 모나코 왕실 캐롤라인 공주의 사진을 경매에 부치면서 시작됐다고 하네요. 이후 파파라치 전문 매체가 등장하면서 파파라치로 인한 전 세계 유명인의 사생활 침해는 극에 지닿고 있는 셋이 현실입니다.

'파파라치' 하면 어떤 장면이 떠오를까요? 할리우드의 유명 셀럽들이 파파라치를 피해 얼굴을 가리며 짜증 섞인 표정을 하는 모습이 생각날까요? 저는 딱 이 사람이 떠오릅니다. 영국 왕실의 전 왕세자비 다이애나 스펜서Diana Frances Spencer, 1961~1997입니다. 19세 어린 나이에 영국 왕세자비가 됐고 36세 꽃다운 나이에 교통사고로 세상을 떠났지요. 다이애나는 한 나라의 왕세자비로서 전 세계적으로 뜨거운 관심과 사랑을 받으며 살았던 인물입니다. 지금까지도 다이애나를 그리워하는 사람들이 많으니까요. 이유는 아마도 아름다운 외모, 타고난 매력, 청순하고 우아한 자태로 왕족다운 품격을 갖췄고, 한편으로는 왕족답지 않은 개방적 사고방식과 열린 행동으로 대중과 소통했습니다. 여기에 세계구호 활동 등 약자를 위하는 인성까지 갖춰 전 세계의 이목을 집중시키는 데 충분했지요. 하지만 이러한 관심은 그녀에게 독이 될 때가 많았습니다. 대중의 관심이 커질수록 그녀를 괴롭히는 언론의 악행은 극에 달했으니까요. 그녀의 일거수일투족은 파파라치들의 카메라에 노출되면서 자녀들과의 휴가조차 마음 편히 보낼 수 없게 됩니다. 당시 그녀의 사진 한 장은 50만 달러에 팔릴 정도였으니까요. 죽는 순간까지도 파파라치의 카메라에서 벗어날 수 없었던 다이애나는 매 순간 극심한 스트레스를 안고 살아야 했습

대중의 관심이 커질수록 다이애나를 괴롭히는 언론의 악행은 극에 달했다

니다. 무엇보다 찰스 왕세자와의 불화로 인해 그녀의 인생은 더 녹록치 않았으니까요.

찰스 왕세자에겐 결혼 전부터 인연을 놓지 못했던 옛 연인 카밀라가 있었습니다. 다이애나가 죽은 후, 2005년 4월 9일 둘은 재혼을 하면서 현재는 부부관계이지요. 이로 인해 다아애나는 결혼생활 내내 외로움과 신경과민에 시달려야 했습니다. 찰스 왕세자를 대신해줄 사람도 필요했을 것입니다. 다이애나는 다양한 남자들과 관계를 이어갔지요. 그 와중에 왕세자 부부 각자의 사생활이 불법 도청을 통해 언론에 노출되는 사건이 발생합니다. 각자 불륜 상대와의 통화 내용이 도청된 녹취록이 타블로이드 신문사에 익명으로 제보된 거예요. 영국 사회가 발칵 뒤집히지요. 당시 많은 언론들은 왕세자 부부의 녹취록 공개는 공익을 위한 일이라 주장하며 자신들의 보도를 정당화합니다. 영국의 타블로이드 신문사《더 선The Sun》의 편집장 캘빈 메켄지가 영국 의회 청문회에서 당당하게 공익을 내세웠던 장면이 생각나네요. 공인에 대한 시민들의 관심은 당연하기에 공인이라면 기꺼이 감수해야 한다는 논리였지요. 이를 본 영국 사회 지식인들은 내켄지를 비판하고 나섰습니다. 그는 자신이 보도한 기사로 인해 사람들의 인생이 뒤집힌다 해도 특종을 위해서는 개의치 않았던 저널리스트라면서요. 취재윤리를 무시한 언론에 대해 비난 여론 또한 드셌습니다. 하지만 유명인에 대한 사생활 침해 수위는 점점 더 높아졌습니다.

한편, 녹취 내용을 가장 적나라하게 보도한 것은, 호주의 매거진《뉴 아이디어New Idea》였습니다. 여기서 하나 짚고 넘어갈 것이 있어요.《뉴 아이디어》의 소유자는 세계적인 언론재벌 루퍼트 머독입니다. 미디어와 저널리즘의 진화 과정을 말할 때 루퍼트 머독은 빼놓을 수 없는 인물입니다. 그는 영국의《더 타임스The Times》와《더 선》의 회장이기도 하지요. 그는 1968년《더 뉴스 오브 더 월드The news of the world》, 1969년《더 선》을 인수하면서 영국 신문 역사에 중요한 전환점을 만듭니다. 그에게 있어 영국 왕가에 대한 보도 정책은 어떤 의미였을까요? 그에게 왕실은 기삿감 정도이지 않았을까요? 자신이 소유한 신문사의 부를 축적해주는 훌륭한 기삿거리 말입니다. 영국 언론계에 머독이 등장하기 전까진 언론사의 편집장들은 어떤 기사를 실을지 비교적 신중하게 결정했습니다. 편집장 개개인의 가치관과 윤리성을 바탕으로 각자의 기준을 세웠으니까요. 하지만 그가 나타나면서 대중이 보고 싶어 하는 가십거리 보도만 쏟아내기 시작했습니다. 여성의 비키니 사진 등 선정적인 사진들이 신문 지면에 노출되는《더 선》의 '3페이지 걸'이 그 대표적인 예입니다.《더 선》에는 다이애나가 임신 중 휴가지에서 수영복을 입고 있는 사진을 선정적 헤드라인과 함께 보도했지요. 이렇게 언론은 대중의 1차원적인 취향을 겨냥하기 위해 유명인들의 사생활을 사냥하듯 쫓았습니다. 그들에게 다이애나도 하나의 상품으로 취급된 것이지요. 이후 케이블TV의 24시간 방송이 본격화되면서 방송을 채울 기삿거리가 더 필요해집니다. 다이애나의 사생활을 상품화하는 언론은 더 늘어나고 강도가 더 세진 이유가 여기에 있습니다. 뉴스로서의 가치보다 흥미 위주의 가십거리가 더 중요해지면서 취재윤리에 대한 경각심은 흐려지게 된 것이지요. 결국 다이애나 부부가 파경으로 치닫자 특종에 굶주린 언

파파라치와 추격전 끝에 교통사고로 비극을 맞이한 다이애나

론은 더 득달같이 달려듭니다. 왕세자비로 이름이 거론되는 순간부터 언론과의 전쟁에서 사투를 벌이던 다이애나는 1997년 파리에서 파파라치와 추격전을 벌이다 교통사고로 비극을 맞게 됩니다.

눈치채셨겠지만, 비단 영미권만의 문제가 아닙니다. 우리나라 언론 상황도 별반 다르지 않지요. '종편의 능상'이 가상 큰 꼭변기였을 것입니다. 특히 정치·시사에 관심 많은 우리나라의 경우 정치계 정쟁화의 중계식 보도, 정치인들의 자극적인 발언을 그대로 옮겨놓은 따옴표 보도 등이 넘쳐나면서 뉴스의 가십화가 극에 달해 있는 상태니까요. 문득 2019년 9월, '조국 장관 집 앞 짜장면 취재 기레기'라는 제목으로 인터넷을 달궜던 사진 한 장이 떠오릅니다. 조국 전 장관의 집 앞에 진을 치고 있는 기자들이 중국집 배달원에게 배달 음식 종류를 물으며 웃고 있는 모습이 찍힌 사진이었지요. 기자들을 비판하는 댓글은 지금까지도 이어지고 있습니다. 이 사진 한 장이 우리나라 언론의 현주소를 보여주는 것 같아 씁쓸합니다. 이렇게 우리 국민들도 언론의 무분별한, 무리한 취재 방식에 비난의 목소리를 높이고 있습니다. 그런데 왜 우리 언론은 달라지지 않을까요? 왜 자극적인 보도 행태를 버리지 못하는 것일까요? 언론비평가 정준희 교수의 말에서 그 해답을 찾을 수 있을 것 같습니다.

어쩌면 그 이유가 언론 소비자인 우리에게 있지 않을까요? 결국 언론을 소비하는 것은 우리입니다. 당신은 하루에 얼마나 많은 인터넷 속 기사들을 소비하고 있습니까? 그중에서 선정적인 헤드라인은 몇 번이나 클릭할까요? 오늘날의 언론이 변질된 것은 우리의 책임이 가장 크지 않을까요? 그런 보도에 길들여진 우리 모습이 지금 어떤지, 스스로 되돌아봐야 합니다. 또 하나, 언론은 자신들의 잘못을 숨기는 데 능하다는 것을 놓치면 안 됩니다. 이슈에 따라 자신들의 입맛에 맞춰 대중들의 관심을 다른 쪽으로 옮기게 되지요. 여론이 공격할 대상, 분노할 대상을 만들어주며 싸움을 붙이곤 합니다. 언론은 매 순간 그렇게 스스로를 방어하면서 살아남았습니다. 언론은 스스로 방어하는 것에 익숙한 존재라는 것을 절대 잊어서는 안 됩니다.

_TBS TV 〈정준희의 해시태그〉 중에서

관음증을 부추기는
언론

저 멀리 검은색 승용차가 다가옵니다. 화면을 지켜보던 방송 진행자의 숨이 가빠집니다. 주인공이 누구인지, 어떤 일 때문에 주목을 받고 있는지 쉴 새 없이 토해냅니다. 차가 멈추면 현장에 나가 있는 기자에게로 몫이 돌아가지요. 문이 열리기 무섭게 수십 개의 마이크들이 총구처럼 겨눠지고요. 고개를 떨구거나 못내 억울한 표정이거나 간혹 분노를 드러내기도 합니다. 심려를 끼쳐 죄송하다고, 최선을 다해 오해를 풀겠다는 준비된 답변을 하기노 압니나. 뉴스 프로그램에서 너무나 익숙한 장면입니다.

그렇게 많은 기자가 한꺼번에 달려드는데 무슨 얘기를 얼마나 할 수 있을지 의아하지 않나요? 어차피 대답은 뻔할 테니 기자들도 큰 기대는 없을 것입니다. 대개는 얼굴이나 한번 보자는 것이지요. 그게 어떤 공익이나 필요를 가진 일인지 생각하면 딱히 답을 모르겠습니다. 그 많은 취재진 앞에서 드러날 수 있는 진실은 과연 무엇일까요? 있기는 한 것일까요?

필요한 경우도 있기는 하겠지요. 하지만 단순히 겉모습만 비추기 위한 것이라면 지나친 사회적 낭비일 것입니다. 그 과정에서 끼치는 상처들도 가볍지 않습니다. 취재진들이 밤낮으로 몰려드는 바람에 주변 사람들까지 힘들어 한다는 얘기도 심심치 않게 들립니다. 그 사람들에 대한 배려 덕분에 알 수 있는 일이 아닙니다. 취재진이 많이 몰려들었다는 사실마저 뉴스로 바꾸는 것이지요. 뉴스 그 자체가 아니라 뉴스를 만드는 언론이 중요한 일인지 아닌지를 정해버리는 것입니다. 우리가 이만큼 나섰으니 소비자는 보고 들어야 한다는 강압이 느껴지기도 합니다.

그 과정에서 사생활의 영역은 무너져버립니다. 고위 공직자, 정치인, 연예인⋯. 공적인 인물이라는 이유로 가족들 역시 낱낱이 공개해도 무방한 대상처럼 취급하기도 합니다. 설령 잘못이 있을지라도 인간으로서 지켜줘야 할 최소한의 품위는 지워집니다. 취재 방식도 문제를 일으킵니다. 혼자 사는 젊은 여성의 거주지까지 쫓아가 카메라를 들이대는 불법을 취재라는 이름으로 저지르기도 했지요. 설령 공인이라고 할지라도 주거지 같은 사적인 영역은 보호해줘야 하건만 아랑곳하지 않는 것이지요. 한번 찍히면 손짓 발짓 모든 모습이 뉴스라도 되는 양 스토커가 따로 없어집니다. 취재를 향한 열정과 범죄에 대한 고의가 무감각하게 섞여드는 것입니다.

과연 그런 장면들을 봐야 하는지 하는 생각도 어느새 떠오르기를 멈춥니다. 화면들에 익숙해지다 보면 뉴스 소비자들도 무심해지기 십상이니까요. '관찰 예능'이라도 보듯 쫓고 쫓기는 카메라와 함께하는 것입니다. '백문이불여일견'이라는 말이 거짓으로 작동할 때도 있

존 콜리어, 〈레이디 고디바〉
1898

습니다. 누구의 어떤 모습을 보여주느냐에 따라 사실이 달라지고, 가치 판단이 달라지겠지요. 객관적이지 않은 카메라로 찍히면 진실은 왜곡됩니다. 전후 사정을 감춘 채 특정한 순간만 비추는 것이지요. 그걸 머릿속에 새겨질 때까지 반복해서 트는 것입니다. 눈으로 직접 보이는 일이기 때문에 사실과 다르다는 반론을 하기 어렵습니다.

실오라기 하나 걸치지 않은 여인이 있습니다. 한 손으로는 말고삐를 쥐고, 다른 한 손은 늘어뜨린 긴 머리칼로 벗은 가슴을 가리고 있습니다. 고개를 떨어뜨린 것이 분명 부끄러워하는 듯합니다. 그러면서도 어딘지 기품과 당당함이 배어 있습니다. 준마를 둘러싼 화려한 휘장 덕분일까요? 한눈에도 명문가임에 틀림없는 금빛 문장이 그려져 있습니다. 중세 유럽의 어느 집안이겠지요. 배경으로 그려진 석조 건물들이 한적한 자연 속에서 벌어진 일이 아니라는 사실을 알려줍니다. 건물들 사이로 환한 빛이 쏟아지는 것으로 봐서는 당연히 캄캄한 밤도 아닙니다. 그런데도 주변엔 누구 하나 보는 사람은 없습니다. 이 여인에게는 대체 어떤 사연이 있길래 벌거벗은 채 말을 타고 마을을 돌아다니는 것일까요? 마을 사람들은 모두 어디로 사라진 것일까요?

　19세기 영국 화가 존 콜리어John Collier, 1880~1934의 작품 〈레이디 고디바Lady Godiva〉1898인데요. 법률가 집안에서 태어나 예술학교에서 미술 교육을 받았지요. 토마스 헉슬리, 찰스 다윈 같은 당대 유명인들의 초상화를 비롯한 인물들의 그림으로 명성을 얻었습니다. 그림으로 옮긴 여인의 이름은 고디바입니다. 초콜릿으로 유명한 그 이름이 맞습니다. 그녀는 11세기 영국의 레오프릭 백작의 부인이었다고 합니다. 봉건 시대의 영주 부인이었던 것이지요. 그녀는 남편의 땅에서 농사를 짓는 소작농들이 지나치게 높은 소작료 때문에 고통받고 있다는 사실을 알게 됩니다. 농부들의 안타까운 사연을 들을 때마다 고디바는 남편에게 소작료를 낮춰 달라고 했지요. 번번이 그녀의 호소를 무시하던 남편은 어느 날 황당한 제안을 합니다. 얼마나 그들을 아끼는지 몸으로 보여 달라는 것이었지요. 알몸으로 말을 타고 마을을 달린다면 소작료를 깎아주겠다고 했습니다. 지금도 상상하기 어려운 조건인데, 11세기 중세 유럽에서의 일입니다. 남편의 조건은 사실상 최종 거부 의사표시였지요.

그런데 뜻밖에도 고디바는 그걸 감수하기로 했던 것입니다. 어마어마했던 신분의 격차를 뛰어넘어 함께 사는 주민들의 행복을 위해 자신을 희생하기로 한 것입니다. 이 소식을 전해 들었을 소작농들의 심경이 어땠을지는 쉽게 짐작할 수 있지요. 모두가 감동에 감동을 거듭했다고 합니다. 고디바의 숭고한 결심에 찬사를 보내던 주민들은 한 가지 결의를 이뤄냅니다. 그녀가 성밖을 나와 마을을 거닐 때 그 누구도 집 밖으로 나오지 않기로 말입니다. 덕분에 고디바는 아침 햇살을 받으며 부끄럽지 않게 마을을 한 바퀴 돌 수 있었고요. 다만 딱 한 사람, 톰이라는 이름의 재단사가 약속을 어기고 창틈으로 그녀를 엿보았다고 하는데요. 여기서 엿보기 좋아하는 사람이라는 영어 표현인 '피핑 톰Peeping Tom'이 만들어졌다고 합니다. 물론 못된 톰의 눈은 그녀를 보는 순간 멀어버렸다고 합니다.

그림에 관한 설명을 잠시 잊어볼까요. 아무런 사전 지식 없이 이런 배경을 추측해내는 것은 불가능하겠지요. 요즘 그려졌다고 봐도 믿을 만한 젊은 여인의 나체에 시선을 빼앗기기 마련일 것입니다. 오늘의 우리 언론은 어떤 뉴스를 전하고 있는 것일까요? 고디바의 고귀한 정신을 전해 다 함께 그녀를 지키자는 여론을 만들어내는 역할을 하고 있을까요? 혹시 정반대로 많은 사람을 '피핑 톰'으로 만들어 눈을 멀게 하고 있는 것은 아닐까요?

사생활 보도 없는 언론은
실패할까?

송의달 지음, 《뉴욕타임스의 디지털 혁명》
나남, 2021

2020년 소설가 김봉곤이 단편 〈그런 생활〉로 '젊은작가상'을 수상했습니다. 그런데 트위터에 자신을 출판편집자라고 밝힌 이가 김봉곤의 단편 〈그런 생활〉에 자신이 작가에게 보낸 문자 메시지가 원고지 10매 분량으로 고스란히 들어 있다며 작가의 사과와 함께 '젊은작가상' 수상 취소를 요구하는 일이 일어났어요. 그런데 이 작품에 자신의 사생활이 노출되었으니 수정해 달라는 요구가 처음이 아니었습니다. 2019년 《문학과사회》 여름호에 〈그런 생활〉

이 실린 뒤 수정을 요구했지만 출판사와 작가가 사실상 무시했던 거지요.

이 요구에 소설가 김봉곤은 소설에 등장하는 실제 인물들의 동의를 얻으려 했다는 의견문을 냈어요. '젊은작가상'을 주관하는 출판사 문학동네 역시 수상 취소 요구를 거부했고요. 그러자 독자들과 몇몇 작가들을 중심으로 김봉곤과 문학동네, 더불어 김봉곤의 소설집을 출간한 창비를 비판하는 목소리가 높아지고 있었지요. 이런 비판의 목소리가 높아지고 있을 때 자신을 김봉곤의 첫 소설집 표제작인 단편 〈여름, 스피드〉의 등장인물이라고 밝힌 이가 김봉곤이 자신의 문자 메시지 역시 허락 없이 소설에 인용했고, 그 때문에 강제로 자신의 성 정체성이 노출되는 '아웃팅' 피해를 당했다고 호소하는 글이 트위터에 올라왔어요.

그렇다면 소설가 김봉곤은 왜 이렇게 타인의 사생활을 자신의 소설의 소재로 거리낌 없이 삼았을까요? 김봉곤은 2016년 《동아일보》 신춘문예에 중편 〈Auto오토〉로 등단했어요. 그리고 자신의 이야기를 소설로 쓴다는 원칙을 천명하지요.

"전적으로 나에 기대어, 나를 재료 삼아 쓰는 글쓰기, 나를 모르는 사람은 배려하지 않는 배타성, 그 배타적임으로 생기는 내밀함을 나는 놓치고 싶지 않았다."

흥미로운 것은 실제 소설에 오토픽션이라는 장르, 다시 말해 소설이자 자서전, 자서전이자 소설, 그래서 소설도 자서전도 아닌 장르가 존재한다는 거예요. 그러다 보니 '오토픽션을 소설이라 부를 수 있을까'라는 질문은 자연스럽게 철학적 사유를 동반해요. 작가에게는 소설에 불과하지만 그 작품에 작가와 함께 등장하는 인물에게는 소설 이상의 것, 다름 아닌 자신의 사생활이 원치 않는 방식으로 알리고 싶지 않은 사람들에게 노출되는 것이 될 수도 있으니까요. 김봉곤은 '나를 모르는 사람은 배려하지 않는 배타성'이라고 표현하지만, 그가 쓴 소설을 둘러싼 논란은 결국 잘 아는 지인들의 사생활을 배려하지 않은 데서 비롯되고 있어요.

여러분은 사생활이라는 말, 이게 어떤 뜻을 담고 있다고 생각하나요? 사생활을 조금 철학적 혹은 정치적 표현으로 옮기면 사적 영역이라고 부르지요. 인간은 필연적으로 공동체를 이루고 살지만 개인이 존재하는 자신만의 공간도 필요하지요. 그래서 사적 영역과 공적 영역으로 구분하고 공개되어야 할 것은 공적 영역에, 감추어져야 할 것은 사적 영역에 넣어두는 거예요. 그 감추어져야 할 것 중에서도 누구에게도 공개적으로 알려주고 싶지 않은 것들을 '사생활'이라고 부르지요. 이 감추어져야 할 것들이 자신의 허락 없이 세상에 드러났을 때, 당사자는 분명 큰 고통을 느끼게 될 겁니다. 게다가 한나 아렌트는 《인간의 조건》에서 사적 영역에 감추어져 있어야 할 것들이 공적 영역에 나와 관심의 대상이 되면, 결국 공적인 것과 사적인 것 간의 경계가 없어져서 결국엔 사적인 것뿐만 아니라 공적인 것까지 모두 사라져버린다고 경고하죠.

김봉곤의 소설이 더 문제인 이유는 타인의 사생활로 결국은 자신의 이윤추구 활동을 했다는 거예요. 그가 소설을 쓰고 출판하고 사람들에게 보이는 행위는 아무리 예술적인 것으로 포장을 해도 궁극적으로 이윤을 추구하는 행위와 결코 분리되어 있지 않아요. 결국 김봉곤은 그 어떤 허락도 없이 타인의 고통을 나의 이윤으로 만들고 있었던 겁니다. 거기에 더해 타인의 고통을 반죽 삼아 예술가로서 '세상으로부터의 인정'이란 빵을 구워내고 있었던 거예요.

그래서일까요? 고대 그리스에서는 예술작품은 공적으로서 그 가치를 인정했지만 상대적으로 예술가는 자신이 만든 작품만큼 평가를 받지 못했다고 해요. 그 이유는 예술가가 작품을 만들기 위해 수단과 방법을 가리지 않는다고 보았기 때문이었습니다. 수단과 방법을 가리지 않은 욕망을 발휘한 자들을 결코 높게 평가해서는 안 된다는 발상이 깔려 있었던 것이지요.

그런데 타인의 사생활을 밑천 삼아 이윤을 추구하고 주목받는 일이 예술에서만 일어나는 일일까요? 이런 일은 언론에서도 일어나고 있습니다. 우리는 이런 언론의 경향을 파파라치 저널리즘이라고 불러요. 공인들의 공적 생활과는 아무런 연관성이 없는 사적인 일들을 그들의 허락 없이 공개하고, 그걸 '알 권리'로 포장하는 일들이 일어나고 있어요. 예를 들어 《미디어오늘》이 보도했듯이 조국 사태 언론 보도를 보면, "이들 가족의 옷차림과 안경 브랜드, 식사메뉴, 생활패턴, 부친의 묘비 문구, 동생의 이혼 사유"부터 시작해 조국의 딸 조민 씨가 "면접을 봐도 '단독'기사가 쏟아"질 정도였어요. "국립의료원에 불합격하자 2시간 만에 48개 언론이 그 사실을 보도"할 정도였죠. 이들에겐 사적 생활과 공적 생활의 경계는 전혀 존재하지 않았어요. 옷차림, 안경브랜드, 식사메뉴가 조국 사태와 도대체 어떤 관련을 맺고 있었던 걸까요? 이처럼 때론 타인의 불필요한 사생활까지 모두가 알게 되는 일이 생겨나게 되는데, 사회적 관음증을 언론이 부추긴 결과인 거예요.

자본주의 사회에서 사생활이 공적인 관심사인 양 '알 권리'로 포장되는 이유는 딱 하나, 그게 돈이 되기 때문이에요. 특히 디지털 세계가 도래하면서 독자들의 클릭 수를 늘리는 것은 언론이 피해갈 수 없는 운명처럼 되어버렸어요. 이때 누군가의 사생활은, 특히 공적인 관심사가 된 사람들의 사생활은 클릭 수를 늘릴 수 있는 가장 좋은 재료가 되지요. 공적인 관심이 집중되는 대상을 향한 가십거리야말로 가장 자극적인 소재니까요. 더 큰 문제는 기성 언론이 이렇게 디지털 세계에서 파파라치화되어가고 있다는 거예요. 하지만 정말 이게 '디지털 시대 언론의 어쩔 수 없는 운명'일까요?

그렇다면 디지털 시대에 《뉴욕타임스》의 성공은 어떻게 설명할 수 있을까요? 어떻게 《뉴욕타임스》는 종이 신문에서 디지털로 변환하는 사이, 그 위기를 딛고 오피니언과 칼럼, 탐사보도 등의 '양질의 기사'로 약 670만 명에 이르는 디지털 유료 구독자로 끌어모을 수 있었던 걸까요? 타인의 사생활에 기대어 트래픽을 늘리려는 기성 언론의 시도는 그렇지 않고서는 새로운 독자들을 모을 수 없는 무능력의 증거는 아닐까요? 아니 깊이 취재하고 다시 생각하는 활동 그 자체에 대한 게으름의 결과는 아닐까요? 파파라치 저널리즘. 타인의 사생활을 자극적으로 포장해 파는 언론의 현실을 '알 권리'로 아무리 포장한다 하더라도, 그것이 타인의 고통을 나의 이윤으로 만드는 행위라는 것을 부정할 수는 없을 거예요.

14

우리가 몰랐던
언론의 친일보도,
어디까지
와 있나?

친일이라는
빨간 불

한국에 대한 모든 통치권을 완전히 또 영구히 일제에
양여한다.

_〈한일강제병합조약〉 중에서

　　1910년 8월 29일, 우리는 이날에 대해 얼마나 알고
있을까요? 1919년 3월 1일이나 1945년 8월 15일과는 달리 생소하
게 느껴질 것입니다. 어쩌면 패배의 역사가 남겨놓은 쓰린 흔적이기
에 우리는 기억하려 하지 않는 걸까요? 1905년 11월 17일 을사늑약
乙巳勒約에서부터 시작해볼게요. 을사늑약은 당시 일본이 대한제국의
외교권 박탈을 위해 강제로 체결한 조약입니다. 고종황제의 동의 없
이 이완용을 필두로 한 다섯 명의 을사오적 박제순朴齊純, 외부대신, 이
지용李址鎔, 내부대신, 이근택李根澤, 군부대신, 이완용李完用, 학부대신, 권중현權
重顯, 농상부대신의 매국 관료에 의해 체결됐지요. 이후 1910년 8월 22일
총리대신 이완용과 한국통감 데라우치 마사타케의 서명으로 경술국

치國權被奪 조약문이 만들어지고, 8월 29일 우리는 역사상 처음으로 국권을 상실하게 됩니다. 이 치욕의 날을 시작으로 우리는 나라를 제대로 빼앗긴 것이지요. 500년 왕조가 회사 합병처럼 물건 사고팔듯 넘어간 것입니다. 일제강점기 당시, 매년 국치일이 되면 독립운동가들은 곡기를 끊었다고 해요. 치욕을 새기고 독립에 대한 마음을 다지기 위한 단식이었던 것이지요.

당시 독립운동가들의 절박함과 원통함, 희생이 서려 있는 장소가 있어요. 서대문형무소1908~1987입니다. 현재는 서대문형무소역사관으로 불립니다. 일제강점기 민족의 아픔이 서려 있는 곳으로 수많은 애국지사들이 투옥되어 고초를 겪은 현장이지요. 1908년 의병 탄압을 위해 만들어진 곳으로, 전신은 경성감옥京城監獄입니다. 1901년은 감옥 운영 시스템이 완성된 해로 한일강제병합조약 이후로 수감 인

TBS 〈역사스테이 흔적〉 '우리는 끝까지 저항한다(서대문형무소역사관 편)'의 한 장면

애국지사들의 신상정보와 죄명이 적힌 수형기록카드

원도 급증했다고 하네요. 그만큼 경술국치의 흔적을 가장 많이 품고 있는 곳이라고 할 수 있습니다. 경술국치일은 서대문형무소뿐만 아니라, 온 나라가 감옥이 된 날이기도 해요. 해방이 이뤄진 1945년 이후에는 1987년까지 서울형무소를 거쳐 서울구치소로 운영되죠. 즉, 서대문형무소는 독립운동부터 민주화운동까지 한국 근현대사의 굴곡을 품고 있는 공간입니다.

서대문형무소역사관에는 4,800여 명의 사진이 붙어 있는 방이 있습니다. 사진을 자세히 들여다봅니다. 바로 수형기록카드인데요. 앞면에는 사진과 인적 사항이, 뒷면에는 신상정보와 죄명이 기록되어 있습니다. 대부분의 죄명은 사상 범죄에 속하는 보안법 위반, 치안유지법 위반 등입니다. 대부분이 독립운동을 하다 잡힌 애국지사들의 것이지요. 안타까운 점은 이 수형기록카드가 90%는 유실된 상태로 10% 정도만 남아 있다는 것입니다. 하지만 일제 식민 통치에 저항하고 투쟁했던 애국지사들의 희생을 느끼기에 부족함은 없습니다.

서대문형무소역사관의 '12옥사'는 독립운동가와 민주화운동가들이 실제로 수감되었던 공간입니다. 특히 눈에 들어오는 곳은 사람 한 명 제대로 눕기 힘든 좁은 골방입니다. 칠흑 같은 방입니다. 단 한 줌의 빛조차 들어오지 않는다고 하여 일명 '먹방(먹물처럼 깜깜한 방)'이라 불립니다. 감옥 안의 또 다른 감옥인 셈이지요. 단 몇 분도 버티기 힘든 공간 앞에서 눈시울이 붉어집니다. 열악한 환경, 가혹했던 고문 행위 등으로 순국한 선열들이 있습니다. 6·10만세 운동의 지도자 권오설 선생은 출옥 100일을 앞두고 고문 후유증으로 순국했어요. 유관순 열사도 고문으로 인한 병사였지요. 당시 일본은 감옥을 운영하면서 병들고 상처 입은 수감자의 치료가 불가능하다고 판단되면 가증스럽게도 '병보석'이라는 명분으로 내보냈어요. 여성 독립운동가 남자현 선생도 병보석으로 출소 후 순국했습니다. 이는 옥사의 비율을 줄이기 위한 일제의 치졸한 책략이었지요.

　다음은 서대문형무소역사관에서 가장 아픈 공간입니다. 바로 사형장. 당시 사형수들은 매일 사형장으로 향하는 길목을 산책했다고 해요. 매일 생과 사의 갈림길에 서야 했던 것이시요. 그래서 이 길을 '운명의 삼거리'라고 불렀다고 합니다. 지금은 사라지고 없지만, 원래 사형장 앞에 가면 하늘로 길게 뻗은 미루나무 한 그루가 서 있었습니다. 이 나무는 1923년 사형장 건립 당시 식재되었는데요. 사형장으로 끌려가는 수많은 애국지사들이 이 나무를 붙잡고 조국의 독립을 이루지 못하고 생을 마감해야 하는 원통함을 눈물로 토해내며 통곡했다고 합니다. 그래서 '통곡의 미루나무'라는 이름이 붙었다고 해요. 우리나라의 독립을 위해 고군분투한 애국지사들은 운명의 삼거리를 지나 통곡의 미루나무 앞에서 원통함을 토로하고 형장의 이슬로 사라졌습니다. 나라를 빼앗긴 뒤 우리 민족이 얼마나 험난한 길을 걸어왔는지를 비추는 우리 민족의 자화상 같은 공간입니다.

경술국치와 함께 한반도가 겪어야 했던 고통의 순간을 직면하고 있자니 오늘을 어떻게 살아야 잘사는 것인지 되뇌게 됩니다. 아직 끝나지 않은 친일 청산이라는 역사적 과제를 안고 우리는 어떤 가치관을 갖고 오늘의 역사를 기록해야 할까요? 우리가 어떤 시대에 살고 있는가를 알려면 과거 시대가 어땠는지에 대한 명확한 기록이 중요합니다. 그래야 지금 우리 스스로가 어떤 삶을 살아야 하는지 알 수 있으니까요. 이 과정에서 중요한 것이 우리 언론의 역할입니다. 일본의 공격이 한반도에 본격화되면서 언론은 처음으로 '민족'이란 것에 대해 새로운 사유를 시작했지요. 기존의 왕조 – 지배체제 – 백성으로 이뤄진 국가 시스템과는 전혀 다른 구조가 형성됐으니까요. 하지만 언론도 매우 혼란스러웠을 거예요. 국민은 친일파의 삶을 택하거나, 일제에 저항하러 만주로 떠나거나, 이러지도 저러지도 못하고 갈팡질팡 삶을 사는 혼돈의 시기였으니까요. 그리고 1904년 러일전쟁 당시 일본이 승리한 다음 일본 헌병대가 조선을 장악하기 시작하면서 언론 검열은 본격화됩니다. 이 과정에서 언론은 민족의 개념을 구체화하기보다는 눈앞의 이익을 좇게 되지요. 일제강점기는 언론에게 근대화에 눈떴던 시기임과 동시에 군국주의와 식민 지배를 만나면서 왜곡, 변질한 시기였던 것이지요. 즉, 탄압당하는 언론, 굴종하는 언론, 권력이 언론을 다루는 방식 등이 이 시기에 복합적으로 쌓이며 우리 언론의 비극이 시작됐다고 볼 수 있습니다. 오늘날, 일본 언론에 의해서 한반도의 여론이 좌지우지되는 상황이 닥칠 때면 우리 언론은 모순되고 왜곡된 보도 속에 친일을 물들여 기사를 발행하고 있는 현상이 그 증거이지요.

　지금 우리 언론은 하루살이 보도에 지나치게 치우쳐 역사를 바라보는 통찰력과 감각을 잃어가고 있습니다. 단순히 친일의 문제를 넘어서 역사를 바라보는 깊이 있는 눈, 우리 사회가 나아갈 방향에 대한 책임감 있는 생각들을 담아내지 못하고 있습니다. 역사는 해석의 영역이라고 말하곤 합니다. 따라서 언론이 역사를 담아내는 방식 또한 하나의 해석이라고 할 수 있지요. 하지만 역사적 사실과 진실이 전제하지 않는 언론의 무지한 해석 기사는 부끄러워해야 하지 않을까요? 언론만의 이야기가 아닙니다. 우리 모두 대한민국 국민으로서 1910년 8월 21일, 그날의 빼앗긴 들을 기억하고 기록해야 합니다. 그 치욕의 잔재가 아직 우리 삶 속에 깊숙이 지워지지 않고 남아 있으니까요.

TBS 〈역사스테이 흔적〉
'우리는 끝까지 저항한다(서대문형무소역사관 편)', 2021

민화 속 호랑이로 들여다본
우리 언론

작가 미상, 〈민화〉

호랑이 담배 피우던 시절, 박근혜 정권 당시 국무총리 후보자로 지명된 인물이 있습니다. 일본의 식민지배와 남북 분단을 우리 민족 탓으로 돌리는 망언으로 파문을 일으켰지요. 일본으로부터 배운 기술 덕분에 경제 개발이 가능했다는 식의 듣기조차 어려운 주장을 쏟아냈던 것입니다. 주어만 바꾸면 일본 정치인의 말로 봐도 무방한 수준입니다. 주요 일간지 정치부장, 편집국장을 지냈고,

'대기자'라는 영예까지 얻은 그의 머릿속에는 어떤 사고가 있던 것일까요? 그 한 사람을 들어 우리 언론을 '친일'로 단죄할 수는 없습니다. 하지만 그런 인물이 수십 년 기자 생활을 하고, 기사와 평론을 쓰면서, 언론계 주요 인사였다는 사실이 꺼림칙하지 않을 수 없습니다. 어느 언론도 드러내놓고 일본 편을 들지는 않습니다. 일본 제품 불매운동과 같은 일이 벌어지면 우리 국민의 애국심에 박수갈채를 보냅니다. 그러면서도 일본과의 갈등이 마치 우리 정부 탓인양 비난하는 논조를 빠뜨리지 않습니다. 펄럭이는 태극기들 가운데 욱일기가 숨어 있는 찜찜함이라고나 할까요.

그가 언론인이었던 시절, 후배들이 붙였던 그의 별명은 '호랑이'였다네요. 아마 칭찬의 뜻이겠지요. 짐승이고 게다가 사람까지 해치는 맹수인데 왜 좋은 쪽으로 쓰이는지 새삼 의아합니다. 정작 사람과 가까운 개는, 지금은 반려동물로 대우가 많이 나아졌지만 주로 욕설에 붙여 쓰는 것과 비교하면요. 사람으로 변하겠다며 동굴에서 함께 생활하기도 했던 각별한 사이라서 그럴까요? 반만 년이 흘러서도 올림픽의 마스코트를 맡는 특혜를 누리시고. 사실 호랑이는 조선시대까지 많은 숫자가 번식하며 인간에게 해를 끼쳤습니다. 오죽하면 무서운 재난에 대해 지금도 '호환마마(호랑이와 천연두 전염병으로 입는 피해)'라는 말을 쓰겠습니까. 그렇게 두려운 존재이기 때문에 역설적으로 익숙하고 가깝게 느끼도록 받아들인 게 아닐까 합니다. 옛사람들이 민화에 그린 모습이 딱 그렇습니다. 얼룩덜룩한 줄무늬에 우스꽝스러울 만큼 부리부리한 눈매로 그려진 호랑이 말입니다. 무서운데 묘하게 정이 가지요.

호랑이 민화에 종종 함께 등장하는 동물들이 있습니다. 그중 대표는 까치지요. 까치와 호랑이의 조합은 어떻게 이뤄진 것일까요? 유래는 '신년보희新年報喜'라는 말에 있다고 합니다. '새해를 맞아 기쁜 소식을 알린다'는 한자어입니다. 까치는 기쁜 소식을 뜻하고, 중국어로는 표범이 소식을 전한다는 '보'와 같은 발음이라는 건데요. 신문 이름 중에 '○○일보'라고 할 때 그 글자입니다. 그러니까 원래는 까치와 표범이었던 것이, 한반도로 오면서 흔한 동물인 호랑이로 바뀌었다는 것이지요. 기원은 그렇다 치고, 민화이니만큼 민간에서 어떻게 받아들였느냐가 더 중요합니다. 까치는 똑같이 기쁜 소식이라는 뜻으로 쓰이고요. 무서운 존재인 호랑이는 나쁜 기운을 막기 위한 상징으로 그려 넣었다고 합니다. 좋은 소식은 반기고, 잡스러운 것들은 쫓아내 달라면서 문지방 같은 곳에 붙였다고 해요. '권력'인 호랑이가 민중의 편에서 그 힘을 써주길 바랐던 것이지요. 그래서 어떤 그림은 까치가 호랑이를 다그치는 것처럼 묘사하기도 합니다. 사람들에게 호랑이가 있으니 조심하라고 하고, 호랑이에겐 똑바로 처신하라고 하는 것입니다. 소식을 전하고 권력을 견제하는 언론의 역할이었던 것이지요.

호랑이 민화에 등장하는 또 다른 동물로는 토끼가 있습니다. 전래동화를 시작하는 데 필수적인 문장이 있지요. "옛날 옛적, 호랑이 담배 피우던 시절에…"라고 문을 여는 것입니다. 민화 중에는 정말로 담배를 피우는 그림들이 있습니다. 그중, 두 마리 토끼가 담배 피우는 호랑이를 시중 들고 있는 그림을 볼 수 있습니다. 불을 붙여주고, 기다란 담뱃대를 떠받쳐 드리는 것이지요. 딱 봐도 여기서의 호랑이는 권력자가 힘깨나 쓰는 모습으로 그려집니다. 조선시대에 장죽長竹은 양반만이 쓸 수 있었거든요. 신분에 따라 담뱃대 길이를 달리하도록 차별을 한 것입니다. 치사하게도 단순한 기호품조차 반상의 구별을 뒀던 것입니다. 토끼들은 거기에 빌붙어 떡고물이라도 얻을까 하며 아첨하고 있는 것이겠지요? 큰 소리로 권력을 견제하는 까치의 모습과 많이 다릅니다.

그럼 도대체 호랑이 담배 피우던 시절은 언제인 것일까요? 누군가에게 물어봤더니 "단군 시절 아닌가요?"라며 되묻더군요. 아주 오래된 일이라는 고정관념 때문일 것입니다. 하지만 단군 할아버지 때는 이 땅에 담배라는 것이 없었습니다. 기록에 따르면 16세기 말에서 17세기 초 사이 들어왔다고 합니다. 임진왜란이 한창이던 무렵이지요. 《조선왕조실록》에는 1616년에 들어와서, 1621년 이후 많이들 피웠다고 구체적으로 적혀 있기도 합니다. 1653년 풍랑에 떠밀려 온 네덜란드 선원의 기록 《하멜 표류기》에는 조선인은 남녀노소를 불문하고 담배를 즐겨 피웠다는 내용도 나옵니다. 그러니까 생각보다 아주 옛날은 아닙니다. 신짜 의미는 '누구든지 담배를 자유롭게 피우던 때'를 가리키는 것이라고 합니다. 하멜이 봤을 때만 해도 남녀노소를 불문할 만큼, 사회적 신분을 가리지 않고 '맞담배'를 했다는 것입니다. 그러다가 조선 후기 신분제가 완고해지면서 아무 데서나 함부로 피울 수도 없고, 피우는 방법마저 신분에 따라 달라졌던 것입니다. 그래서 짐승인 호랑이조차 차별하지 않았던 좋은 시절, 그 시절을 그리워하면서 "호랑이도 마음대로 담배를 피웠는데…"라며 한숨을 쉬었던 것이지요.

그렇게 보면 양반처럼 긴 담뱃대를 문 호랑이, 게다가 토끼들을 시중으로 부리는 호랑이는 민중이 아니라 권력에 영합해버린 모습인 것입니다. 담배 피우는 호랑이 중에도 여전히 까치와 함께인 그림도 있습니다. 공교롭게도 짧은 곰방대를 물고, 중인들이 쓰는 챙이 좁은 갓을 쓰고 있지요. 보통 사람들 곁에 남은 호랑이였습니다. 우리 언론은 어떤 모습의 호랑이일까요? 친일을 정당화하는 가장 흔한 논리는 일제시대 당시로서는 불가피했다는 것입니다. 일본의 세상이었으니 살기 위해서라도 협조할 수밖에 없다는 것이지요. 언론 역시 당시의 기득권이 바라는 대로 살았을 뿐이라는 것입니다. 백 번 양보하자면 그렇다고 해줄 수 있습니다. 하지만 세상이 바뀐 다음에도 잘못을 잘못으로 인정하지 않는 것은 다른 문제입니다. 더 나아가서 그런 생각에 오염돼 있으면서, 자신도 모르는 사이 사회에 해악을 끼치는 존재로 남아 있다면 더욱 큰 잘못입니다.

호랑이와 토끼는 일제시대 한반도를 둘러싼 사상 전쟁에 동원되기도 했습니다. 한반도 지도를 본뜬 호랑이 그림을 본 적이 있을 거예요. 그럼 혹시 한반도를 토끼로 그린 그림도 봤을까요? 무슨 엉뚱한 소리인가 싶을 수도 있겠네요. 한반도를 점령하기 위한 사전 작업으로 일본은 1903년 지리학자를 동원해 토끼 모양으로 한반도 지도를 그려냅니다. 이 땅에 사는 사람들이 지배를 당하기에 적합한 순종적인 기질을 가지고 있다는 근거로 삼기 위해 말입니다. 결코 유치한 짓으로 볼 수 없는, 한 민족의 무의식을 조작하려 한 것입니다. 더 나아가서 일본은 한반도에 사는 호랑이들까지 사냥해 멸종시키다시피 했습니다. 마찬가지로 민족의 정기를 훼손하려는 작업이었습니다.

거기에 맞서 육당 최남선은 1908년 《소년》을 창간하며 한반도 지도를 호랑이로 그린 그림을 표지로 삼았지요. 《붉은 저고리》《청춘》 등의 잡지들이 뒤를 이었고요. 하지만 안타깝게도 최남선은 독립운동가에서 친일 작가로 변합니다. 당시의 권력, 기득권에 영합하는 길을 택했던 것입니다. 호랑이 지도를 지켜냈을지 모르지만 일본이라는 호랑이에 붙어버린 토끼였던 것이지요.

누구는, 또는 어느 언론은 친일이다 아니다 쉽게 판단하기 어려울 수 있을 것입니다. 겉으로 드러난 모습과 속내가 다를 수 있고, 스스로도 자신의 정체성을 모르고 있을 수 있습니다. 일본에 협력하며 부귀를 누렸던 세력을 정리하지 못한 채 현대사가 이어진 탓입니다. 그 바람에 오랜 세월 우리 사회 곳곳에 스며들어 기득권으로 자리잡고 있는 것이지요. 결정적인 선택의 순간 혹은 깨닫지 못한 채 고백하여 친일로 드러나지 않는 이상 말입니다. 어느 드라마 작가는 "암세포도 살아 있는 생명"이라는 대사로 큰 논란을 일으켰지요. 그런데 이 말은 진짜입니다. 바이러스나 세균 같은 외부의 적이 아니라 우리 몸의 일부입니다. 단지 변질된 것이지요. 그래서 무서운 것입니다. 얼마나 침입해 있는지 깨닫기 어렵고, 뒤늦게 발견해 너무 커지면 목숨을 위태롭게 만들지요. 언론이 암세포를 찾아내고 치료하는 의료기관이어야 할 텐데요. 언론 역시 우리 일부인지라, '친일'이라는 암세포도 마찬가지로 스며 있으니 걱정입니다.

식민지 시대에
밥그릇이 더 중요했던
언론의 현재

김동현 외 지음, 《조선 동아 100년을 말한다》
자유언론실천재단, 2020

친일. 해방이 된 지 75년이 넘었지만 아직도 우리에게 해결되지 않은 문제입니다. 우리 땅을 분열시키는 두 가지의 풀지 못한 문제가 있다면, 친일과 반공이라는 것을 여러분도 인정하실 거예요. 그런데 제 생각엔 이 둘 중 좀더 근본적인 문제는 친일이에요. '친일'을 일삼았던 이들이 자신들의 행적을 가리고 사회적 지탄을 돌리는 데 반공만큼 좋은 소재는 없기 때문이지요. '친일' 행적을 '반공'을 내세운 '반북' 프레임으로 벗어나려는 시도이고, 지금까지 잘 먹혀온 것이 현실입니다. 물론 이런 프레임이 잘 작동할 수 있었던 건 바로 사회적 여론을 주도하는 기관인 언론, 그중에서도 가장 많은 영향력을 발휘해온 《조선일보》와 《동아일보》의 뿌리가 바로 '친일'이기 때문이에요.

한일강제병합, 경술국치는 우리나라 언론에도 치명적인 타격을 안겼습니다. 총독부 기관지를 빼고는 모든 민간 신문들의 발행이 중지되었기 때문이지요. 아마 여러분 《황성신문皇城新聞》이라고 들어보았을 거예요. 바로 우리가 잘 알고 있는, 을사늑약을 비판하는 장지연의 〈시일야방성대곡是日也放聲大哭〉이 실렸던 바로 그 신문입니다. 1898년에 창간된 이 신문은 무엇보다 민간 자본으로 만들어졌기 때문에 권력의 밖에서 권력을 감시한다는 근대 언론의 취지에 부합한다는 점에서, 우리 근대 언론사에서 정말 중요하다고 할 수 있어요. 그리고 그 이유로 고난도 참 많이 겪었는데요. 1905년 〈시일야방성대곡〉 때문에 발행을 중지 당했고 다음해가 되어서야 다시 복간되었지요. 하지만 한일강제병합이 된 해였던 1910년 9월 14일, 더이상 버티지 못하고 종간되고 말았지요. 이후 일제가 남겨놓은 한국어 신문은 《매일신보每日申報》 하나뿐이었는데, 조선총독부의 기관지나 다름없는 신문이었습니다.

이런 암흑 같은 우리 언론의 현실을 바꾸어놓은 것이 3·1 운동이었어요. 억누르기만 하는 통치로는 더이상 효과적인 통제가 불가능하다고 판단한 일제가 두 개의 민간 신문을 허가했는데, 그게 바로 《조선일보》와 《동아일보》였습니다. 참 아이러니하지요? 수많은 사람들이 목숨을 걸고 벌였던 항일 운동에 덕을 보고 탄생한 언론이 친일 행적을 벌였다는 사실이, 그리고 여전히 그 역사적 뿌리를 끊어내지 못하는 현실이 말이지요.

그런데 역사를 들여다보면 그 시작에서 《동아일보》와 《조선일보》는 차이가 있었습니다. 일본이 《동아일보》는 민족주의자들에게, 《조선일보》는 친일파의 모임인 대정실업친목회大正實業親睦會 측에 내주었기 때문이지요. 그러니까 《조선일보》는 그 시작부터 뿌리가 친일이었고, 《동아일보》는 그 이후 성제성을 바꾼 것입니다. 일제가 이렇게 양쪽으로 허가를 내어준 것은 기관지나 다름없는 《매일신보》와 더불어 《조선일보》를 활용해 여전히 여론을 주도할 수 있다고 보았기 때문이었어요. 하지만 이런 총독부의 기대는 현실로 이루어지지 못했어요. 대중들이 친일지인 《조선일보》를 외면했기 때문이지요. 이로 인해 《조선일보》는 1920년대에 '잠시' 민족주의적으로 변모할 수밖에 없었습니다. 이후 《동아일보》는 민족주의 우파를, 《조선일보》는 민족주의 좌파를 대변하는 신문이 되었지요. 독자의 힘을 느낄 수 있는 대목이지요.

그런데 1930년대에 들어오며 《조선일보》와 《동아일보》 모두가 친일 세력으로 정체성을 굳히는 일이 일어나게 됩니다. 민족주의 좌파를 대변하던 《조선일보》는 극심한 경영난에 시달렸는데, 이때 등장한 인물이 금광왕 방응모方應謨였어요. 아쉽게도 당시에도 지금의 영호남 갈등과 같은 지역갈등이 존재했는데 기호세력과 서북세력의 갈등이었지요. 평안북도 출신으로 서북세력의 일부였던 방응모가 판권을 인수하면서 《조선일보》는 민족주의 좌파신문에서 서북세력의 기관지가 되어버리는 동시에, 그가 기관총과 같은 무기를 일제에 헌납하는 등 친일의 길을 걸으며 친일지로 다시 전락해버렸지요. 한편 민족주의 우파를 대변하던 《동아일보》에도 급격한 변화가 일어납니다. 일제의 만주 침략이 《동아일보》 설립자인 김성수의 경성방직京城紡織에 거대한 시장을 열어주었기 때문이었어요. 지금으로 보면 언론이 자본과 결합할 때, 그리고 자본이 권력과 결합할 때 어떤 일이 일어나는지를 《조선일보》와 《동아일보》가 보여준 것이죠.

　1930년대 우리 언론의 역사를 돌아보면 우리가 반드시 기억해야 할 신문이 하나 있습니다. 바로 《조선중앙일보朝鮮中央日報》예요. 우선 이 신문이 지금의 《조선일보》나 《중앙일보》와 아무런 상관이 없다는 것, 여러분 모두가 반드시 기억해 주셨으면 해요. 1924년 창간된 《시대일보》가 《중외일보》《중앙일보》를 거쳐 1933년에 《조선중앙일보》가 되었지요. 이 신문은 《조선일보》와 《동아일보》와는 달리 민족적 입장을 여전히 대변하고 있었는데, 아쉽게도 손기정 선수의 일장기 말소 사건에 휘말리며 1937년에 결국 폐간되고 맙니다. 이 일장기 말소 사건에는 《동아일보》도 함께 연루되었는데, 이 두 신문이 동시에 발간이 되지 않는 사이 《조선일보》가 구독자를 크게 늘렸다고 해요. 아마 여러분 대부분이 《조선중앙일보》의 존재를 잘 알지 못했을 거예요. 저도 마찬가지였어요. 여기 소개하는 《조선 동아 100년을 말한다》에 제가 지금까지 들려드린 이야기가 고스란히 담겨 있습니다.

　이 책에서 제가 가장 주목했던 대목은 《조선일보》와 《동아일보》의 관계를 묘사한 부분이었어요.

동아와 조선의 끝없는 경쟁, 김성수와 방응모의 경쟁, 전라도와 평안도의 경쟁으로 이어지는 이 접전은 민족에 봉사하는 신문, 조국 해방을 앞당기는 데 기여하는 신문을 만들기 위한 경쟁이 아니라 한말의 대지주 출신으로 중앙학교, 보성전문, 해동은행, 경성방직 등 일련의 기관을 거느린 대동아건설의 김성수, 김연수 형제의 재벌과 1930년대의 총독부 산금정책과 산업경제 개발정책에 발맞추어 금광과 수원의 퇴지 개간으로 일약 백만장자가 되었고 1936년에 보성고보 경영권을 인수한 방응모 재벌의 매스컴을 업은 사업 경쟁의 양상이었다. (…) 국내외적으로 민중 차원의 독립운동이 활발하게 전개되던 시기, 두 신문은 민족의 독립에는 관심이 없고, 오직 밥그릇 싸움에 몰두했던 것이다.

《조선일보》와 《동아일보》의 일제시대 행적을 이보다 잘 정리해 표현할 수 있을까요? 문제는 이 친일의 행적을 가진 언론이 해방 이후 '반공'과 '반북'의 프레임으로 우리 민족을 분열시키고 가혹한 독재를 정당화하는 데 가장 주도적인 역할을 했다는 것입니다. 예를 들어 《동아일보》는 해방 이후 모스크바 3상회의와 관련해 "소련이 신탁통치를 주장하고 미국은 한국의 즉시 독립을 주장한다" "박헌영이 해방된 조선이 소련 연방의 하나로 가입해야 한다고 말했다"는 등의 오보를 내며 한반도를 좌우 대립의 폭발 현장으로 만들었지요. 이런 분위기에 편승해 극우테러단체인 서북청년단에 사무실을 제공하는 등 사회를 폭력적 혼란으로 빠뜨리는 데 일조한 주체도 《동아일보》였어요.

한편 해방 이후 '국가보안법'에 반대하며 《동아일보》와는 다른 길을 가는 것처럼 보였던 《조선일보》는 군사정권이 출범한 이래 박정희, 전두환 정권을 거치며 권력의 비판자가 아닌 혓바닥이 되어버렸습니다. 선우휘, 허문도와 같은 악명 높은 《조선일보》 출신의 언론인들은, 언론권력 행세에 그치지 않고 정치권력의 확고한 일부로 변신했지요. 이들은 자신들이 언론인이었음에도 외신과의 인터뷰에서 한국에서는 언론 규제가 불가피하다는 주장을 내세웠을 뿐만 아니라, 현실 비판적인 기사를 쓰지 않도록 젊은 기자들을 매수까지 하는 행각을 벌였어요. 그리고 해방 직후에는 자신들이 가장 반대했던 '국가보안법'을, 군사정권 이래 가장 열렬히 지지하고 있어요.

일제강점기에 독립 대신 밥그릇 싸움에 몰두했던 두 언론, 《조선일보》와 《동아일보》. 밥그릇 싸움은 결국 친일 행각으로 이어질 수밖에 없었습니다. 그리고 해방 이후에는 자기 밥그릇을 위해 민족을 분열시키고 독재의 편에 서는 데 앞장서길 서슴지 않았지요. 그렇다면 민주화 이후에는 달라졌을까요? 이 글을 쓰고 있는 이 순간, 2021년 우리 사회는 이른바 '가짜 뉴스', 정확히 '허위조작정보'를 처벌하려는 '언론중재법' 개혁을 둘러싼 논란이 한창입니다. 이 논란의 중심에서 이에 대한 규제를 가장 열심히 반대하고 나선 이들이 바로 이두 언론사입니다. 명목은 물론 '언론의 자유'예요. 그런데 아이러니하게도 여론조사에 따라 대략 55%에서 80%에 이르는 응답자들은 '허위조작정보'를 강력히 처벌하는 언론중재법을 찬성하고 있습니다. 왜 이런 일이 일어났을까요? 이 두 언론사야말로 그 이유에 가장 관심이 없는 언론일지도 모르겠네요. 일제강점기에 독립에도 관심을 두지 않고 밥그릇 싸움에 몰두했던 이들이, 그리고 그 친일의 유산을 고스란히 지닌 채 자신들의 정파적 이익에 따라 분단을 조장하고 군사독재를 지지한 이 두 언론사가, 더하여 민주화 시대에도 그 정파성의 틀에 갇힌 보도를 일삼고 있는 상황에서 이들이 허위정보의 해악에 진정으로 관심이 있을 것이라 믿는 것이 오히려 더 이상한 게 아닐까요?

((15))

일본군
'위안부' 문제,
어떻게 보도되고
있을까?

소녀상 지킴이를
자청한 사람들

2016년 1월 서울 종로, 스산한 도심의 겨울은 더 춥게 느껴집니다. 칼바람에 얼굴도 마음도 얼어붙을 지경이었지요. 취재를 위해 주한일본대사관 앞에 나갔습니다. 그 앞에 세워진 '평화의 소녀상' 주위에 수십 명의 대학생들이 '소녀상 지킴이'를 자청하며 릴레이 노숙 농성을 벌이고 있었지요. 이들은 무슨 이유로 '소녀상 지킴이'를 자청했을까요? 2015년 12월 28일, 한일 정부 간 일본군 '위안부'(종군 위안부의 '종군'은 자발적인 행동과 연결되는 것으로, 일본 내에서 주로 사용하는 용어이며, 일본군 '위안부'는 위안부에 따옴표를 명시함으로써 일본이 주장하는 자발성을 제거한 정확한 용어다. 일본군 성노예제는 '제도'를 명시하여 국제법적 책임을 묻기 위한 용어다.) 협상 합의가 졸속으로 이뤄졌습니다. 졸속인 이유는 군 '위안부' 피해자 할머니들의 제대로 된 동의가 빠진 합의였기 때문입니다. 게다가 일본 자민당은 기다렸다는 듯 소녀상을 철거·이전해야 한다며 목소리를 높이는 상황이었고요. 가장 큰 문제는 당시 이 사안에 대해 일부 언론사를 필두로 지상파 방송사까지도 일본군 '위안부' 문제가 해결된 것처럼 보도를 쏟아내고 있었다는 것입니다. 이에 대한 항의로 대학생들이 소녀상 지킴이를 자처한 것이지요.

> 일본군 '위안부' 한일 합의 이후, 생존자 할머니들을 외교부 1차관이 찾아가서 이야기했을 때, 할머니가 소리치며 화내셨던 걸 봤어요. 이제는 젊은 사람들이 역할을 해야 하지 않나 싶어서 나왔습니다.
> _ 당시 인터뷰 내용 중에서

130cm의 작은 키, 단발에 치마저고리를 입고 의자에 앉아 있는 앳된 소녀. '평화의 소녀상'은 일본군 '위안부' 피해 할머니들이 일본

일본군 '위안부' 소녀를 재현한 '평화의 소녀상'

1991년 일본군 '위안부'를 최초 증언한 고 김학순 할머니
(출처 : 일본군위안부 역사관)

군에 끌려갔던 13세에서 16세 당시의 모습을 재현했습니다. 일본의 사과를 요구하고 역사 문제에 조금 더 적극적으로 해결해나가겠다는 의지를 담아낸 소녀의 주먹, 일본을 꾸짖는 듯 야무지게 다문 입, 당당하고 의연한 소녀의 표정을 바라보고 있자니 만감이 교차합니다. 많은 사람들이 소녀상 옆에 놓인 빈 의자에 앉아 잠시나마 피해 할머니들의 고통을 느끼며 공감의 텃밭을 다지고 있습니다. '평화의 소녀상'은 2011년 12월 14일 수요집회 1,000회를 기념해 세워졌습니다. 일본군 '위안부' 문제 해결을 요구하며 일본 대사관 앞에서 거리의 투쟁을 이어온 피해 할머니들의 명예와 인권회복을 담아낸 여성인권의 상징이기도 하지요. 무엇보다 국민의 기부금으로 세워졌다는 점에서 함부로 훼손할 수 없는 역사 현장인 것입니다. 그런데 우리 모두가 아는 이 사실을 언론만 모르는 것일까요? 아니면 언론은 외면하고 싶은 것일까요?

1991년 김학순 할머니가 일본군 '위안부'에 대해 최초 증언을 하고 30여 년이 흘렀습니다. 2020년은 일본군 '위안부'와 '평화의 소녀상' 관련 논란이 가장 거세게 몰아쳤던 해였을 것입니다. 이용수 할머니의 기자회견으로 시작된 시민단체 스캔들(나눔의 집과 정의연 사태)이 꼬리에 꼬리를 물고 이어졌고요. 이런 혼란을 틈타 일본은 독일 베를린 소녀상 철거 요구라는 외교 압박까지 강행했습니다. 2020년, 우리 언론은 과연 어떤 보도를 쏟아냈을까요? 누구 하나 다를 거 없이 관계자들의 말을 따옴표 처리하며 중계식, 경마식 보도를 이어갔고 눈앞에 상황만 혈안이 되어 국민을 더 큰 혼란에 빠지게 했습니다. 사안에 대한 팩트체크보다는 흥미 위주의 선정적인 내용과 단독 경쟁으로 국민의 판단을 흐리게 했지요. 게다가 편향적인 정파성 프레임으로 지난 30년간 고군분투했던 여성 인권 시민운동 자체를 부정하는 태도를 담아냈습니다. 우리 언론 보도의 문제점을 한꺼번에 드러낸 이 재앙 속에서 국민들은 씁쓸한 마음을 감출 수가 없었습니다.

무엇보다 다양한 분야에서 사명감을 갖고 시민운동을 하고 있는 활동가들의 분노가 가장 컸습니다. 일본군 '위안부'에 대한 무분별한 언론 보도가 자칫 힘겹게 이어온 군 '위안부' 문제 해결을 위한 시민운동 역사와 국제적 연대 노력을 물거품으로 만들 수도 있다는 절박함과 불안에 시달려야 했으니까요. 시민단체 문제에 대한 비판의 방향성은 유지하되, 시민운동의 취지와 뜻을 훼손하진 말아달라고 각계의 호소까지 이어졌습니다. 저 또한 언론사의 일원으로서 부끄러움을 감출 수가 없었지요.

기록이 기억을 지배합니다. 우리 언론은 역사적 사안을 다룰 땐 그 맥락을 파악할 수 있는 지적 역량이 기반이 될 수 있도록 노력해야 합니다. 특히, 역사적 의미를 갖는 인물을 담아낼 땐, 당사자의 증언과 함께 사실과 혼재된 기억, 당사자의 메시지와 억눌린 감정에 대해 전문가들과 깊이 있는 분석을 바탕으로 보도해야 하는 책임감을 가져야 합니다. 평생 지울 수 없는 나쁜 일을 겪고 그 일에 대해 수십 년간 반복적으로 이야기해야 한다는 건 상상조차 힘든 일이니까요. 그래서 우리 언론은 선의의 해석자가 될 수 있어야 합니다. 역사적 사건 속 사각지대의 목소리를 충실하게 담아내고 이를 대변하는 확성기 역할을 해내는 것, 이것이 바로 언론의 역사적 사명입니다.

마지막으로, 1991년 일본군 '위안부' 피해 증언을 최초로 보도했던 우에무라 다카시 전《아사히신문》기자의 인터뷰 내용을 보탭니다. 우리가 얼마나 부끄러워해야 하는지 깨닫게 될 것입니다.

처음으로 나온 증언이었습니다. 김학순 할머니의 증언은 일본군 위안부 피해자의 첫 번째 목소리였습니다. 그래서 보도해야 한다고 생각했습니다. 일본군 위안부 증언 녹취를 듣고 1991년 8월 11일에 기사를 썼습니다. 기사가 보도된 후 '이런 매국노가 대학교수로 오면 곤란하다' 이런 반응이 인터넷에 가득했지요. 군 위안부 문제는 과거에 존재했던 일이에요. 세계가 인정한 '전쟁 중 여성 성폭력'입니다. 하지만 일본의 일부 세력은 인정하기 싫어해요. 일본은 아름다운 나라, 올바른 나라라고 믿고 싶어서죠. 김학순 할머니의 첫 증언 이후 다른 할머니들의 증언이 이어졌습니다. 일본군 위안부 여성들의 미투 운동인 것이지요. 세계 최초 미투 운동의 모습이었던 것입니다. 제 생각에는 한국에는 일본군 위안부 문제에 제대로 몸담는 기자는 단 한 명도 없습니다. 이해가 되나요? 하지만 일본군 위안부 문제 스캔들은 나눔의 집, 정의연 사태 같은 일이 생기면서 엄청난 양의 기사가 쏟아졌죠. 기억하지 않는 역사는 되풀이됩니다. 피해자의 기억을 전하는 작업이 매우 중요합니다. 불편한 역사, 어두운 역사, 부끄러운 역사를 직시해서 전달해야 두 번 다시 반복되지 않지요. 사실에 기초해서 일본군 위안부의 기억을 전하기 위해 저는 아직도 싸우는 중입니다.

_우에무라 다카시 전 《아사히신문》 기자 인터뷰 중에서(TBS TV 〈정준희의 해시태그〉)

그는 현재 '날조'라 공격한 일본 우익인사를 상대로 소송을 진행 중에 있습니다. 기자로서 진실을 추구하는 그의 용기와 의지에 감사함을 전하고 싶습니다.

심판대에 오른
위안부 피해자들

　　2차 세계대전 당시, 일본은 '위안부'라는 이름으로 수 많은 여성들을 성노예로 강제 동원했습니다. 사람이길 포기했다고 볼 수밖에 없는 끔찍한 범죄를 국가가 나서서 어린 소녀들에게 저지 른 것이었지요. 하지만 전쟁이 끝난 이후에도 일본은 여전히 강대국 이었기에, 소녀들은 너무나 약자였기에, 자칫 묻힐 뻔한 일이었습니 다. 대한민국 정부도 소극적이었습니다. 1965년 경제 원조가 필요하 다며 일본 정부의 모든 잘못을 뒤로하겠다는 협정을 체결했습니다. 소녀들, 그리고 강제 노역에 끌려갔던 사람들을 비롯한 수많은 피해 자들에게는 한마디도 묻지 않고 그렇게 했습니다. 그런 어이없는 시 도는 세월이 한창 흐른 2015년에도 있었습니다. 똑같은 취지로 '위 안부' 문제에 관한 합의를 했던 것입니다. 일본 정부의 사과를 요구 하는 할머니들의 목소리는 여전히 외면당했습니다.

　　할머니들은 그런 잘못된 꼬임에 굴복하지 않았습니다. 그럴 수 있 도록 할머니들을 지지하는 사람들이 있었거든요. 전 세계에 일본의 만행을 알리고 '위안부' 문제의 해결을 요구했습니다. 1992년 이후 일본 대사관 앞을 시작으로 매주 수요일이면 어김없이 집회를 열었습니다. '위안부'를 상징하는 소녀상을 세계 곳곳에 세우기도 했습니다. 우리만의 문제가 아닌 인류 전체가 다시는 겪지 말아야 할 비극이라는 사실을 일깨우기 위한 노력을 시민단체가 주도했던 것입니다. 그 덕분에 역사는 올바로 지켜졌지요. 많이 늦었지만 대한민국 법원은 2021년 할머니가 된 소녀들이 제기한 손해배상 소송에서 일본의 잘못을 인정하기도 했습니다.

30년 가까이 그런 시민운동을 했던 한 분이 국회에 들어갔습니다. 그런데 할머니 한 분이 그런 변화에 반대하셨습니다. 그동안 함께했던 활동을 중단한 것으로 여겨 실망했던 모양입니다. '위안부' 운동 방향 자체에 문제를 제기하기도 했습니다. 그럴 수 있습니다. 많은 사람들이 오랜 시간 함께하다 보면 뜻이 나뉘는 일은 생기기 마련입니다. 그런데 언론은 거기서 한 발짝 더 나아가기 시작했습니다. 정치적 입장이 덧씌워진 탓인지 그동안의 활동을 색안경을 쓰고 들여다보기 시작했습니다. 하룻밤에 맥줏십에서 1천만 원어치 술을 마셨다는 식의 보도가 나왔습니다. 자녀가 해외여행을 했다고도 했습니다. 배우자가 운영하는 회사에 일감을 몰아줬다는 의혹도 제기됐습니다. 집을 사고팔면서 주로 현금을 사용했다고도 했습니다. 그렇다고 직접적으로 말을 하지는 않았지만 마치 시민단체의 돈을 빼돌려 착복한 것으로 볼 수밖에 없었습니다.

그중 상당수는 오보였지만 문제가 되지 않았습니다. 엄청난 양의 기사로 사회적 이슈를 만들었고, 수사에 나선 검찰은 몇몇 죄목으로

톰킨스 해리슨 매트슨, 〈마녀 재판〉
1853

재판에 넘겼습니다. 그걸로 끝이었습니다. 사실 검찰이 재판에 넘긴 내용들은 언론이 제기했던 의혹들과는 다른 것들이었습니다. 하지만 언론은 그건 중요하게 따지지 않았습니다. 어쨌든 잘못했으니 재판에 넘긴 것 아니냐는 식이었지요. 죄를 지었으면 벌을 받는 것은 당연합니다. 그러나 저지르지 않은 잘못으로 여론 재판을 받는 일은 다른 문제입니다. 잘못된 의혹 제기로 만신창이가 됐지만 어쨌든 검찰이 기소했다는 이유로 언론은 면죄부를 받았던 것입니다.

'마녀 사냥'이나 '마녀 재판'이라는 단어를 떠올리지 않을 수 없습니다. 중세 유럽에서 때로는 설명하기 어려운 일을 누군가의 잘못으로 덮어씌우기 위한 수단으로, 때로는 사회적 불만을 잠재우기 위한 희생양으로, 때로는 그저 권력에 저항하는 자들을 탄압하기 위해 행해졌던 무자비한 추궁과 형벌을 가리킵니다. 오늘날에는 주로 정치적 이유로 특정 개인이나 단체를 집단적으로 공격하는 행위를 뜻하는데요. 소개할 그림은 마녀 재판 중에서도 어쩌면 역사적으로 가장 유명한 사건인 '세일럼 재판'을 소재로 한 것입니다. 1692년 미국의 세일럼Salem이라는 마을에서 벌어진 일인데요. 어느 날 갑자기 소녀들이 원인 모를 발작을 일으키면서 그 책임을 '마녀'들에게 돌렸던 일입니다. 60세 여성이 교수형을 당한 걸 시작으로 모두 19명이 사형을 당했고 옥고를 견디다 못한 6명이 목숨을 잃었습니다. 일반적으로 마녀라고 번역하지만 남성을 포함하는 개념이고요. 해가 바뀌도록 무려 186명이 체포됐습니다. 그렇게 사건이 커진 배경에는 종교적, 경제적 세력 다툼이 있었습니다. 유력한 목사가 나서서 자신에게 반대하는 사람들을 마녀라며 몰아세웠던 것이지요.

지금까지도 영미권에서 마녀, 마법을 다룬 소설, 영화에 빠지지 않고 등장할 정도로 유명한 사건입니다. '해리포터' 시리즈에서 인간들에게 잡혀 화형 당했다는 마녀들이 바로 그렇고요. 2010년 이후만 살펴봐도 〈세일럼〉2014이라는 드라마나, 〈더 위치The Witch〉2015라는 영화가 직접 이 사건을 소재로 만들어졌을 정도입니다. 트럼프 전 미국 대통령조차 자신이 정치적으로 불리한 상황에 놓였을 때 인용하기도 했지요.

앞의 그림은 역사 속 주요 사건이나 종교를 주제로 한 작품을 많이 남긴 미국의 화가 톰킨스 해리슨 매트슨Tomkins Harrison Matteson, 1813~1884의 작품 〈마녀 재판Examination of a Witch〉1853입니다. 사건의 핵심적인 내용을 하나의 장면으로 압축해놓고 있습니다. 오른쪽에는 머리를 움켜쥐고 발작을 일으킨 소녀가 보입니다. 가운데 상반신을 드러낸 여인이 마녀로 지목당한 것이지요. 검사를 진행하는 여성은 손가락으로 벗겨진 등의 한 부분을 가리키고, 재판관은 안경을 고쳐 쓰며 자세히 들여다봅니다. 마녀의 표식을 찾고 있는 것이지요. 이를테면 악마와 접촉한 흔적은 바늘로 찔러도 피가 나오지 않는다는 식입니다. 당시 미국은 청교도에 의한 종교적 지배를 받고 있었지요. 여성은 남성의 초상화가 걸린 방에서조차 옷을 갈아입으면 안 된다는 법이 있을 정도로 성적으로 엄격한 사회였습니다. 공개된 장소에서 그림처럼 알몸을 드러내게 만들면 그 자체로 이미 인격적 사형 선고나 마찬가지였지요. 게다가 사람 몸을 구석구석 살피다 보면 어느 누구든 특이한 모양의 점 같은 것들이 있기 마련입니다. 그럼 그걸로 끝이었습니다. 이 작품에서도 금방이라도 '마녀'에게 달려들 듯 위협적인 자세를 취하고 있거나 손가락질을 하는 사람들이 주변을 채우고 있습니다.

우리 언론이 누군가의 잘못을 가리키며 보도하는 양태는 마녀 재판과 얼마나 다를까요? 검증되지 않은 의혹만으로 대중들로서는 '유죄'로 받아들일 수밖에 없는 내용과 분량으로 집중포화를 퍼붓는 일이 종종 벌어집니다. 거기에 검찰이라는 막대한 공권력이 더해지면 그 상대방은 이미 사회적으로 매장 당하다시피 하지요. 형사 처벌의 대원칙인 '무죄추정' 따위는 여론 재판에서 전혀 찾아볼 수 없습니다. 시간이 흘러 억울한 오해라는 사실이 밝혀져도 피해를 회복하기란 어렵기 그지없습니다. 위안부 할머니와 관련된 보도는 보다 심각한 문제를 낳기도 했습니다. 시민단체의 활동 자체가 잘못된 것처럼 부정적인 인식을 심어주었던 것입니다. 성금이 끊기고 수요집회를 방해받기도 했습니다. 심지어 소녀상 설치를 훼방 놓으려 안달이 난 일본에 의해 이용당하기까지 했습니다. 꼭 그렇게 해야만 했을까요?

또 하나 생각해봐야 할 일이 있습니다. 세일럼 재판에 대한 미국의 반성은 대단히 빨랐습니다. 판결에 참가했던 판사는 5년 뒤 죽을 때까지 속죄하겠다며 잘못을 공식적으로 인정했습니다. 주 정부는 1711년 재판 자체를 공식적으로 사과하며 모든 피고인들의 유죄 기록을 삭제하고 배상금을 지급했습니다. 사회로부터 잘못된 낙인이 찍히는 바람에 겪어야 하는 고통을 다룬 소설 《주홍글씨》를 아실 것입니다. 작가 나다니엘 호손Nathaniel Hawthorn, 1804~1864이 바로 세일럼 재판을 했던 재판관의 후손입니다. 선대의 죄를 씻기 위해 그런 작품을 썼던 것입니다. 사건으로부터 300년이 지난 1992년, 시민들은 희생된 사람들을 기리는 추모비를 세우기까지 했습니다. 같은 잘못을 저지르지 않기 위해 빠르게 시작해 오랜 시간 두고두고 곱씹은 것입니다. 반면 '위안부' 시민단체에 관한 잘못된 보도를 했던 기자는 엉뚱하게도 해당 언론사에서 상을 받았습니다. 가장 먼저 문제 제기를 시작했다는 공로였습니다. 오보로 밝혀졌다는 사실은 중요하지 않았던 것입니다. 우리 언론이 행했던 '마녀 재판'에 대해 세일럼 재판에 대한 반성과 같은 조치를 볼 수 있는 날은 언제일까요?

'고통'에 공감하고
희망 떠올리게 하는
언론

강성현 지음, 《탈진실의 시대, 역사부정을 묻는다》
푸른역사, 2020

1993년 당시 일본의 관방장관이던 고노 요헤이가 기
자회견을 열었습니다. 1991년 종군 '위안부' 문제에 대한 최초의 보
도가 나온 이후, 일본 정부가 1년 6개월이 넘는 기간 동안 조사를 거
쳐 내놓는 공식적인 응답의 자리였지요. 여기서 고노 장관은 "위안
소가 군 당국의 요청에 의해 설치된 것이며, 위안부들이 강압적인 분
위기 속에서 위안소에서 비참하게 살았다"는 점을 인정하며, "일본
정부는 치유할 수 없는 정신적·육체적 상처를 입은 위안부 여성들에

게 진심 어린 사과와 참회의 뜻을 전한다"고 했습니다. 이후 일본은 1995년 무라야마 담화, 2005년 고이즈미 담화 등을 통해 여러 차례 비슷한 사과의 말을 전했어요.

그런데 꽤 괜찮은 사죄의 말로 들림에도 종군 '위안부'로 고초를 겪었던 할머니들은 이 사과를 받아들이지 않고 있어요. 왜일까요? 그 이유는 겉으로는 '미안하다'고 말하는 일본 정부가 정작 가장 중요한 사안인 '위안부'의 '강제동원' 여부를 전혀 인정하지 않고 있기 때문입니다. 오히려 일본 정부는 '할머니들이 자발적으로 참여했다'고, 그래서 '전쟁범죄에 해당하는 강제동원은 없었다'고 주장하고 있어요. 결국 일본 정부는 할머니들이 '위안부' 역할을 알고도 스스로 '위안부' 역할을 떠맡았다고 말하고 있는 거예요. 자발적으로 왔지만 일본군이 운영한 위안소가 강압적 분위기였고 그 위안소의 삶이 비참했으니 거기에 위로금을 주겠다는 것이 현재 일본의 입장인 것이지요. 배상은 할머니들이 받지도 못한 한일 협정을 통해 이미 했다는 주장은 그냥 덤이에요. 여러분이 할머니의 입장이라면 이런 것을 사죄라고 받아들일 수 있을까요?

그런데 이제 한일관계라는 대의를 위해 할머니들에게 사과를 받아들이라는 이들이 있습니다. 자신을 보호해야 할 나라의 허약함 때문에 삶의 중요한 부분을 상실한 분들에게, 다시 나라를 위해 대승적 차원에서 희생하라는 논리지요. 이런 말을 하는 사람들에게 묻고 싶어요. 자신은 나라를 위해 희생한 것이 얼마나 많아서 이런 희생을 계속 강요할 수 있는 것인지? 현실에선 세금 몇백만 원만 부당하게 부과되어도 받아들이지 못할 사람들이 대부분인데 말이지요.

더 심하게는 이만큼 사과하면 됐지 어떻게 더 사과를 하냐는 이들도 있어요. 참 기이하지요. 사과 몇 번 해서 용서받지 못하는 것에 그리 잘 공감하는 이들이 오랜 시간 삶의 중요한 부분을 상실한 희생자들의 상처에는 왜 그리 공감하지 못하는 것일까요? 때로는 언제까지 사과해야 하는 거냐고 묻는 이들도 있어요. 학문적 연구는 전쟁범죄와 관련해서는 '피해자들이 되었다고 할 때까지'라고 말하고 있습니다. 피해자들이 사과의 진정성을 받아들일 수 있을 때까지이고, 그 사과를 끝까지 받아들이지 않아도 가해자는 어쩔 수 없는 거예요. 세상에는 한 개인이 아무리 사과의 말을 들어도 끝내 용서할 수 없는 일도 있으니까요.

때로는 '위안부' 문제로 이미 일본은 한국에 충분히 사과했다는 분들도 있습니다. 그런데 성범죄와 같은 전쟁범죄는 본질상 국가와 국가 간의 문제가 아니라, 가해한 국가와 가해를 당한 당사자 사이의 문제예요. 종군 '위안부' 문제의 경우 일본 정부가 사과해야 할 곳은 한국 정부나 한국이라는 나라가 아니라 바로 피해자 할머니들인 것이지요. 지금까지 언급한 '대의를 위해 그만하라!' '이제 사과를 받아줘라,' '한국에 충분히 사과했다'와 같은 말과 주장 속에 할머니들이 가해자에게 사과를 받기 위해 온전히 자기 목소리를 낼 수 있는 자리는 어디일까요? 1991년 종군 '위안부' 문제가 제기된 이후 할머니들은 이런 주장과 끊임없이 싸워야 했어요. 그나마 이런 주장들의 목소리가 수그러들게 된 것은, 국내외에서 할머니들이 스스로 열심히 싸우고, 그 할머니들 옆에서 싸워온 관련 시민단체들이 있기 때문이었습니다.

그런데 강제 동원되었다는 할머니들의 주장이 거짓이며, 할머니들이 이런 거짓말을 하도록 옆에서 시민단체들이 부추기고 있다고 주장하는 이들이 있어요. 서울대 교수였던 이영훈이 주도하고 있는, 소위 '역사수정주의자'들이에요. 이들의 이름을 불러볼까요? 이영훈, 김낙년, 차명수, 김용삼, 주익종, 정안기, 이우연, 박상후. 어디서 많이 들어본 이름들 아닌가요? 이들 중 상당수가 보수 극우 유튜버들로 맹활약하고 있지요. 이들은 일본에 대해 비판적인 우리나라를 두고 '반일 종족주의'라고 싸잡아 비하하며, 자신들을 반일 종족주의와 맞서 싸우는 투사로 부르고 있어요. 심지어 《반일 종족주의》《반일 종족주의와의 투쟁》이라는 책까지 출간하면서 말이지요. 물론 역사수정주의자들은 이들뿐만이 아닙니다. 소위 '뉴라이트 국정교과서'를 만드는 데 앞장섰던 강규형, 김광동, 김병헌 같은 이들도 있고, 강의 중에 "위안부는 매춘이에요. 매춘 들어가는 과정이 딱 그래요. '너 좋은 손님한테 술만 팔면 된다' 해서 하다 보면 그렇게 되는 거예요. 궁금하면 한번 해볼래요"라는 혐오 발언으로 물의를 빚은 유석춘, "일본의 한국 식민지배는 오히려 천만다행"이라는 어처구니없는 망언을 내뱉은 한승조 같은 이들도 있어요.

여러분 혹시 알고 있나요? 이 반일 종족주의자들과 이에 동조하는 이들이 종군 '위안부' 할머니보다 더 싫어하고 혐오하는 집단이 바로 '위안부' 관련 시민단체란 사실을. 또 다른 역사수정주의자인 박유하의 《제국의 위안부》 논란부터 드러났던 경향이지요. 이들은 관련 시민단체와 활동가들을 한일관계가 원만하게 맺어지는 데 있어 최악의 장애물처럼 취급하며 격렬하게 비난하지요. 실제 《반일 종족주의와의 투쟁》에서도 '일본에 가면 다 강제동원인가'라며 일본과 일본군의 폭력성에 대해서는 침묵하고 변호하는 이들이, '위안부 운동의 폭력적 심성'이라는 소제목을 걸어놓고 이 운동이 폭력적이라며 맹렬하게 비난하고 있습니다. 이런 모순적 태도를 대하다 보면 '폭력'의 기준이 뭔지 모르겠어요. 사실 이 활동가들과 단체들이야말로 전시 성폭력에 대한 우리 안의 무관심을 깨뜨리고, 피해자들이 정당하게 자기 목소리를 낼 기회를 만드는 데 결정적 역할을 했는데 말이지요. 여기에 더하여 국제적 차원에서 전시 성폭력 피해자 및 단체들과 연대하면서 이 문제를 인권 차원에서 조명하는 데 큰 역할을 했던 이들이 바로 역사수정주의자들이 맹렬히 비난하는 시민단체와 활동가들이었어요.

2020년, 이 활동을 주도한 시민단체를 둘러싼 회계 비리 의혹이 제기되었습니다. 아무리 훌륭한 일을 하는 단체라 할지라도 그 내부에 비리가 있다면 당연히 밝혀져야 하고 비판의 대상이 되는 것은 피할 길 없다는 말, 정말 맞는 말이지요. 당연히 그래야만 합니다. 하지만 그 일이 이 시민단체와 활동가들이 전시 성범죄를 둘러싸고 국내외에서 해왔던 활동의 성과와 의미 그 자체를 부정하는 일이 되어서는 안 되는 것도 당연한 일이에요. 하지만 당시 쏟아진 언론의 보도는 진실 찾기보다는 일단 의혹을 먼저 경쟁적으로 쏟아놓는 쪽이었고, 그 언론의 보도에 편승해서 역사수정주의자들은 오랫동안 눈엣가시처럼 여기던 '위안부' 관련 시민단체와 활동가들을 공격하는 데 집중했지요. 그 가운데서도 가장 중심적인 역할을 했던 정의기억연대와 그 활동가들에 대한 공격은 집요했습니다. 때로는 언론의 보도에 편승하며, 때로는 언론의 방향을 이끌어가며, 이 반일 종족주의자들은 기존에 지속해왔던 탈진실이나 다름없는 주장을 내세우며 '위안부' 운동 그 자체를 부정하고 혐오하길 주저하지 않았어요.

우에무라 다카시는 1991년 일본군 '위안부' 증언을 처음으로 보도한 전 《아사히신문》 기자예요. 이 다카시 기자가 작정하고 한 말이 있어요. "제 생각에는 한국에는 일본군 위안부 문제에 제대로 몸담는 기자는 단 한 명도 없습니다." 그의 말을 되새겨보면 우리 일부 언론이 회계비리 의혹 보도가 '위안부' 운동 자체에 대한 부정으로 이어지는 걸 심각하게 여기지 않았던 이유를 그리 어렵지 않게 짐작해볼 수 있습니다.

반면 다행히도 지금 역사학계에는 역사수정의주의자들에 맞서 이들이 "절취하고 왜곡한 문서 자료와 일본군 위안부의 목소리를 복원하고 돌려"주기 위해 노력하는 이들도 있어요. 바로 그 연구성과를 담은 대표적 대중서가 강성현의 《탈진실의 시대, 역사부정을 묻는다》입니다. 강성현은 이 책의 서두에서 "모든 사람들은 자신만이 의견을 가질 권리가 있는 것이지, 자신만의 사실을 가질 권리가 있는 것은 아니다"라는 미국의 사회학자 대니얼 패트릭 모이니핸의 말을 인용합니다. 그리고 더 나아가 자신만의 사실을 모든 이들에 대한 사실인 듯 주장하는 이들이 상대방을 향해 증오와 혐오의 칼을 휘두르고 있다고 말하지요. 우리 땅에선 반일 종족주의자들이 위안부 할머니들과 전시 성범죄에 대해 맞서 싸우는 활동가들, 시민단체들을 향해 이런 증오와 혐오의 칼을 휘두르고 있는 거지요. 만약 여러분이 이런 증오와 혐오의 칼에 맞서 싸우고 싶다면 이 책을 펼쳐보세요(안타깝게도 《반일 종족주의》를 펼쳐보는 사람들의 절반도 이 책을 펼쳐보지 않는 게 우리의 현실입니다). 강성현이 말하듯, '우리의 안과 밖을 비출 거울이 될' 진실의 역할은 증오와 혐오 대신 '고통'에 공감하고 희망을 떠올리게 하는 것. 그 희망을 '위안부' 할머니들과 함께 떠올리고 싶다면 말이지요. 알고 보면 언론이 다루는 사실이 해야 할 일도, 우리의 안과 밖을 진솔하게 비추어 고통에서 벗어나지 못하고 있는 사람들에게 이런 희망을 떠올리게 하는 것 아닐까요?

16

5월 18일의
광주,
언론은 어디에
있었을까?

역사를 기록한
그날의 선택

1980년 5월 18일 광주를 찍은
전 《전남매일신문》 나경택 사진기자의 보도사진

1980년 5월 18일, 전쟁을 방불케 하는 광주 거리에
한 사내가 서 있습니다. 막 일요미사를 마치고 나오던 참입니다. 최
루 가스 한 덩어리가 코를 파고듭니다. 독한 냄새에 정신이 혼미합니
다. 코를 부여잡았더니 이젠 눈이 문제입니다. 따갑고 쓰라립니다.
겨우 실눈을 뜨고 주위를 살핍니다. 눈앞에 펼쳐진 상황에 그대로 몸
이 굳습니다. 아연실색한 사람들이 울부짖고 있습니다. 무소불위 공

수부대는 사람들을 두드려 팹니다. 전쟁이 따로 없습니다. 아니 전쟁입니다.

다음 날 아침, 사내는 주저하지 않았습니다. 출근하자마자 전남도청이 내려다보이는 전일빌딩으로 달렸습니다. 회사에서는 금남로가 잘 보이지 않았으니까요. 자리를 잡고 카메라 셔터를 누르기 시작했습니다. 탱크 옆에 선 두 사람이 보입니다. 한 명은 팔에 크로스 완장을 찬 공수부대원입니다. 그 옆엔 반항 서린 몸짓에 고개를 떨군 한 시민이 서 있습니다. 남자의 옷엔 이미 핏물이 번져 있습니다. 셔터 소리와 함께 시민은 쓰러져 뷰파인더에서 사라졌습니다. 맞습니다. 이 사진은 5·18 광주민주화 운동의 또 따른 증인이자 증거입니다. 당시 광주의 상황을 카메라에 담은 사내는 《전남매일신문》의 나경택 사진기자입니다. 우리는 지금 그가 목숨을 걸고 지켰던 역사의 진실을 보고 있는 것입니다.

여기서 잠깐, 지금 이 사진을 찍은 나경택 기자가 이미 돌아가셨다고 생각하는 분들이 많을 것입니다. 아닙니다. 2021년, 41년이 지난 오늘도 그는 우리 곁을 지키며 다양한 장소에서 여러 사람들과 함께 1980년 5월의 광주 역사를 한 장 한 장 현상하고 있습니다.

사실 5·18 광주의 언론은 팔과 다리가 묶였습니다. 아무리 언론이라 하여도 눈으로 본 것을 감히 입에 담을 수조차 없었던 시절이었습니다. 당연히 그런 언론을 지켜본 광주 시민들은 화가 치솟았겠지요? 그 화가 화염이 되어 방송사 건물을 불태우는 일까지 생겼으니까요. 그런 상황 속에서 언론인으로서 목숨을 걸고 기록을 남긴다는 것은 쉽지 않은 선택이었을 겁니다. 그래서 우리는 그 가치를 제대로

《전남매일신문》 기자들이 1980년 5월 공동사표를 냈다

기억해야 합니다.

5·18 광주민주화 운동이 민주주의 역사로 확고하게 자리잡은 오늘날, 우리 언론이 담아내는 5·18 광주의 모습은 과연 어떨까요? 마치 언론은 그날의 진실보다는 오늘날의 음모에 더 관심 있어 보이기 때문이지요. 5·18 광주, 아직도 풀지 못한 그날의 진실이 있습니다. 헬기사격, 발포명령자, 집단 암매장 등 무엇 하나 제대로 밝혀내지 못하고 있는데 말입니다. 역사 속에 파묻힌 진실을 좇기보단 정치적 논란의 대상으로 부각하는 언론 보도의 행태, 분명 객관화된 담론으로 풀어가야 할 문제임에도 편향적인 시선을 담아내고 있는 언론을 어찌해야 할까요?

인터뷰를 위해 만난 나경택 기자의 입매무새는 견고했습니다.

진실은 더딜지 모르지만 언젠가 밝혀집니다. 목격하고 기록하고 증언하는 사람의 수가 점점 줄어들고 있습니다. 그러면서 사람들의 관심도 함께 줄어들고 있습니다. 역사의 산증인으로 뼈저리게 마음이 아픕니다. 하지만 마음 아플 겨를이 없습니다. 5·18 광주를 기록한 사람으로서 세계 어디든 부르는 곳에 달려가기로 했습니다. 사진은 왜곡할 수 없는 역사를 기록합니다. 바로 우리가 기록하는 오늘이 역사입니다. 우리의 사진으로 역사는 기록된다는 것을 잊지 말아야 합니다.

우리 언론은 당시의 진실을 알리지 못해 분노했던 언론인들의 울부짖음을 다시 한 번 기억해야 합니다. 1980년 5월 20일《전남매일신문》기자들이 공동 사표를 제출했던 심정을 기록합니다.

우리는 보았다.
사람이 개 끌리듯 끌려가 죽어가는 것을
두 눈으로 똑똑히 보았다.
그러나 신문에는 단 한 줄도 싣지 못했다.
이에 우리는 부끄러워 붓을 놓는다.

_1980. 5. 20.《전남매일신문》기자 일동

▶️📹

TBS〈정준희의 해시태그〉
'5·18 광주, 그날 언론은 어디에 있었나', 2020

들라크루아와
5·18 운동

'민주화의 성지'라는 묵직한 이름의 광주는 사실 예술을 즐기는 사람이 많고, 그만큼 많은 예술가를 낳은 곳이기도 합니다. 예술의 도시, '예향'이라는 이름을 광주는 소중하게 여겨왔지요. 일례로 2년 마다 열리는 〈광주비엔날레〉를 세계 5대 비엔날레로 키워낸 것만 봐도 그렇습니다. 맛집이 많아 식객들의 성지로 꼽히는 것 역시 여러모로 풍성한 문화적 토양 덕분일 것입니다.

그런 광주는 1980년 5월 총칼과 군화에 무참히 짓밟힙니다. 하지만 당시, 그리고 그 후로도 오랫동안 많은 사람들은 광주의 아픔을 몰랐지요. 그 무렵엔 광주에서 고속버스로 한 시간 반 정도 거리였던 순천에서 어린 시절을 보냈기에 5·18에 관한 어스름한 기억이 있습니다. 경찰서에 군인들이 진을 쳤고, 관공서마다 바리케이드가 설치됐지요. 수군거리는 어른들로부터 '무장공비' 같은 말을 귀농냥으로 들었습니다. 전두환 일당이 불순분자들이 일으킨 반란인 '광주사태'라는 식으로 5·18에 거짓 오명을 뒤집어씌웠던 것입니다. 첫 직장

외젠 들라크루아,
〈미솔롱기의 폐허 위에 선 그리스〉
1826

이었던 언론사에서는 수습기자로 몇 달을 광주에서 보내기도 했습니다. 1990년대 중반이었고, 공식적으로는 민주화 운동으로 인정받은 이후였지만 여전히 광주는 아파하고 있었습니다. 취재에 나서도 그날의 얘기를 꺼내 듣기가 참 어려웠습니다. 여전히 왜곡된 시선을 가진 사람들이 많았기에 진실을 털어놓는 일을 어려워들 했습니다.

5·18을 모욕하는 언행은 쉽사리 멈추지 않았습니다. 쿠데타의 주범 전두환은 말년에도 회고록이란 핑계로 광주에서 있던 일을 왜곡하려 했습니다. 그런 자들 때문에 2020년 국회는 5·18을 비방하고 왜곡, 날조하는 일을 범죄로 처벌하는 법을 만들어야 했습니다. 그밖에도 아픔을 씻기 위해서는 여전히 여러 가지 숙제가 남아 있지요. 그렇다고 광주를 이야기하면서 처참한 그림을 소개하고 싶지 않았습

니다. 1980년 광주가 있었기에(그 이전엔 부산, 마산이 있었고요) 1987년이 있었고, 군부 독재를 마감하고 민주화 시대를 열 수 있었으니까요. 광주가 금남로에서 흘린 피는 결코 헛된 것이 아니었습니다.

어쩌면 〈미솔롱기 폐허 위에 선 그리스La Grèce sur les ruines de Missolonghi〉1826를 그린 외젠 들라크루아Eugène Delacroix, 1798~1863 역시 비슷한 심경이었던 모양입니다. '폐허'라는 제목 속의 단어를 읽기 전이라면 이 그림에서 첫눈에 폐허를 찾기 어렵습니다. 하얗고 푸른 옷차림의 여인이 그림의 전면을 차지하고 있습니다. 가슴은 풀어 헤쳤고 늘어뜨린 양손은 비어 있지만, 왠지 모를 위엄이 느껴집니다. 그림 밖으로 던지는 시선은 비장해 보이면서도 당당함을 잃지 않고 있습니다. 조금 자세히 살펴야 폐허를 찾을 수 있습니다. 여인이 딛고 서 있는 돌무더기는 무너져 내린 것들이지요. 핏자국까지 선명합니다. 돌에 깔린 누군가의 시신이 틈새로 손을 내밀고 있기도 합니다. 그런데 저 멀리 여인에 비해 상대적으로 조그맣게 그려진 붉은 옷차림의 남성은 누구일까요? 그림만으로는 짐작하기 어렵습니다.

미솔롱기는 그리스 서부의 자그마한 항구 도시입니다. 유럽의 과학, 철학, 예술의 뿌리라고 할 수 있는 그리스지만 15세기 이래 오랫동안 오스만투르크 제국의 식민지였지요. 그러다 19세기 초반 유럽의 계몽주의, 프랑스혁명의 영향은 1821년 그리스에도 독립운동의 물결을 일으켰습니다. 코린트 해협 입구에 위치한 미솔롱기가 바로 그 시작점이었던 것입니다. 오스만 제국군은 수차례에 걸쳐 진압 작전에 나섭니다. 뜻밖의 강력한 저항에 쉽사리 미솔롱기를 정복할 수 없었던 제국군은 항구를 막고 식량을 비롯한 물자들이 오갈 수 없도록 봉쇄 작전을 펼칩니다. 사람들을 통째로 굶어 죽이려 한 것이 지요. 1년을 버티던 그리스인들은 봉쇄를 뚫고 탈출하기 위한 최후의 공격을 시도했지만 제국군의 막강한 총칼에 막힙니다. 대량학살이 벌어졌고 마침내 도시는 제국군의 손에 떨어집니다. 살아남은 그리스인들은 항복하는 대신 폭약을 터뜨리며 자결했고 도시는 폐허로 변했지요.

들라크루아가 그린 여인은 실제 인물이 아니라 끝까지 저항했던 그리스의 정신입니다. 건물이 무너졌고, 그리스 국민들의 육신은 죽었지만, 그리스 자체는 결코 꺾이지 않았다는 사실을 꼿꼿이 선 여인의 모습으로 그려낸 것입니다. 폐허로 무너져 내린 도시보다는 그 가운데 오롯이 서 있는 정신을 먼저 드러내고 싶었던 것입니다. 하얀색과 푸른색, 그리스 국기의 색깔로 만든 전통 의상을 입었지요. 서양 미술에서 하얀색은 순결함과 고귀함을, 파란색 역시 천상을 가리키는 상징으로 많이 쓰였습니다. 도시를 점령한 제국군이 입은 붉은색은 반대로 탐욕과 욕망을 가리키고요. 살상 무기를 들고 도시를 짓밟고 있지만 오히려 자그마한 존재로 묘사한 것입니다.

돌 틈으로 내민 손의 주인공은 누구일까요? "어느 날 아침 일어나보니 유명해져 있었다"는 말을 남긴 당대 최고의 시인 존 바이런의 것이라고들 얘기합니다. 젊은 날 그리스를 여행했던 바이런은 그리스를 너무나 사랑해 많은 작품을 통해 그리스를 찬양했습니다. 그리스가 세계적인 관광국가로 자리잡은 것은 바이런으로부터 시작됐다고 해도 과언이 아닙니다. 게다가 바이런의 사랑은 시의 구절에 그치지 않았습니다. 전 재산을 털어 그리스를 돕기 위한 군함을 마련해 미솔롱기로 떠났지요. 뜨거웠던 시인의 심장은 안타깝게도 열병으로 멎었고, 바이런은 서른여섯을 일기로 미솔롱기에 묻혔습니다. 바이런의 죽음까지 겹치면서 끝까지 저항했던 그리스인들의 정신은 전 유럽에 커다란 반향을 일으켰습니다. 유럽 전체가 들고일어나 오스만 제국을 압박했고 마침내 그리스는 1832년 독립했습니다.

거대한 역사의 흐름 속에서 들라크루아의 그림은 미솔롱기를 알리는 한 장의 '보도사진' 역할을 한 것입니다. 총탄을 무릅쓰고 5·18을 기록했던 참언론인들처럼 말입니다. 들라크루아는 미솔롱기를 그린 몇 년 후 혁명에 관한 또 하나의 그림을 그립니다. 너무나 유명한 〈민중을 이끄는 자유의 여신〉입니다. 그런데 이 그림 속 여신에게는 많은 군중이 뒤따르고 있습니다. 그리스의 정신이 온 세계로, 프랑스에게로 번져 정의와 자유를 위한 투쟁을 이끌게 된 것인지도 모르겠습니다. 1980년 광주에서 많은 이가 피를 흘렸지만, 결코 죽음으로 끝맺음하지 않고 대한민국에 민주주의를 불러온 것처럼 말입니다. 그것을 가능하게 했던 역사의 기록자들, 참언론인들을 잊지 말아야 할 것입니다.

'아무리 얘기해도'
모자란 진실

김홍모 외 지음, 《만화로 보는 민주화 운동》(전4권)
창비, 2020

1987년 6월, 한 친구의 손에 이끌려 부산 가톨릭센터를 방문했습니다. 많은 시민이 줄을 서서 한 전시회에 입장을 하고 있었지요. 그런데 관람을 마치고 나오는 사람들의 얼굴이 심상치 않았습니다. 누구는 입술을 깨물지도 다물지도 못했고, 누구는 눈물을 흘리면서 훔치지도 못했고, 누구는 소리치지 않아도 분노하고 있었지요. 〈5·18 광주의거 사진전〉. 부산에서 처음, 단 한 번도 가보지 못했던 도시, 광주를 만나던 날이었습니다. 그 안에서 보았던 사진

한 장 한 장이 머리가 아닌 가슴에 기억으로 새겨지며 느꼈던 그 당혹스러움. '도대체, 무슨 일이 일어난 것일까?'

　서울에서 대학을 다니던 큰누나에게 전화를 걸었습니다. "1980년 광주에서 도대체 무슨 일이 있었던 거고?" "대학 오면 알게 될 기다." 누나는 그렇게 말을 돌렸지요. 그런데 그해 6월은, 처음 만난 광주의 고민을 곱씹어볼 시간도 없는 시간이었어요. "오늘은 빨리 집으로 가거래이." 선생님의 말씀에 모두가 서둘러 하교하던 길목, 남포동에 하얀 최루탄 가스가 곳곳에서 피어오르고 있었습니다. 처음 최루탄 가스를 본 거라 그게 최루탄인지도 몰랐지만 말이지요. 버스 안 승객들의 사람들이 웅성거림, "이게 무슨 일이고?" 자갈치시장 앞에서 몇몇 사람들을 따라 버스에서 내려 매캐해진 코를 소매로 가리고 시청 앞으로 걸었습니다. '무슨 일이 일어난 것일까?' 최루탄 연기의 지독한 잔향만이 가득한 광경이 펼쳐졌고 저는 무슨 일이 일어나고 있는지 아무런 답도 찾지 못했어요.

　시청 앞에서 한참을 서 있다 영도다리를 건너 집으로 향했습니다. 저녁 늦게 서면에서 학원을 다니며 대학진학을 준비하고 있던 작은 누나가 집으로 들어왔지요. 누나 몸에는 낮에 거리에서 맡았던 가스의 잔향이 묻어났어요. "서면은 난리다." "서면에서 무슨 일이 일어났는데?" "독재타도, 호헌철폐 외치고 있다." "근데 누나는 왜 이렇게 늦게 왔는데?" 아무 대답도 않고 다락방으로 올라가던 누나의 뒷모습, 아직도 기억이 나네요. "뭐가 우찌 돌아가는 기고?" 뭐가 뭔지 알 수 없었던 고2의 뜨거웠던 여름이 그렇게 시작되었습니다.

　1980년 5월, 광주의 시민들은 어떤 마음이었을까요? 제가 1987년 여름에 느꼈던 혼란, 그런 마음이었을까요? 그 느낌을 알 수 있을 때까지 많은 시간이 걸리진 않았습니다. 대학에 입학하며 알게 된 광주. 진실의 퍼즐들이 캠퍼스 위에서 맞춰지면서, 1987년 가톨릭센터에서 만난 광주가 처음으로 현실이 되어 다가왔으니까요. '졸지에 폭도가 된 광주 시민들은 얼마나 혼란스러웠을까?' '그런데 왜 이런 일이 역사 속에 숨겨져 있는 것일까?' '이런 침묵에 대해선 누가 책임져야 하는 것일까?' '왜 신문과 방송은 이런 일을 제대로 보도하지 않았단 말인가?' '왜 광주의 5월은 이렇게 숨겨져 있어야 한단 말인가?'

그런데 1987년 6월 민주화 운동에 대해 공부하면서 또 다른 사실 하나를 알게 되었지요. 여러분 모두가 잘 알고 있듯 1987년의 시작은 박종철 고문치사 사건입니다. 1987년 1월, 학생운동조직인 민주화추진위원회 지도위원인 박종운의 행적을 쫓던 경찰은 박종철을 연행해 남영동 대공분실로 끌고갔습니다. 박종운이 박종철의 가까운 선배라는 이유였지요. 그곳 509호에서 물고문을 당한 박종철은 세상으로 다시 걸어나오지 못했습니다. 책임자들은 그 유명한 "책상을 탁 쳤더니, 억 하고 쓰러졌다"라는 말도 안 되는 변명을 늘어놓았지요. 그런데 이 감춰졌던 진실이 드러나게 된 계기가, 명동성당에서 행해진 '광주민중항쟁 제7주기 추도식'이었다는 사실, 여러분 알고 있는지요. 이 추도식에서 김수환 추기경, 정의구현사제단이 나서서 이 진실을 세상에 알렸던 거예요. 이렇게 1987년 그 시작에 바로 광주가 있었던 겁니다. 결국 이 두 역사적 사건은 분리된 것이 아니라 하나의 끈으로 연결되어 있었던 거예요.

그리고 2019년에 발굴된 역사자료는 또 하나의 놀라운 역사적 인연을 알려주고 있어요. 광주의 5월이 부마(부산·마산)의 10월과 두 손을 마주잡고 있다는 사실을 말이지요. 피 묻은 한 손은 광주에서 전두환 군부가 일으킨 유혈사태와, 뜨거운 한 손은 부산의 시민들과 말이지요. 1979년 부산과 마산에서는 독재타도를 외치며 시민들이 들고 일어났어요. 그런데 2019년 발굴된 육군사령부의 《군수사사》에 보면, 그때까지 우리가 알지 못했던 사실 하나가 있습니다. 5·18 주범인 전두환이 부산에서 공수부대를 동원한 진압작전에 개입했다는 것입니다. 당시 전두환은 계엄사나 공수특전여단에 대한 지휘권이 전혀 없는 보안사령관이지만 부산을 방문해 진압 계획을 사실상 지휘하고 공수여단을 격려하고 있었어요. 더 기가 막힌 것은 전두환 군부가 부마항쟁의 경험을 토대로 삼아, 시민들이 들고일어나면 초기에 무력으로 강력히 진압해야 한다는 자신들만의 교훈을 기록으로 정리해 남겼다는 점이에요. 김재규가 박정희를 암살한 10·26사태가 없었더라면, 부산과 마산에서 이 끔찍한 일이 일어났을지도 모를 일이었지요.

반면 또 다른 역사적 기록들을 보면 부산과 마산에서 일어난 항쟁에 대해 광주의 학생들과 시민들이 자랑스러워하고 있음을 알 수 있어요. "부산과 마산에서 대학생 선배들이 들고 일어났다. 얼마나 자랑스러운 일인가?" 광주의 고등학생들이 이렇게 말하고 있었다는 거예요. 이 사실을 연결해보면 부마의 10월, 광주의 5월, 1987년의 6월은 서로 손을 마주잡고 있다는 걸 알 수 있습니다.

2020년 민주화운동기념사업회에서 우리나라의 민주화 운동을 알리기 위해 4권의 만화책을 만들어서 배포했습니다. 첫 번째는 '4·3 제주', 두 번째는 '4·19', 세 번째는 '5·18', 네 번째는 '1987년 6월 민주항쟁'을 다루고 있지요. 아쉽게도 여기에서 부마항쟁은 찾아볼 수 없네요. 저는 1979년과 1980년, 부마와 광주가 손을 맞잡고 있었다는 사실이, 그리고 1987년 6월이 알고 보면 그곳의 진실들과 연결되어 있다는 사실이, 이 땅의 민주주의가 우리나라 곳곳의 수많은 평범한 사람들이 함께 만든 결실임을 우리에게 알려주는 것이라 생각해요.

그런데 5·18을 기록하고 있는 세 번째 책의 제목이 '아무리 얘기해도'예요. 광주의 진실을 아무리 얘기해도 믿지 않는다는 것이지요. 우리 땅엔 아직도 이념을 기준으로 지역을 가르고, 그에 맞추어 진실을 재단하는 사람들이 있습니다. 이 중 일부는 여전히 광주의 진실을 거부하고 있을 뿐만 아니라, 피해자들을 빨갱이로 몰아붙이며 아물지 못한 상처를 후비고 있지요. 우리는 다 알고 있습니다. 이런 사태가 온 데에는 언론의 책임이 크다는 사실을.

1987년 6월, 언론은 용감하게 박종철의 진실을 세상에 알렸습니다. 그러자 세상이 바뀌었습니다. 하지만 1980년 5월, 우리 언론은 광주를 방문했던 기자들조차 세상에 진실을 알리지 않았어요. 그 가운데 광주의 수많은 사람이 목숨을 잃고 다쳤으며, 많은 이들이 그날의 기억으로 상처받고 살아가고 있습니다. 여기에 더해 '아무리 얘기해도' 그날의 진실을 믿지 않으려는 사람들이 있는 것이지요. 여기에 정말 언론의 책임이 없다고 할 수 있을까요? 우리는 언론을 제4의 권력이라 불러요. 한나 아렌트는 이 제4의 권력이 정치가 말하지 못는 진실을 다룬다고 하지요. 그 진실을 다루는 힘이 언론을 제4의 권력으로 만들어 정치가 만들어낼 수 있는 거짓에 맞서 힘의 균형을 맞춘다고 말이지요. 군부의 서슬 퍼런 억압 앞에 어쩔 수 있었겠냐고요? 그렇다면 앞으로 우리는 이 말을 버려야 할 것 같습니다. '칼보다 강한 펜!'

플라톤은 동굴의 우화에서, 언덕에서 진정한 이데아를 보고 거짓으로 가득한 동굴로 돌아가는 철학자들에게 동굴에서 진실을 전파하려 한다면 목숨을 걸어야 한다고 충고합니다. 거짓으로 동굴을 이미 장악한 자들이 그들을 가만히 두지 않는다는 것이죠. 아렌트는, 그 진실을 전파하는 철학자의 임무를, 우리가 살고 있는 이 세계에선 언론이 지고 있다 말하고 있는 것이죠. 그런데 언론이 동굴 속에 비친 그림자, 허상을 만들어내는 존재가 되어 있다면, 그 세계는 어떠할까요? 적어도 5·18의 언론이 그랬다는 건 누구도 부정할 수 없는 사실입니다.

결국 진실이란 그 무게를 어떤 상황에서든 감당해낼 수 있는 자만이 다룰 수 있는 자격을 가지는 게 아닐까요? 언론에게 진실이, 아무리 얘기해도 모자란 것이었으면 합니다. 5·18 광주에게 진실의 역할이 그러한 것처럼 말이죠.

17

언론은
노동을
자본만큼
존중할까?

언론에 비친
노동자의 얼굴

전태일의 외침은 노동운동의 불씨가 되었다

서울 청계천 평화시장. 재단사로 일하는 청년 노동자 전태일은 하루가 멀다 하고 성실하게 살았습니다. 하지만 노동 현실은 참담했고, 함께 일하는 동료들은 눈앞에서 쓰러져갔지요. 지옥 같은 일터에서 벗어나고 싶었습니다. 아니 노동 환경을 바꿀 수 있는 방법을 찾고 싶었습니다.

1970년 11월 13일, 스산한 바람이 불어오는 평화시장 앞, '근로기준법을 지켜라!' '우리는 기계가 아니다!' 참혹한 노동현실에 지친 노동자들의 목소리로 채워진 플랜카드. 그들의 힘겨운 외침은 고용주

패거리들의 손에 찢기고 발에 밟히고 묵살됩니다. 이를 본 전태일은 결심합니다. 자신의 죽음으로 평화시장의 참혹한 노동 현실을 세상에 고발하겠다고 말입니다. 그는 결국 허울뿐인 근로기준법을 태우고 분신 항거합니다.

그날의 아픔은 우리나라 노동운동의 불씨가 되어 노동자로 살아가는 우리의 일터를 각성시켰습니다. 노동운동의 핵심은 작업장에서의 민주주의입니다. 그래서였을까요. '나의 죽음을 헛되게 하지 말라!' 전태일의 묵직한 소망은 1980년 5월 광주민주화 운동을 시작으로 1987년 6월 항쟁과 그해 여름 노동자대투쟁으로 이어졌습니다. 그리고 2016년 겨울, 민주화와 노동자의 권익을 위한 힘이 합쳐져 촛불광장에 수백만의 불씨를 모을 수 있었지요. 노동운동과 민주주의, 그리고 언론은 긴밀하게 연결되어 있습니다. 노동자들의 힘이 언론 민주화에도 큰 영향을 끼쳤습니다. 노동자들과의 연대로 인해 언론노조 활동이 확대됐고 언론의 자유, 제작 자율성, 공정성, 독립성을 외칠 수 있었습니다. 우리 언론이 노동자들에게 큰 빚을 진 것이지요. 그럼에도 불구하고 우리 언론은 노동운동의 엄사석 사선틀 속에서 어떤 모습으로 노동자들과 함께했을까요? 언론은 빚을 갚기는커녕 채무를 늘리고만 있는 것 같습니다. 오늘날 언론에 비친 노동 문제들은 적반하장 격인 반노동적인 모습이 짙게 드리워져 있으니까요.

2020년 11월 13일 상암동 작은 방송사의 골방 편집실, 한 저널리즘 비평 프로그램 제작 피디는 연속 24시간 노동중입니다. 밤샘 노동으로 이미 지칠 데로 지쳐 있습니다. 시의성이 중요한 프로그램인

만큼 녹화와 편집, 방송 송출까지 속전속결이 필수니까요. 맞습니다. 바로 저예요. 창문 하나 없는 어두컴컴한 공간에 앉아 있자니 문득 고독해집니다. 화면 속의 사람들을 주시합니다. 한 명 한 명의 사소한 말투부터 찡그린 미간까지, 보고 듣고 멈추고, 또 보고 듣고 멈추기를 무한반복하며 충혈된 눈을 비벼대지요. 편집기 앞에 앉은 지 15시간이 넘었습니다. 영상을 붙이고 자르기를 수백 번 되풀이하면서 한 편의 이야기를 완성합니다. 방송 일을 시작하면서 가족 얼굴보다 남의 얼굴을 바라보는 일이 많아졌습니다. 그래서 요즘 자꾸 속상합니다. 오늘은 깊이 반성을 해봅니다.

저도 한 명의 언론 노동자로 살고 있습니다. 과연 저는 사람답게 살고 있는 것일까요? 깊이 고민해보지도 못한 일입니다. '노동자'와 '언론인'은 별개라고 생각하며 살았던 것 같습니다. 지금이라도 언론인들은 노동자로서 스스로의 모습을 냉철하게 들여다볼 필요가 있습니다. '나는 자신을 한 명의 노동자로서 얼마나 아끼고 있는가?' '내가 〈2021년의 전태일〉일 수도 있다'는 가능성을 열어두고 말이지요. 그래야 노동 문제의 담론이 겉핥기, 연민화, 부정 프레임 보도 속에서 벗어날 수 있지 않을까요? '노동'이라는 단어의 무게를 '나의 언론 노동'과 동일화시켜보는 것! 그게 우리 언론이 노동 문제를 제대로 담아내는 첫걸음이지 않을까요?

프로메테우스와
전태일의 '불'

전태일 열사는 고된 노동에 시달리면서 정당한 대우를 받지 못하는 현실을 폭로하기 위해 스스로를 불태웠지요. 그 불의 의미를 생각하다 떠올린 사실이 있어요. 노동과 불은 뗄 수 없는 관계입니다. 인간이 다른 동물들과는 완전히 다른 길을 걸을 수 있었던 결정적인 이유가 바로 불을 다룰 수 있었다는 것이지요. 불이 없었다면 인류 문명은 존재할 수 없었습니다. 원시적인 수렵이나 농경에는 딱히 불을 쓰지 않았지요. 대장간에서 풀무질을 하면서 청동기, 철기가 만들어졌어요. 자연을 넘어서는 도구가 만들어지고 인간의 노동이 시작됐던 것입니다. 수만 년, 수십만 년 크게 다를 바 없었던 인류의 시대가 타오르기 시작한 것입니다. 오늘을 보세요. 난방, 조명, 이동 수단, 통신까지 모든 것이 불입니다. 불은 에너지이니까요. 그 모든 일들의 배경에는 또 인간의 노동이 깃들어 있는 것입니다. 그래서 안식일을 중요하게 여기는 유대교는 일을 멈추라는 상징으로 안식일에 불을 쓰지 말라고 합니다. 익히는 요리도 하지 말고 미리 만들어

귀스타브 모로, 〈프로메테우스〉
1868

놓은 음식을 먹도록 하지요.

그리스 신화에서는 창조의 힘을 가진 불을 인류에게 가져다준 존재를 프로메테우스라고 밝히고 있습니다. 먼저 생각하는 사람, 그러니까 예지력을 가지고 있다는 뜻입니다. 프로메테우스는 헐벗은 인류의 고통을 보다 못해 최고 신 제우스에게서 불을 훔쳐 문명을 일으키도록 했지요. 그 바람에 미움을 산 나머지 바위산에 쇠사슬로 묶였고, 낮이면 제우스의 명을 받은 독수리들에게 간을 쪼이고 밤이면 간이 다시 회복되는 형벌을 받았다는 것입니다. 이 이야기는 많은 예술가들에게 영감을 주어 프로메테우스를 소재로 한 작품들이 만들어졌어요. 대부분은 고통받는 프로메테우스를 묘사합니다. 폴 루벤스의 그림에서는 바위 위에 쓰러진 프로메테우스의 얼굴을 독수리가 날카로운 발톱으로 짓누르며 간을 쪼는 처참한 모습으로 그려집니다. 어찌 보면 불이 가진 파괴의 힘에 희생된 것처럼 생각할 수도 있어요.

　하지만 제가 고른 귀스타브 모로Gustave Moreau, 1826~1898의 작품 〈프로메테우스Prometheus〉1868에서는 다릅니다. 모로는 주로 신화나 종교에 나오는 이야기들을 소재로 그림을 그렸는데요. 알려진 이야기에 자신의 상상 혹은 환상을 더해 재해석을 한 뒤 작품을 만들었습니다. 대단히 화려하기도 하고, 때로는 몽환적인 분위기를 연출해냈지요. 그래서 모로의 프로메테우스는 비참한 모습이 아닙니다. 어딘가 저 멀리 시선을 보내고 있는 그의 눈빛은 형형하게 빛납니다. 고통 따위는 찾아볼 수 없지요. 옆구리에 상처를 내고 있는 독수리를 느끼지도 못하는 듯합니다. 심지어 다른 한 마리는 발밑에 깔려 죽은 것처럼 축 처져 있네요. 그가 묶여 있는 기둥은 우아하고 섬세한 이오니아 양식입니다. 묶여 있다기보다 인류를 받치는 기둥을 몸으로 지탱하고 있는 것처럼 보입니다. 프로메테우스의 머리 위로는 불꽃이 둥실 떠올라 타오르고 있지요. 인류를 구제한 불이자 승리의 왕관입니다. 그윽한 눈길로 인류의 미래를 축복하며 지켜보는 것입니다.

　저는 모로의 프로메테우스에게서 전태일의 모습을 봅니다. 절대신 제우스에게 도전했던 것처럼, 폭압적인 군사 정권에 온몸을 불살라 저항했지요. 무모해 보였지만 전태일이 피운 불꽃은 노동계의 어두웠던 현실을 세상에 드러나게 했습니다. 그리고 50년이 지나면서 많은 일들이 바뀌었습니다. 날마다 간이 쪼이고 또 살아나는, 반복된 고통처럼 보였지만 그렇지 않았던 것이지요. 근로기준법의 적용 범위가 늘어났고, 기업마다 노동조합이 만들어졌습니다. 아르바이트를 해도 최소한의 급여를 보장받는 것만 봐도 분명히 세상은 좋아졌습니다. 전태일은 파괴의 불이 아니라, 창조의 에너지를 불러왔던 것입니다. 물론 아직도 갈 길은 멉니다. 하지만 달라져왔다는 사실도 분명합니다. 한때 금지된 이름이었던 전태일을 자유롭게 기념하고 국가가 그에게 훈장을 추서하기도 했습니다. 전태일이라는 이름 석 자를 잊지 않아야 하는 이유입니다.

그런데 중요한 역할을 해야 할 언론의 모습은 아쉽습니다. 노동 문제에 대한 언론의 태도는 이중적으로 보이기까지 합니다. 지하철역을 수리하다, 발전소에서 석탄을 나르다 청년 노동자들이 목숨을 잃었습니다. 대대적으로 보도는 합니다. 가방에 담겨 있던 컵라면마저 먹지 못했다며 눈물을 자아내게 만듭니다. 하지만 그로 인해 부정한 이득을 보고 있는 자들을 비판하는 일엔 부족해 보입니다. 노동 문제의 핵심에는 언제나 상대적 강자인 사용자와 약자인 근로자의 충돌이 있는데 말입니다. 문제를 해결해나가는 과정에는 더욱 심각해집니다. 힘없는 한 사람 한 사람의 근로자들이 목소리를 내기 위해 모여 노동조합을 만듭니다. 하지만 노동조합이 나서면 아예 무시하거나 '귀족노조'라며 나무랍니다. 때로는 정부의 대책조차 기업 현실을 내세워 비판하기도 합니다. 언론 종사자들은 노동자가 아니라 경영자인가 싶은 생각에 고개를 갸웃거리게 합니다. 전태일의 불꽃은 타올라야 할 부분이 많이 남아 있습니다. 세상이 변하는 만큼 노동 형태도 빠르게 변해왔습니다. 과거처럼 한정된 장소와 시간, 공장에서만 일하는 것이 아닙니다. 사용자와 무관한 것처럼 보이는 근로 형태도 많습니다. 택배기사처럼 특정 회사의 직원이 아닌 것으로 보이는 특수고용직이 그 예입니다. AI까지 가세하며 일자리의 변화는 더욱 다양해질 것입니다. 더디기 마련인 법과 제도를 고쳐나가기 위해서 언론의 역할이 필수적입니다. 타올라주었으면 합니다.

전태일이라는
이름

전 태 일 평 전

조영래 지음, 《전태일 평전》(2020 개정판)
아름다운전태일, 1983

저는 사실 전태일 열사를 고등학교 시절에 알고 있었
습니다. 이미 대학에 다니고 있던 누나의 책장에서 우연히 꺼내 읽은
《어느 청년노동자의 삶과 죽음》이란 책 때문이었지요. 지금은 《전
태일 평전》이라 불리고 있어요. 저는 당시 전태일이 쓴 기록의 한 대
목에 등장하는 '영도'라는, 부산의 섬에서 살고 있었습니다. 1970년
대 후반에서 1980년대 초반까지 제가 다닌 초등학교는 당시 대한조
선공사 바로 맞은편에 있었어요. 지금의 한진중공업이 있는 자리죠.

당시 영도는 피난민들, 노동자들, 뱃사람들, 부랑자들이 한데 엉키어 살고 있는, 빈곤의 상징 같은 곳이었습니다. 솔직하게 성장하는 내내, 저는 하루라도 빨리 그곳을 떠나고 싶었어요. 다행히 저희 부모님은 자식이 원하는 것이라면 뭐든 할 수 있는 준비가 되어 있는 분들이었고, 덕분에 대학에 진학하며 뒤도 돌아보지 않고 그곳을 떠났습니다. 유학을 떠나기 전까지 부모님은 그곳에서 살았지만, 대학 시절에도 대학원 시절에도 영도는 부모님이 있기에 잠시 들르는 곳에 불과했었지요.

나이가 들면서 계속 생각해봅니다. 나는 왜 그곳으로 돌아가기 싫어했을까? 저 자신에게, 여러분에게 솔직해져야 할 순간이네요. 저는 자라면서 그곳에서 내내 지켜본 무지와 빈곤이 지독하게 싫었어요. 그 무지와 빈곤에서 탈출하고 싶었지요. 그래서 어떤 이유로든 다시는 이곳으로 돌아오지 않겠다고 다짐하고 또 다짐했었어요. 영도, 저는 그렇게 그곳에서 마음의 자리를 없애버렸습니다. 그리고 2003년, 뉴욕으로 장학금 혜택을 받아 유학을 떠났습니다.

뉴욕에서 사는 동안 단 한 번도 영도, 그곳을 떠올린 석이 없었습니다. 2011년 희망버스가 한진중공업을 찾았다는 기사를 읽기 전까지 말이지요. 그곳에서는 노동자 김진숙이 사측의 부당한 정리해고에 맞서 한진중공업 85호 크레인 위에서 고공투쟁을 벌이고 있었어요. 그 '김진숙을 응원하기 위해 운행하는 희망버스가 한진중공업을 방문했다,' 그 기사를 읽는 순간, 내 가슴이 저에게 말했습니다. '너는 빈곤과 무지를 경멸했지만, 단 한 번이라도 그곳에서 열심히 살고 있는 노동자를 생각한 적이 있더냐. 그곳에서 너의 아버지와 어머니가 열심히 일했고, 그래서 오늘날의 네가 있는 것이 아니더냐. 넌 빈곤과 무지에 대한 경멸을 핑계 삼아, 열심히 살던 너의 부모와 동료들, 너의 이웃 사람들을 게으르고 구제할 수 없는 자들로 치부한 것은 아니더냐. 결국 너는 네가 그토록 경멸하는 빈곤과 무지 속에서도 열심히 일하며 살아가고 있는 노동자의 자식이 아니더냐. 단 한 번이라도 너는 네가 가지고 있는 재능으로 그들을 진심을 다해 응원한 적이 있더냐. 너는 그들에게 어떤 희망이라도 전달한 적이 있더냐.' 그날 저녁 책상머리에 이렇게 써서 붙였습니다. '네가 어디에서 왔는지 잊지 마라.' 그날부터 희망버스에서 눈을 뗄 수가 없었지요. 우리 국민들이 노동자들에게 희망을 싣고 가는 모습을 지켜보며 멀리서나마 마음을 다해 응원했습니다.

그해 2011년 11월 10일, 노동자 김진숙이 85호 크레인에서 내려와 땅에 발을 디뎠어요. 저는 그해 6월 희망버스 기사를 보기 전까지 김진숙이 고공 크레인에 머물고 있는지조차 몰랐습니다. 몰랐던 시간에 대한 미안한 마음과 알게 된 이후 함께하지 못하는 시간에 대한 미안함에 제 마음은 늘 공중에 떠 있는 듯했어요. 2003년, 85호 크레인은 한진중공업 노조위원장이던 특수선 공사부 노동자 김주익이 노사분규로 인해 목숨을 끊은 곳이었습니다. 김진숙은 그 죽음을 옆에서 지켜보았던 동료 노동자였지요. 그곳에서 또 다른 죽음이 이어지지 않길 간절히 바랐었지요. 그리고 그 크레인 아래엔 또 한 사람의 노동자가 목숨을 잃지 않길 간절히 바랐던 한 사람이 있었습니다. 이소선, 평화시장에서 '근로기준법을 지켜라!' '우리는 기계가 아니다' '내 죽음을 헛되이 말라!'고 외치며 분신한 청년 노동자 전태일의 어머니였죠. 이소선 어머니는 간절히 외쳤습니다. '살아서 돌아오라!' 다행히 노동자 김진숙은 309일만에 크레인에서 '죽지 않고' 내려왔어요. 한진중공업은 경영악화를 이유로 400명이 넘는 노동자를 해고하는 동안 주주들에게는 440억이 넘는 돈을 배당하고 있었지만, 그 부당함에 항의하는 노동자들의 투쟁과 이를 응원하는 희망버스에게 배당된 것은 부당한 공권력 투입이었습니다. 그 현장에서 죽지 않고 돌아왔으니 그나마 만족해야 할 일이었을까요?

1970년, 전태일은 친구들에게 편지의 형식으로 남긴 유언에서 이렇게 말합니다. "이 순간 이후의 세계에서, 내 생애 다 못 굴린 덩이를, 덩이를, 목적지까지 굴리려 하네. 이 순간 이후의 세계에서 또 다시 추방 당한다 하더라도 굴리는 데, 굴리는 데, 도울 수만 있다면, 이를 수만 있다면…." 고등학교 시절 《전태일 평전》을 읽을 때는 몰랐어요. 그가 '시시포스'였다는 사실을. 바위를 산 위로 굴리고 또 굴려야만 하는 형벌을 받은 '시시포스'였다는 것을. 지금도 이 형벌을 받은 수많은 노동자가 있다는 것을. 그들이 자신의 권리를 찾기 위해 끊임없이, 덩이를, 바위를 굴리고 있다는 것을. 선태일의 밀쳐짐 '이 순간 이후의 세계에서 또 다시 추방당한다 하더라도' 말이지요.

1970년 전태일이 분신했을 때, 그의 죽음을 알리려 했던 이는 언론이 아니라 민청학련 사건으로 수배 중이던, 훗날 변호사가 된 조영래였어요. 그가 수많은 언론이 지켜볼 수 있는 곳에서 분신했음에도 그의 죽음을 소중히 하고 세상에 알리려 했던 것은, 이러한 사실의 전달이란 임무를 부여받은 언론이 아니라 독재 정권 아래 수배 중인 인물이었지요. 저는 노동을 대하는 언론을 볼 때면, 희망버스를 만나기 이전까지 제 모습이 떠오릅니다. 우리 언론은 진심을 다해 노동자를 응원한 적이 있던가? 아니 노동자의 현실만이라도 충실히 전달해왔는가? 노동자들에 대한 언론 기사를 볼 때면, 무지와 빈곤한 자들이, 그래야만 하는 자들이, 무지는 그대로 지니고 빈곤에서 벗어나기 위해 부당한 것을 요구하는 자들로 묘사되고 있다는 느낌을 지울수가 없어요. 때로 예외적인 동정을 살 만한 사건을 제외한다면 말이지요. 저만 그렇게 느끼는 것일까요? 왜 당당히 권리를 요구하는 노동자는 다른 노동자들의 권리를 착취하는 노동자가 되어버리는 것일까요? 왜 위기에 처하면 기업의 요구는 정당하면서 노동자의 요구는 부당한 것이 되는 것일까요?

문득 펜을 쥐고 이렇게 써봅니다. '노동자 앞에 놓인 거대한 덩이가, 바위가 보입니다. 자리가 있다면, 그 노동자의 옆에 서겠습니다. 그 바위를 함께 굴려보려 합니다.' 내가 어디에서 왔는지 기억하면서, 까뮈가 말하듯 그것이 무한반복되는 일이라 하더라도 그래야 행복할 수 있다는 걸 뒤늦게 깨닫습니다. 우리 언론도 그 바위 앞에 섰으면 합니다. 펜을 쥔 이들이 아무리 거들먹거리며 엘리트 세계의 일부인 척하려 해도 지금 우리가 살고 있는 이 거대한 자본의 세계에서는 결국엔 서로 그다지 다를 바 없는 노동자들 아닐까요?

18

우리는
왜
그해 6월을
기억해야
하는가?

항쟁의 시작,
박종철 고문치사 사건과 언론

　　　　　1985년 9월 4일 새벽 5시 30분, 얼굴에 검은 천을 뒤집어쓴 한 사람, VIP라 불리는 남자를 태운 승용차가 한 건물 앞에 멈춰섭니다. 남자가 이곳에서 지낸 시간은 결코 잊을 수 없는 기억으로 남게 되지요. 그가 22일간 있었던 곳은 인권유린의 잔혹한 현장 남영동 대공분실입니다.

　　눈을 가렸습니다. 머리와 가슴, 사타구니에는 전기고문이 잘되게 하기 위해 물을 뿌리고, 발에는 전원을 연결시켰습니다. 처음엔 약하고 짧게 점차 강하고 길게 강약을 번갈아가면서 전기고문이 진행되는 동안 죽음의 그림자가 코앞에 다가왔습니다.

　　_김근태 전 보건복지부 장관의 고문기록 〈남영동〉 중에서

　　남영동 대공분실은 고문의 공포를 극대화하기 위해 치밀하게 계산

된 공간입니다. 무엇보다 이 공간을 설계한 사람이 한국을 대표하는 천재 건축가 김수근이라는 것이 우리를 더 씁쓸하게 만들지요. 대공분실의 내부 구조는 욕실, 침실, 취조실이 한 공간에 있어 조사와 고문이 한 번에 이뤄집니다. 조사받는 사람은 쉬는 동안에도 언제 고문을 받게 될지 모르는 극도의 공포감에 시달릴 수밖에 없지요. 여기에 외부와 철저히 단절된 공간이라는 것도 심리적 압박으로 작용합니다. 이렇게 수많은 인권유린 현장은 외부로부터 철저하게 은폐되어 왔습니다.

1987년 1월 14일 대공분실 509호. 하마터면 이날의 사건도 조용히 묻힐 뻔했습니다. 서울대학교 언어학과 학생회장이었던 박종철은 1987년 1월 13일 자정 경 하숙집에서 연행됩니다. 같은 대학 선배이자 민주화추진위원회 지도위원으로 수배 중인 박종운의 소재파악을

남영동 대공분실의 원형계단

위한 참고인으로 조사하기 위해서였지요. 그렇게 남영동 대공분실 509호에 들어온 박종철은 단 하루 만에 사망합니다. 다음 날 경찰은 박종철의 사망 원인을 심장 쇼크사로 발표합니다. 당시 대부분의 신문 헤드라인에는 이렇게 도배됩니다.

"탁 하고 치니, 억 하고 죽었다."

하지만 경찰의 발표는 모두 거짓말이었습니다. 박종철 열사의 사망 원인은 바로 공안당국의 물고문이었지요. 그날의 진실이 세상에 알려지는 데 가장 중요한 역할을 한 것은 바로 '언론'이었습니다. 서슬 퍼런 보도지침과 언론탄압이 그 어느 때보다 심한 시대였습니다. 하지만 이에 굴하지 않은 몇몇 언론이 있었기에 은폐, 조작된 사건의 진실이 빛을 볼 수 있었지요. 당시 특종보도로 사건의 진상을 밝힌 것은 《중앙일보》 신상호 기자입니다. 그리고 이를 추적 보도해 새로운 사실을 발굴한 것은 《동아일보》 윤상삼 기자이고요. 《중앙일보》의 첫 특종은 1월 15일 사회면 2단 기사였습니다. 신문을 정독하지 않는 이상 그냥 지나칠 수 있는 사이즈였지요. 기사 제목도 경찰 주장대로 '쇼크사'였습니다. 제목을 '쇼크사'로 썼지만, 인용부호인 따옴표를 붙여 의문점을 남긴 것이지요. 또한 "박종철 군이 경찰의 가혹행위로 인해 숨졌을 가능성에 대해 검찰이 수사 중"이라는 문장이 포함됐습니다. 기자는 구타와 고문이 있었을 수도 있다는 합리적인 의심을 기사에 담아낸 것이지요. 하지만 '고문'이라는 단어는 쓰지 않습니다. 고문이라고 보도할 사실 자료가 없었기 때문입니다. 한편, 《동아일보》는 처음부터 이 사건을 대서특필하며 사건의 진실을 밝히기 위해 끈질긴 취재를 한 노력의 흔적이 있습니다. 특히, 당

박종철 열사 사건의 진실이 세상에 알려진 데는 언론의 역할이 컸다

시 박종철 열사의 시신을 최초로 검안했던 중앙대부속병원 용산병원의 의사 오연상 선생과의 인터뷰를 통해 중요한 증언을 이끌어내기도 했지요. 한국 민주화 운동의 분수령을 이룬 '1987년 6월 민주항쟁'의 기폭제가 된 박종철 열사 고문치사 사건. 그날의 진실을 세상에 알렸던 당시 언론의 피, 땀, 눈물에 큰 박수를 보냅니다.

과거 언론의 모습을 이야기하고 나니 오늘날 우리 언론의 민낯이 드러난 것 같아 부끄러운 생각이 듭니다. 과거 언론이 사용했던 따옴표와 지금의 그 쓰임은 큰 차이가 있다는 것을 눈치채셨을 겁니다. 또한 기사의 단어 사용 하나에도 신중했던 과거 기자들의 모습과, 오늘날 기사들 속에 등장하는 자극적이고 경박한 헤드라인 단어들이 겹쳐지네요. 오늘의 언론이 미래의 가치 있는 역사가 되기 위해 어떤 역할을 해야 하는지 신중하게 고민하고 또 고민해야 할 때라는 것을 잊지 말아야 합니다. 마지막으로 시 한 편 나누려 합니다. 언론이 제 역할을 할 수 있게 하기 위해 우리는 어떤 언론 소비자가 되어야 하는지 잠깐이라도 함께 고민할 수 있는 시간이 될 수 있길 바라면서 말입니다.

우리 아이가 익사했다.
다음은 내 차례, 네 차례
우리마냥 포기당할 것인가.
우리 인간임을 스스로 지켜야 한다.
더이상 맹수가 설치는
원시림으로 방기하지 말자.
우린, 우리가 인간이기에 인간다운 세상을 만들어가자.

_이한열 열사가 쓴 헌정시 〈박종철〉 중에서

TBS 〈서울, 시간을 품다〉
'6·10 민주항쟁의 도화선, 남영동대공분실', 2017

언론이라는
희망

"전두환 견통령 犬統領!" 서슬 퍼런 5공화국 시절, 어느 일간지 편집국을 뒤집어놓은 일이 있었습니다. 그때만 해도 신문에 한자를 많이 섞어 썼는데요. '큰 대大'라는 글자에 인쇄 과정의 실수로 점이 하나 더해지는 바람에 '개 견犬'처럼 보였던 것입니다. 군사독재정권의 우두머리를 '개'라고 부른 셈이었지요. 속 시원하다고 느낄 일이었지만 편집국장을 비롯한 관련자 여럿이 '남산'*에 끌려가 모진 고초를 겪어야 했습니다. 신문에 실릴 뉴스늘을 군관세사늘이 검열하던 엄혹한 시절이었으니까요. 박종철 고문치사 사건이 터졌을 때의 언론은 그런 상황이었습니다. "경찰의 고문으로 대학생이 목숨을 잃었다"는 한 줄의 사실, 그것을 알리기 위해 글자 그대로 목숨을 걸어야 했지요. 군화로 덮인 세상에서는 더할 필요도 없고, 뺄 것도

---

* 1961년 만들어져 국내 정치에 관여하며 많은 정치인, 언론인, 학생을 연행, 고문하며 공포에 떨게 했던 국가안전기획부가 남산에 있었다.

없이, 사실 자체를 알리는 일이 진실이었습니다. 1987년 이후 대한민국을 되돌아 짚어보면, 언론의 자유가 얼마나 중요한 일인지 알 수 있습니다. 언론의 자유가 있어야 국민의 알 권리가 실질적으로 보장됩니다. 국민이 알아야 진짜 나라의 주인으로서 결정권을 행사하고, 국가와 사회를 꾸려갈 수 있습니다.

그런 역사적 경험과 명분이 있어서인지 우리 언론은 자유를 대단히 강조합니다. 한국신문협회와 한국신문방송편집인협회, 한국기자협회가 1957년부터 공동으로 제정한 '신문윤리강령'이 있습니다. 언론인들이 지켜야 할 기본적 윤리를 자율적으로 정해놓은 것입니다. 제1조의 제호가 '언론의 자유'입니다. 강령을 조금 더 구체화한 '신문윤리실천요강' 역시 '언론의 자유, 책임, 독립'을 제1조로 정해놓았습니다. 시대 변화에 따라 2020년에는 전·현직 언론인들이 모여 강령과 요강을 개정하는 작업에 참여하게 됩니다. 언론의 자유 부분을 그대로 둘 것인지가 중요한 논제로 떠올랐습니다. 우선 외부의 간섭으로부터 자유로워야 한다는 것이 윤리의 문제는 아니라는 점이 걸렸습니다. 바깥에 요구할 일이지 스스로 지키는 문제가 아니니까요.

더 중요한 사실은 과거와 달리 언론의 자유를 충분히 보장받고 있다는 점이었습니다. 국경없는기자회가 매긴 당시 세계언론자유지수에서 대한민국은 아시아 지역 1위를 차지했거든요. 이전 이명박, 박근혜 정권 때는 다소 떨어지기도 했지만, 여전히 군사독재 시절처럼 억눌렀다고 보기 어려웠습니다. 충분히 자유를 누리고 있는데 그걸 유난히 강조할 이유가 있느냐는 지적이 나왔지요. 게다가 다른 국가들, 세계적인 언론 기관들의 윤리 규범을 찾아보니 '언론의 자유'는 아예 포함시키지 않고 있었습니다. 그보다는 언론이 국가와 사회에 지고 있는 책임을 강조하고 있었지요. 갑론을박이 있었지만 역사적 전통을 고려해 유지시키는 쪽으로 정해졌습니다. 사족이지만 개정 작업에 참여해 영광이면서도 막상 기자로 일했을 때는 윤리강령이라는 것이 있다는 사실조차 몰랐다는 점이 아이러니했습니다. 지금의 기자들은 다르기를 바라는 마음도 들었고요.

　개인적인 바람보다 중요한 문제가 있습니다. 신문윤리실천요강 제1조의 제호에서 '자유' 다음은 '책임'입니다. 우리 언론은 충분히 누리게 된 자유에 걸맞은 만큼의 책임을 지고 있는지 함께 봐야 합니다. 마침 같은 시기 영국 옥스퍼드대학 부설 로이터저널리즘연구소에서 세계 주요국 언론에 대한 신뢰도 조사를 했습니다. 한국은 대상국 40개 중 최하위를 차지했습니다. 언론 소비자의 신뢰를 받지 못한다는 것은 사실을 전달하는 기본적인 기능조차 제대로 수행하지 못한다는 뜻입니다. 우리 언론은 자유를 어떻게 쓰고 있는 것일까요?

　언론이 자유를 잘못 행사해 누군가에게 피해를 끼쳤을 때 법적으로 책임지는 대표적인 방법이 명예훼손으로 인한 손해배상입니다. 정신적 피해를 금전으로나마 위로하는 것이지요. 우리 법체제는 정신적 피해에 관해 상당히 인색한 편입니다. 물건이 망가지면 물건의 값을 물어주면 되지만, 마음의 상처에 대해서는 눈에 보이지 않아서인지 빈약한 금액으로 판결하곤 하지요. 그러다 보니 언론의 잘못에 대해서도 징벌적손해배상제를 도입하려는 움직임이 생겼습니다. 실제 피해가 어느 정도인지를 떠나 마치 벌금처럼 잘못한 만큼 높은 액수를 물도록 하자는 것입니다. 이에 대해서도 기자협회를 비롯한 언

조지 프레데릭 왓츠, 〈희망〉
1886

론계의 반응은 언론의 자유를 위축시킬 우려가 있다면서 반대하고 나섰습니다. 일리가 아예 없는 것은 아니겠지만 어색한 논리이기도 합니다. 자유를 보장하라는 요구는 상대적으로 언론보다 큰 힘을 가진 곳을 향해서겠지요. 전두환 시절에 벌어졌던 것처럼 국가기관이 대표적일 것입니다. 그런데 국가가 언론에 의해 명예훼손 같은 피해를 입는 일은 좀처럼 벌어지지 않지요. 설령 공무원 개인의 명예가 훼손당했다고 할지라도 법은 공직자로서 감내해야 할 일이라면서 언론의 편을 들어줍니다.

징벌적손해배상제는 주로 평범한 개인들을 보호하기 위한 것입니다. 잘못된 보도로 일상생활이 불가능할 정도로 어려움에 빠진 사람들의 사례는 너무나 많습니다. 대표적으로 검찰이 특정인을 표적 삼아 수사하는 과정에서 슬그머니 흘린 정보를 진실인 것처럼 보도하는 것입니다. 과연 사실이 맞는지 언론 나름의 취재를 하는 과정은 생략하는 것입니다. 취재 자체가 오로지 검찰로부터 정보를 얻는 일에 집중되는 경우가 많았습니다. 그 바람에 세상 앞에 알몸으로 선 피해자는 재판을 받기 전에 이미 만신창이가 되지요. 설령 나중에 무죄로 밝혀지더라도 이미 늦습니다. 가정이 깨지고, 직장을 잃고, 어떻게 해도 회복할 수 없는 지경에 이릅니다. 제도적으로는 수사단계에서 피의사실이 유출되는 일을 막는다고 하지만 종종 뚫립니다. 그런 피해에 대한 책임을 조금이나마 제대로 묻자는데 자유를 방패로 막겠다는 것입니다. 어찌하면 좋을까요?

여기 소개한 그림은 19세기 영국 화가 조지 프레데릭 왓츠George Frederic Watts, 1817~1901의 〈희망Hope〉입니다. 지구를 상징하는 것으로 보이는 작은 구체 위에 올라앉은 소녀입니다. 옷가지인 듯 혹은 그저 얇은 천을 휘감은 듯 남루한 행색입니다. 미끄러져 떨어지지 않도록 다리를 포개어 올라앉은 그녀의 발은 얼벗었습니다. 붕내로 눈을 감은 것으로 보아 시력까지 잃은 것이겠지요. 끌어안은 현악기의 줄은 모두 끊어진 채 한 줄만 남았고 그나마 몸통은 쇠사슬로 묶여 있습니다. 절망적인 상황으로 보이지만 그럼에도 고개 숙여 귀를 가까이 한 소녀는 어떻게든 음악을 살리려는 모습으로 보입니다. 그래서 그림의 제목은 '희망'입니다. 언론이 꽁꽁 묶인 채 진실을 들려주지 않을 때 우리의 눈은 멉니다. 단 한 줄이 남아 있을지라도 울림을 만들어낼 수 있다면 포기할 수 없습니다. 주어진 자유로 엉뚱한 곳을 헤매다 지쳐 쓰러질지라도 우리는 언론에 대한 희망을 버릴 수 없습니다. 소녀의 눈을 다시 뜨게 할 한 줄의 울림은 꼭 남아 있다는 것을 알고 있기 때문입니다.

⚖️

맞서 싸운 사람들의
보이지 않는 이야기를
보이게 하기

피에로 말배치 · 조반니 피렐리 지음, 임희연 옮김,
《레지스탕스 사형수들이 마지막 편지》
헤다, 2021

2020년 8월, 긴 장마가 끝나지 않을 것 같이 내리던
무렵, 민주인권기념관으로 바뀐 남영동 대공분실에 민주화기념사업
회에서 주최한 온라인 민주시민교육의 일부인 '생생토크'를 하러 간
적이 있습니다. 《아빠의 아빠가 됐다》의 저자인 조기현 작가와 우리
나라 이주민 운동의 선구자인 양혜우 선생을 모시고 민주시민교육

활동가들에게 좀더 구체적인 현장의 경험을 전하는 자리였지요. 독재 시절 그 악명 높았던 남영동 대공분실. 들어가는 입구에 놓인 커다랗고 검은 철제문을 보자 독재의 시간 속으로 다시 걸어 들어가는 느낌이었지요. '이곳에서 민주시민 교육이 행해지고 있구나. 세상이 바뀌었구나.'

'생생토크'를 시작하기 전, 남영동 대공분실 건물을 안팎으로 둘러볼 기회를 얻었습니다. 검은색 벽돌로 지어진 이 건물이 완성되었을 당시 '해양연구소'라는 위장 간판을 달고 있었다고 해요. 사람의 머리 하나도 들어갈 수 없도록 만든 좁고 긴 창문들과, 사람들의 시선을 피해 심문할 이들을 끌고 들어갔다는 숨겨진 뒷문, 그리고 뒷문을 들어가 살짝 돌면 나타나는 5층 조사실로 바로 이어지는 원형 철제 계단까지…. 끌려온 이들은 모두 눈을 가린 채 이 계단을 올랐다는데, 전 눈을 가린 것도 아닌데 철제 계단이 내는 쇳소리와 도대체 자신이 몇 층에 있는지도 모르게 설계된 계단을 오르며 형언할 수 없는 오싹함을 느꼈죠.

이 모든 것이 계산된 건축물이라는 체험이 주는 공포가 온몸을 둘러쌀 무렵 5층에 이르렀습니다. 고문이 자행된 좁은 취조실이 한눈에 들어오자 눈앞이 흐려졌어요. 김근태 선생에게 이근안이 자기 노모의 건강을 걱정하며 22일간 고문을 가했다는 취조실. 수많은 수감자가 증언한 빨간 방. '이곳을 지나쳐 간 사람들이 제정신일 수 있을까?' 당혹스러운 그 느낌으로 박종철 열사의 고문이 자행된 취조실에 이르러서야 한마디 말도 잇지 못하던 조기현 작가와 가슴을 손으로 부여잡고 눈물을 터뜨린 양혜우 선생이 보이더군요. 철제 계단을 오를 때만 해도 덤덤하셨던 것 같았는데…. 온라인 방송 시간 때문에 취조실을 서둘러 떠났지만 지금도 그 공간을 떠올릴 때면 그 순간 느낀 공포가 피부 위에 스멀거려요. 그래서일까요? 그날 민주시민교육에서 돌봄의 공공화를 주장하던 조기현 작가의 말이 잊히지 않네요. "아래로부터 지어진 모든 권리는 값비싼 것이다. 민주주의가 그 권리를 싼 비용으로 대체하려 해선 안 된다." 그 공간에서 우리가 새겨들어야만 할 중요한 말이었어요.

맞아요. 오늘날 우리가 누리고 있는 민주주의는 그냥 오지 않았어요. 민주주의의 최전선에서 그 대가를 지불한 사람들이 있었지요. 그들 중 수많은 사람이 일상의 생활로 돌아오지 못했다는 것, 여러분 생각해보셨나요? 그런데 우리는 그분들이 일상으로 돌아오는 과정에서 겪는 고난을 새로운 세상을 짓는 데 장애물처럼 여긴 적도 있었어요. 아니 여전히 있지요. 그분들의 낡은 경험과 언어가 이제 새로운 세상에는 전혀 어울리지 않는다고 말이지요. 그래서 이제 그만하라고 말이지요.

생각해보니 저도 그런 사람 중의 하나더군요. 그런데 남영동 대공분실을 보고 나니 '그 고난을 거쳐 온 분들의 언어가 새롭게 지은 세계에 멋들어지게 어울릴 만큼 상식적이길 바란다면 너무 가혹한 것 아닐까?'라는 생각이 들더군요. 알게 모르게 우리는 새로운 세계로 가는 길을 열어준 자들이 새롭게 세계를 짓는 일에서는 사라져주길 바라지요. 새로운 세계로 가는 길을 여는 것과 새로운 세계를 짓는 일이 많은 경우 서로 다른 일이기 때문이에요. 하지만 새로운 세계를 여는 동안 자신의 영혼마저 빼앗기는 경험을 한 사람들이 있습니다.

그 경험에서 살아남은 자, 살아남았지만 격리된 시간 속에 바뀐 세상이 요구하는 일상의 언어를 상실한 자들이 있다는 것, 그 사실을 우리가 잊고 지내고 있다는 걸, 민주인권기념관으로 바뀐 남영동 태공분실에서 확인할 수 있었지요.

그런데 이 공포스러운 건물을 누가 지었는지 아세요? 바로 대한민국의 가장 위대한 건축가 중 한 명으로 손꼽히는 김수근입니다. 김수근이, 권력이 사람의 영혼을 빼앗을 수 있도록 회색 벽돌로 건물을 쌓아올리고 창문을 좁고 길게 만들어 안에서는 사람들이 밖으로 뛰어내릴 수 없도록 밖에서는 안을 들여다볼 수 없도록 하고, 고문 당하는 사람들의 출입문을 건물의 뒤편 숨겨진 호주머니처럼 달아놓고, 취조실로 이어지는 원형 계단의 위치를 알 수 없게 만들고 철제로 소음을 내게 해서 공포를 극대화하는 장치를 달아놓았던 겁니다. 김수근은 알까요? 자신이 만들어놓은 그 건물에서 얼마나 많은 사람들이 영혼과 삶을 빼앗겼는지를요.

누군가는 이렇게 말할지도 모르겠어요. '먹고살려면 어쩔 수 없는 일이다.' 맞아요. 그래서 제대로 된 부모가 되면, 자식이 되면 '다 비굴하게 사는 거 참고 살 줄 알아야 하는 거야'라고 말하지요. 김수근도 그런 마음이었을까요? '어쩔 수 없어. 이 건물을 지어야만 나도 살아남을 수 있어.' 그렇게 생각했던 것일까요? 김수근을 비난할 생각은 없습니다. 하지만 김수근이 지은 건물에 끌려왔던 사람들이 그랬던 것처럼, 다른 선택도 있었다는 걸 들려드리고 싶을 뿐이에요.

2차 세계대전 당시 이탈리아의 파시즘에 맞서 싸우다 사형된 201인의 마지막 편지가 우리말로 번역되어 책으로 나왔어요. 《레지스탕스 사형수들의 마지막 편지》입니다. 이 편지를 쓴 사람들도 '먹고살려면 어쩔 수 없다'는 말로 자신에게 다가온 현실을 외면하지 않았어요. 오히려 먹고사는 일과 상관없는 자유와 조국에 목숨을 겁니다. 그리고 그 선택이 오히려 어쩔 수 없는 것이었다며 사랑하는 이들에게 용서를 구하지요.

"어머니는 저를 믿음, 사랑, 정직, 의로움으로 키워주셨습니다. 저는 올바른 인간이 되고자 어머니를 보며 배움을 얻었습니다. 사랑하는 어머니, 저에게 베풀어주신 모든 일에 대해 감사의 인사 올리며, 오늘 저로 인해 생긴 고통과 불안 그리고 저지른 모든 잘못에 대해 용서를 구합니다."

이 책의 한 대목일 뿐이지만, 이처럼 용서를 구하는 걸 이 책의 곳곳에서 볼 수 있습니다. 그런데 더 놀라운 것은 이들 대다수가 그냥 평범한 사람들이라는 점이에요. 역사는 말합니다. 극한 상황을 핑계 삼아 억압자들의 편에 서서 '어쩔 수 없었다'고 말하는 사람들이 다수라는 사실을요. 그래서 저항을 선택하고 결국 죽음 앞에 서야 했던 평범한 사람들의 용기는 놀랍기만 해요. '어쩔 수 없다'는 말은 선택의 여지가 없다는 뜻이지요. 어떻게 이들은 이런 선택을 '어쩔 수 없는 선택'이라고 말할 수 있었던 걸까요?

회색 벽돌로 지어진 남영동 대공분실에서 떠나는 길, 예전 출입문으로 쓰였다는 거대한 검은 철제문 앞에서 민주주의가 해야 할 일이 무엇일까, 저절로 질문하게 되더군요. 아직도 이 세계엔 여러 가지 다른 이유로 보이지 않는 사람들이 있습니다. 부당한 이유로 저 검은 철제문 뒤에 가린 듯, 저 회색 벽돌 같은 건물 안에 갇힌 듯 자신이 어디에 존재하는지 모르는 채 사는 사람들이 있어요. 이처럼 '보이지 않는 사람들을 보이게 만드는 것.' 그것이 우리 민주주의가 할 일이 아닐까요.

남영동 대공분실을 떠나며 언론도 마찬가지라는 생각이 들더군요. 이곳에, 지금은 목소리를 때로는 생명을 잃은 수많은 사람들이 있었습니다. 모두가 '어쩔 수 없다'는 상황 속에 다른 선택을 한 사람들이었지요. 언론이 '어쩔 수 없다'는 핑계를 대지 않고 박종철의 이름을 세상에 꺼내어놓자 이 땅이 바뀌었지요. 하지만 이곳에서 사라진 사람은 박종철뿐만이 아닐 겁니다. 박종철 사건의 주범 조한경이 담당했던 또 다른 사건의 서울대생 김성수는 바닷가에서 싸늘한 주검으로 발견되었고, 그의 죽음은 아직도 의문사로 남아 있지요. 펜은 이렇게 소리 없이 사라진 사람들의 모습을 다시 이 세계로 돌려놓을 수 있어요. 그들에게 목소리를, 잃어버린 삶의 형상을, 마침내 삶의 의미를 다시 찾아줄 수 있지요. 지금 우리가 민주주의라고 부르는 세계를 이 땅에 짓기 위해 헌신했지만, 이름도 없이 사라진 사람들이 있습니다. 이들을 이 세상에 보이게 하는 것. 그것도 언론의 할 일 아닐까요? 부탁합니다. '이들을 잊지 말아주세요.'

19

우리가 아는
북한의
모습은
진짜일까?

언론이 비추는
분단국가의 진실

한국은 세계 유일의 분단국가입니다. 하나의 국가였으나 전쟁이나 외국의 지배 하에서 강제된 경계선에 의해 두 개로 나뉜 국가. 한국은 1945년부터 북위 38도선을 기준으로 남북으로 분열된 후 1950년 6·25전쟁을 겪으며 지금까지 전쟁의 위기가 이어지고 있습니다. 분단의 시점이 현재에서 멀어질수록 오늘을 사는 우리의 머릿속에서는 '통일'에 대한 이질감이 커지고 있지요. 대북 관련 영화와 드라마가 보여주는 분단국가의 모습에 판타지가 합쳐져 현실감을 무디게 한 탓도 클 듯합니다. 그나마 언론매체 속에서 잊을 만하면 등장하는 '김정은 북한 국무위원장'의 모습을 볼 때나, 우리는 분단국가의 현실을 직시하게 되지요. '과연 통일은 필요한가?'라는 질문에 우리는 어떤 생각을 하고 있을까요? 그리고 우리 언론은 어떤 대답을 하고 있을까요?

"기자는 국가를 지키는 파수꾼이다"라는 말이 있습니다. 현대 저널리즘의 창시자로 불리는 미국의 언론인이자 퓰리처상을 만든 조셉

퓰리처Joseph Pulitzer, 1847~1911가 남긴 말이지요. 여기서 말하는 국가는 단순히 정부를 넘어 우리 사회 공동체를 말합니다. 대북 관련 뉴스를 다루는 언론의 모습을 볼 때면 그 역할을 제대로 하고 있는지 의구심이 들 때가 많습니다. 물론 대북 관계의 특성상 정보가 제대로 노출되지 않고 다양한 추측들이 난무할 수밖에 없는 현실적 한계도 있습니다. 하지만 매년 반복적으로 등장하는 '김정은 건강 이상설' 등을 다루는 언론의 추측성 보도 행태를 볼 때면 그 혼란이 정보 출처의 문제만이 아니라는 것을 알 수 있습니다. 북한이 폐쇄적인 만큼 다면적 취재와 접근을 통해 크로스체크Cross Check 보도가 선행돼야 합니다. 북한 관련 뉴스가 가십, 재미, 소설 속 상상력이 더해져 소비되는 현실, 특히나 정쟁의 도구로 반복 사용되고 있는 문제를 인지해야 합니다. 단순히 북한 정보에 대한 음모론과 관음증에서 벗어나 분단국가 속에서 사는 우리의 현실을 찬찬히 되돌아보는 시간을 갖길 바라는 마음입니다. 진득하게 성찰할 시간이 없다면, 당장 언론매체를 통해 찾기 힘들다면, '문학'을 통해 진득하게 성장하는 시간을 가시면 어떨까요?

〈TV책방 북소리〉라는 책 프로그램을 3년 동안 제작한 적이 있습니다. 매주 강제 독서를 강행해야 했지만, 덕분에 국내 다양한 작가들을 직접 만나 이야기를 들을 수 있었지요. 지금 생각하면 매주 만났던 작가들과의 시간이 얼마나 소중했는지 그 가치를 되뇌게 합니다. 3년의 세월 동안 저도 모르는 사이에 제 식견과 인격은 조금씩 채워지고 있었으니까요. 특히 일상 속에서 문득 찾아온 '시 한 편'의 힘은 강하고 묵직했습니다. 그때 만난 참 시인 한 명을 소개합니다.

1954년생 시인 곽재구. 1981년《중앙일보》신춘문예에 시 〈사평
역에서〉로 등단한 작가입니다. 그의 시는 화려한 문구로 꾸미거나
치장하기보다는 삶 속에서 드러나는 진지한 생의 풍경을 시 속에 생
생하게 작동시킨다는 평을 받습니다.

2021년 등단 40주년을 맞아 그의 시집《꽃으로 엮은 방패》를 출
간했습니다. 그는 말합니다. "방패는 방어용 무기입니다. 창과 칼,
화살을 막아주는 역할을 하지요. 1981년 데뷔 당시 태어난 내 나라
가 매우 부끄러웠습니다. 분단 현실과 군부독제의 억압 속에서 하루
하루의 삶이 비참했지요. 청년으로서 당연히 지닐 꿈이 없었습니다.
노동자들의 삶 또한 비참했습니다. 40년 세월이 지난 지금 우리 사회
는 진보했습니다."

청년시절의 분단 현실에 대한 그의 성찰에 공감해봅니다. 시집의

2021년 등단 40주년을 맞은 곽재구 시인

2, 3부에 집중되어 있는 시들은 분단 현실을 다시 생각해보는 시편들입니다. 그는 한국이 지고 있는 모든 모순이 분단 현실에서 비롯됐다고 말합니다. 젊은 세대들이 분단 고착의 세계관 속에 머물러 있는 현실, 교육 현장에서 통일을 이야기하는 선생님들이 점점 사라져가는 안타까움을 조심스럽게 비춥니다. 분단 현실을 극복하고 통일의 꿈을 키울 수 있는 아름다운 작품들을 써내는 것이 우리 시대 작가, 시인들의 사명이라고 강조하기도 합니다. 보통 작품과 글의 진정성을 느끼기 위해 글쓴이가 어떤 사람인지 아는 과정이 중요합니다. 당시, 프로그램 촬영을 위해 순천을 오갔던 기차에서 적어 내려갔던 노트 한 페이지를 옮깁니다.

〈2019년 3월의 봄날, 순천 와온포구에서 찾은 따뜻한 위로〉
순천으로 가는 기차 안에서 곽재구 시인의 시집 《푸른 용과 강과 착한 물고기들의 노래》를 펼쳤다. 시인이 정성스레 눌러 쓴 글자를 읽고 있자니 어느새 내 얼굴엔 웃음꽃이 번져간다.

"삼월이에요
길모퉁이
문득 문득 꽃 냄새 나요.
가을에 한 약속이
봄에 이루어지니
이 또한 인연의 꽃 아니겠지요.
순천은

좋은 곳이에요.

바람처럼 오세요. "

시인 곽재구 드림

세상의 모든 근심이 내 심장을 누르고 있던 그 시절. 수능을 앞둔 고3 어느 가을날이었다. 《곽재구의 포구기행》. 자주 찾던 서점에서 발견한 부적 같은 책. 대학을 가면 이 답답한 교실을 벗어날 수 있겠지? 대학 가면 이 책에 나온 포구들은 다 돌아봐야지! 불안한 나의 학창 시절에 희망을 가져다준 책. 지금 나는 그 책의 저자를 만나러 간다. 순천역에 마중 나오겠다는 그의 친절함 때문이었을까? 내 마음이 더 설레고 벅차다.

토요일 아침, 생각보다 사람들로 북적이는 순천역에 도착했다. 저 멀리 서 있는 한 사람이 보였다. 푸근한 인상. 엷은 미소를 짓고 우두커니 서 있는 한 사람. 나는 멀리서도 그를 금방 알아볼 수 있었다. 봄날의 시작을 알리는 3월의 끝자락에서 시인 곽재구를 만났다. 남해의 봄기운은 벌써 따뜻했다. 순천의 땅에서 온기를 느꼈다. 나는 더는 일하러 순천에 내려온 사람이 아니었다. 그저 도심 속에 지친 한 사람으로, 시인의 책을 들고 잠시 길 안내를 부탁하는 마음이었다. 시인에게 촬영에 대한 부담을 주고 싶지 않았다. 오늘 하루 그의 일상에 동행하며 그가 좋아하는 길과 갈대, 포구와 바다, 갯벌과 하늘, 그리고 바람과 정취를 카메라에 담고 싶었다. 시인이 직접 운전하는 차를 탔다. 순천의 시골길을 돌다가 이내 바닷길을 감싸며 달렸다. 일상 속 대부분을 답답한 편집실에서 고군분투하며 사는 내게 탁 트인 바다는 시원한 위로였다. 잔잔한 울림을 품은 위로의 풍경이었다.

와온포구에 도착했다. 시인이 가장 사랑하는 포구다. 순천順天, 하늘의 뜻을 따르는 땅에 따뜻하게 누워 있는 바다. 와온臥溫. 마음에 뭉클함이 차오른다. "하나의 장소를 가장 좋아하는 사람이 있다면, 그곳은 바로 그 사람의 것이에요. 그래서 와온은 나의 것입니다. 허허허." 시인은 사랑하는 사람을 앞에 둔 양 얼굴에 미소를 한가득 뿜어낸다.

그가 포구 길을 걷는다. 시인의 시선을 따라 카메라는 발을 맞춘다. 그의 발걸음이 포구의 끝자락에 멈춘다. 가로등 하나를 정성스레 쓰다듬고 이내 발길을 돌리는 그. 시인은 말한다. "이 가로등은 다른 가로등들과 달리 혼자 허리가 굽어 있네요. 너무 안쓰러워 쓰다듬고 왔습니다." 내 마음이 쿵! 하고 감격한다. 시인 곽재구는 이런 사람이다.

▶

TBS 〈TV책방 북소리〉
'곽재구 시인, 포구에서 찾은 따뜻한 위로', 2019

쉽게 와전되는
대북 보도

헨드릭 드 클레르크, 〈미다스의 심판〉
1620년 경

1970~1980년대에 어린 시절을 보낸 사람들에게 당
시 북한은 신화의 고향이었습니다. 아이들의 상상 속에서 지도자는
커다란 돼지 혹은 뿔이 달린 괴물이었고, 부하들은 주로 늑대 무리였
지요. "공산당이 싫다"는 어린 이승복을 살해한 살인마들이 사는 곳
이었습니다. '때려잡자'는 반공 표어와 포스터를 학교에 숙제로 내야

했지요. 1994년 7월 김일성 사망 뉴스가 나왔을 때 많은 사람들이 어색함을 느껴야 했습니다. 사망했다는 것은 살아 있는 사람이었다는 사실이었기 때문이었고, 그게 어딘지 영 현실감이 없었던 것입니다. 세월이 흐르면서 북한에 대해 그렇게까지 생각하는 사람은 없어졌지요. 2000년에 김대중 대통령이, 2018년엔 문재인 대통령이 북한 땅을 밟으며 남북의 거리감은 많이 줄어들었습니다. 물론 여전히 쉽게 갈 수 없는 곳이고, 1970~1980년대의 추억에서 벗어나지 못하는 사람들이 있기는 합니다.

정작 인류의 대표적 신화인 그리스 로마 신화에는 인간과 신의 땅은 구별이 강조되지 않습니다. 자기네 구역이 따로 있다고는 하는데 신들은 노상 사람들 세계에서 지냅니다. 인간 여성을 사랑한 나머지 이종 교배도 적극적으로 이뤄지고요. 수많은 반신반인들을 만들어 냅니다. 인간 세상의 주요 사건 사고들은 대개 신들이거나 그들의 자손들 탓에 벌어집니다. 웬만해선 죽지 않고 각자 특별한 능력을 지녔다는 점을 빼면 왜 신인지도 모르겠습니다. 그리스 로마 신들의 계보는 어찌 보면 우빔사 명단 같습니다. 헨드릭 드 클레르크Hendrick de Clerck, 1570~1629의 〈미다스의 심판The Judgement of Midas〉 c.1620은 많은 신들이 등장한 것치곤 그나마 평화로운 소동을 그린 것입니다. 화면 중앙에 하얀 수염을 하고 앉은 이가 그 지역을 맡고 있는 산신입니다. 왼편에 제우스의 아들 아폴론이 월계수관을 쓰고 바이올린의 원형인 '리라'를 연주하고 있고요. 갑옷을 갖춰 입은 전쟁의 신 아테네를 필두로 일단의 여신들이 응원을 하네요. 오른편에 염소의 하반신을 한 목신 판은 '시링크스'라는 관악기를 들고 나섭니다. 술과 여자를 좋아한다는 소문답게 춤을 추며 끼를 부리고 있지요. 예술의 신 아폴론과 음악으로 '맞짱'을 뜨겠다고 나선 것입니다.

지그시 눈을 감고 양쪽의 연주를 듣고 난 산신은 아폴론의 손을 들어줬습니다. 청중들도 동의하는 분위기였지요. 하지만 유독 미다스만이 반기를 들고 나선 것입니다. '미다스의 손'이라고 할 때의 그 미다스 말입니다. 재물에 대한 욕심으로 손에 닿는 족족 황금으로 변하는 특별한 능력을 갖게 됐다가, 가까스로 축복 아닌 저주로부터 벗어난 후였습니다. 물질적인 세계를 떠나 '자연인'으로 지내겠다고 목신인 판과 어울려 다닌 것입니다. 얼떨결에 신들이 음악을 겨루는 자리까지 오게 된 것인데요. 유독 미다스만이 판이 이겼다며 고집을 부렸습니다. 평소 가까이 지낸 탓이었는지 혹은 정말 소신이었는지 알 수 없습니다. 결국 아폴론의 화를 돋우고 말지요. 작품에서 미다스는 산신 바로 옆에서 지휘봉 같은 것으로 판을 가리키고 있습니다. 자세히 보면 귀가 길쭉하게 변해 있습니다. 아폴론이 "제대로 한번 들어봐라"면서 당나귀 귀로 바꿔버린 것입니다. 그도 그럴 것이 판이 지내던 산의 산신, 함께 놀던 여신들조차 아폴론이 이겼다고 하는데 인간인 미다스만 고집을 부렸던 것입니다. 혹시 아폴론은 인간계로 돌아간 미다스가 '부정승부'라는 식의 엉뚱한 소문이라도 퍼뜨릴까봐 우려했던 것은 아닐까요?

북한의 지도자 김정은이 꽤 오랫동안 공개 석상에 모습을 나타내지 않았던 일이 있었습니다. 자연스레 이런저런 추측들이 나왔지요. 북한 지도부 내의 권력 투쟁이 벌어졌다던가, 늘어난 체중 때문에 건강에 이상이 왔다는 식이었습니다. 북한에서 직접 취재를 할 수는 없기에 장담은 못했지요. 그러다 탈북민들 사이에서 사망설이 돌기 시작했고, 몇몇 북한 전문가임을 내세운 인물들의 입에서 99% 사망이 맞다는 장담이 나왔습니다. 많은 언론들은 그걸 다시 99% 믿을 수 있다는 식으로 보도하기 시작했고요. 직접 들어보지는 않았지만 신들의 세계에 있었던 미다스의 말이니 판의 음악이 더 훌륭했을 것이라며 동조하는 꼴이었습니다. 탈북하기 전에 어떤 위치에 있었는지, 그 이후에는 어떤 경로로 정보를 얻을 수 있을지에 관한 검증은 중요하지 않았습니다. 북한에서 꽤 중요한 위치에 있었을 수는 있지요. 하지만 그 자리를 떠나 대한민국으로 왔다면 북한도 적어도 그 사람을 통해서는 정보가 새지 않도록 막는다고 보는 것이 상식일 것입니다. 언론이 기본적으로 해야 할 그런 식의 신빙성 검증은 찾아보기 어려웠습니다. 비단 김정은 사망설뿐만 아니라 북한과 관련한 많은 경우 보도들이 그런 식이었습니다.

미다스왕의 당나귀 귀에 관한 이야기도 익숙할 것입니다. 자신의 귀가 흉측하다는 사실을 절대 알리지 말라고 이발사에게 겁을 주지요. 입이 간지러워 견딜 수가 없었던 이발사는 벌판에 구덩이를 판 다음 "임금님 귀는 당나귀 귀!"라고 외쳤고요. 그랬더니 그 자리에 갈대밭이 생기면서 바람이 불 때마다 '당나귀 귀'라는 소리가 울려퍼졌다는 것입니다. 어디서 어떻게 나왔는지 알 수 없지만 온 세상 사람들이 다 알게 됐다는 이야기인데요. 흥미로운 것은 똑같은 이야기가 신라 경문왕에게도 있었다는 것입니다. 이발사가 아니라 두건을 만들어준 사람이 갈대밭 대신 대나무숲에서 외쳤다는 차이가 있을 뿐이고요. 사실 세계 여러 나라에 비슷한 설화가 있습니다. 우물에 고백을 했다가 물이 넘쳐 호수를 이뤘다거나, 꿈에 소변을 봤더니 도시에 물난리를 일으켰다는 변형들도 있습니다. 여러 가지 해석이 가능하겠지만 작게 시작한 소문이 큰일을 일으키는 경우는 현실에서도 종종 벌어집니다. 그 소문이라는 것이 진실이 아닐 때도 많고요.

뉴스가 역수입되거나 돌고 도는 현상을 가끔 언론에서 찾아볼 수 있습니다. 즉, 우리 신문이나 방송에서 다루었던 뉴스를 해외 언론이 다시 보도하는 것입니다. 우리나라에 파견 나와 있는 기자들의 주요 취재원은 아무래도 우리 언론이니까요. 그런데 외신에서 우리나라 관련 뉴스를 다루었다는 사실이 다시 우리 기자들의 눈길을 끕니다. 그래서 그걸 원래보다 크게 키워서 보도하는 것입니다. 마치 몰랐거나 새로운 일인 것처럼 말이지요. 사이즈가 커지다보면 각국 대사관들의 모니터링에도 걸려듭니다. 특히 북한과 관련한 보도에서 이런 일이 쉽게 벌어집니다. 아무래도 취재 자체가 어렵고, 어떤 보도가 나와도 사실 확인이 어렵기 때문이지요. 서로가 서로를 베끼다 보면 사실인지 아닌지는 이미 중요하지 않습니다. 갈대밭에 부는 바람이 일으키는 것처럼 '당나귀 귀'를 외쳐대는 것입니다. 그런 소리가 문서로 만들어지고, 외교 채널을 통해 각국의 정책을 결정하는 데 영향을 주는 것입니다. 그런 식으로 쌓인 오해들이 북미 관계를 풀어가는 과정의 걸림돌로까지 작용하는 것이고요. 황당하지 않을 수 없지요? 언론의 역할이 얼마나 중요한지, 무엇을 어떻게 확인해야 하는지 대북 관련 보도만큼 잘 보여주는 사례는 없을 것입니다.

프레임이 만들어놓은
우리가 바라는 북한

박한식 지음, 《선을 넘어 생각한다》
부키, 2018

우리가 북한에 대해 생각하고 말할 때, 대개 경우 우리의 말과 `생각에는 휴전선에 그어진 군사분계선과 같은 선이 하나씩 그어지는 것을 볼 수 있습니다. 솔직히 말하자면 제 말과 생각에도 그런 분계선이 그어진다는 것을 부인할 수는 없네요. 우리는 이렇게 우리의 말과 생각 속에 북한과 우리를 가르는 선명한 분계선을 그어놓고 잘 들여다보려 하지 않지요. 그리고 우리가 오래전 경험한 북한, 오래전 알고 있었던 북한에 대한 이미지를 고스란히 간직한 채 마치 지금의 북한을 누구보다 잘 아는 것처럼 이야기하는 것을 자주 볼 수 있어요. 그래서 묻고 싶어요. 우리들은 북한을 얼마나 알고 있을까요?

TV에서 〈이제 만나러 갑니다〉와 같은 프로그램을 통해 북한에 대해 잘 알고 있다고요? 저는 이런 프로그램을 볼 때마다 좀 이상한 생각이 들어요. 이 책을 읽고 있는 여러분 대다수는 대한민국에 살고 있는 분들일 거예요. 그리고 어떤 분들은 서울에 살고 있을지도 모르겠네요. 여러분, 여러분이 대한민국에 산다고 해서, 그리고 서울에 산다고 해서 '청와대'에서 일어나는 일, 대통령을 비롯한 권력자의 사생활을 여러분은 얼마나 잘 알고 있나요? 아니, 여러분이 일하는 곳의 시장님이 집에서 뭘 하는지 얼마나 알고 있는지요? 아마 대부분은 거의 모를 거예요. 그런데 북한과 같이 폐쇄적인 사회에서 권력의 핵심부에서 일어나고 있는 일을 탈북자들은 어떻게 그렇게 자세하고 알고 있는 걸까요? 어떤 때는 평양과 멀리 떨어진 중국과 국경을 맞댄 부근에 사는 이들도 북한의 핵심지도부가 뭘 하는지 손바닥 들여다보듯이 잘 알고 있다니, 신기하지 않나요? 많은 북한 전문가들 역시 이 부분을 지적하곤 하지요.

예를 들어 미국에서 아주 유명한 북한전문가 박한식 교수 역시 《선을 넘어 생각한다》에서 이렇게 말합니다.

제가 보기에 탈북자들에게 듣는 정보는 많은 경우 편향되어 있는 데다가 정보 자체가 정확하지 않다는 비판에서 자유롭지 못합니다. 북한 체제의 특성상 '탈북자' 몇 사람이 북한의 체제와 사회가 어떻게 움직이고 있는지 안다고 보기 힘든데도 마치 자신이 모든 것을 다 아는 양 이야기하는 경우가 많습니다.

박한식 교수는 미국 정부에서 북미 관계에서 보이지 않는 가교 역할을 하며 '북미평화설계자'라는 이름을 얻었던 유명한 북한 전문가예요. 미국 대학에서 가르친 학생을 통해 지미 카터를 알게 되었고, 카터를 통해 덩샤오핑, 덩샤오핑을 통해 황장엽과 이어지면서 북한을 방문하면서, 이후에도 여러 차례 북한을 방문하게 되면서 북미관계에서 중요한 역할을 해왔던 인물입니다.

그런데 박 교수는 자신이 북한에 갈 수 있도록 다리를 놓아준 황장엽과 같은 인물의 증언도 100% 신뢰해서는 안 된다고 봐요. 황장엽이나 태영호 같은 인물들이 어떤 신념이 있어서 북한을 탈출했기 때문이 아니라 살 길을 도모하기 위해서 탈출했다고 보기 때문이지요. 박 교수는 이런 사람들이 인터뷰에 응할 시 돈을 지불하는 관행, 탈북활동가들이 성과를 내야 한다는 압박감 등이 작용하면서 거짓 증언이 반복된다는 점을 지적해요. 특히 송지영 싱가포르경영대 교수가 한 말을 인용하며 그 경험이 끔찍한 것일수록 더 주목받는 현실을 지적하지요.

탈북자들은 인터뷰를 하는 사람이 듣고 싶어 하는 이야기를 잘 알고 있다. 유엔 북한인권조사위원회나 미국의회, 서구언론을 불문하고 질문은 한결같다. '왜 북한을 떠났나? 그곳에서 삶은 얼마나 끔찍했나?' 그들의 이야기가 끔찍하면 끔찍할수록 더 많은 관심을 받는다. 국제적인 행사에 초청받는 일이 늘어날수록 수입이 늘어난다.

이런 박한식 교수나 송지영 교수의 지적을 되새기다보면 2020년 4월과 5월에 벌어졌던 김정은 사망설과 같은 언론의 오보가 왜 나오는지 좀더 쉽게 이해할 수 있어요.

여러분도 기억나실 거예요. 한동안 세계의 언론들이 김정은 사망설을 아무런 검증 없이 마구 보도했었지요. 북한과 같이 폐쇄적인 사회의 특징은 어떤 사실을 정확하게 확인할 길이 없다는 거예요. 무슨 일이 일어났는지를 확인하는 데 상당한 시간이 소요된다는 뜻이지요. 이런 폐쇄성 때문에 북한에서 일어난 일은 같은 사안이라도 정보를 여러 곳에서 얻어 이른바 크로스체크라고 부르는 중복확인을 해야 해요. 뿐만 아니라 이런 이유로 단정적인 보도를 지양해야만 하지요. 그런데 김일성의 생일인 태양절에 김정은이 모습을 보이지 않았다는 이유만으로 김정은 건강이상설이 제기되었고, 이른바 그 '썰'이 확대되어 김정은 사망 보도까지 나오게 되었던 거예요.

특히 이 과정에 우리가 주목해야 할 것은 국내 언론이 태영호, 지성호 같은 탈북자들이 내놓은 정보에 근거를 두고 김정은 사망설을 보도한 거예요. 이들은 자신들에게 정말 확실한 정보원이 있는 것처럼 떠들어댔어요. 박한식 교수와 송지영 교수가 지적한 문제들이 고스란히 드러났던 거죠. 이를 두고 정세현 전 통일부 장관은 이렇게 말합니다. "이들에게 중요한 건 팩트체크가 아니다. 냉전 속에서 기득권을 구축한 이들이 쓰는 프레임이 문제다. 카메라가 자신을 비출 수만 있다면 비슷한 정치인들의 발언은 계속 나올 것이며 비슷한 보도도 이어질 것이다." 결국 문제는 냉전 속에 권력자들이 구축한 프레임이고, 그 프레임을 뒤집어쓰고 있는 한 탈북자들은 진실이 아니라 우리가 바라는 것, 원하는 것을 이야기하는 일들이 반복될 것이라는 지적이었지요. 냉전의 프레임 속에서 적국의 지도자가 사망하는 것만큼 자극적인 소식이 어디에 있을까요? 당연히 없을 거예요.

이런 지적이 일리가 있는 이유는 북한 지도자의 사망 오보가 김정은이 처음이 아니라는 데도 있어요. 1986년 11월 16일 《조선일보》가 김일성이 휴전선 방송 열차를 타고 가다 총격을 받아 사망했다는 단지 '썰'에 불과한 정보를 정확한 확인 없이 내보내서 국가 전체가 김일성이 사망했다고 믿게 만든 역사적인 오보가 이미 한 차례 있었어요. 그럼에도 우리 언론은 이 사태를 망각한 듯이 정보에 대한 정확한 확인 없이, 김정은이 사망했다는 증거가 없다는 정부 발표까지 무시하고 북한 최고지도자 사망이라는 오보를 내보냈던 겁니다.

그렇다면 우리가 북한을 올바로 보려면 어떤 태도가 필요한 걸까요? 이런 점에서 북한을 50차례 이상 방문한 경험이 있는 박한식 교수의 《선을 넘어 생각한다》는 좋은 지침서라는 생각이 듭니다. 박 교수는 "우리가 바라는 북한이 아니라 있는 그대로의 북한 정부와 교섭해야 한다"고 조언해요. "북한에 대한 호불호는 각자의 자유"이지만, 북한에 대한 억측과 과장, 왜곡, 악마화는 이제 그만두고, 있는 그대로의 북한을 이해해야 한다는 거죠. 예를 들어 북한 정부가 수립되자 함께 시작된 '북한붕괴론' 같은 믿음에 근거해 북한을 대하면 제대로 북한을 볼 수 없다는 겁니다.

박한식 교수의 《선을 넘어 생각한다》를 읽는 내내, 제 말과 생각 속에 그어진 북한과의 분계선에 대해 생각해보았어요. 북한을 받아들일 수 없는 체제라고 믿는 나의 자유주의적 신념 때문에 북한에 대한 과도하거나 불필요한 악마화는 없었는가? 나아가 북한을 동등한 대화 파트너라고 진심으로 여겨본 적이 있는가? 아니, 그보다 더 근본적으로 나는 북한에 대해 제대로 알고 이야기하고 있는가?

우리의 말과 생각에 이미 그 분계선이 그어져서 존재한다면, 우리가 북한과 평화롭게 공존하는 미래는 과연 가능한 전망일까요? 만약 우리가 북한과 공존한다고 하더라도, 그 분계선이 결국 북한의 주민을 종래에는 우리보다 못한 이등 구성원으로 치부하는 상황을 만들어내지 않을까요? 그 선을 지우지 않는 한 북한과의 평화로운 공존은 있을 수 없다는 박한식 교수의 말이 머리를 떠나지 않는 이유입니다.

((**20**))

세월호
참사 후,
언론은
달라졌을까?

세월호 참사
7주기를 지나며

남편을 잃은 아내를 '과부'라고 합니다. 아내를 잃은 남편은 '홀아비'라고 하지요. 그리고 부모를 잃은 자식은 '고아'라고 하고요. 그러면 자식을 잃은 부모는 뭐라고 할까요? 선뜻 생각나지 않습니다. 아마 그 비통한 심정을 한 단어로 표현할 방법이 없어 이렇다 할 단어도 없는 것이 아닐까요?

'모원단장母猿斷腸'이라는 사자성어가 있습니다. 그 유래를 들여다보지요. 중국 진나라 병사들이 배를 타고 강을 건너고 있었어요. 갑자기 원숭이 한 마리가 슬피 울며 배를 향해 달려옵니다. 온 힘을 다해 배를 쫓던 원숭이는 마침내 배 위로 뛰어올랐어요. 그리고 원숭이는 이내 죽고 맙니다. 병사들은 이게 뭔 일인가 의아해하며 원숭이를 살핍니다. 그런데 원숭이의 배가 이상해요. 호기심이 가장 많은 병사 한 명이 원숭이의 배를 가르기 시작하지요. 이를 본 병사들은 깜짝 놀라 자리에 주저앉고 맙니다. 원숭이의 창자가 토막토막 끊어져 있었지요. 사연은 이랬습니다. 조금 전 한 병사가 새끼 원숭이 한 마리를 잡아 배에 올랐습니다. 뒤늦게 이를 알아차린 어미 원숭이는 자식을 되찾기 위해 배를 쫓아 뛴 것입니다. 창자가 끊어지는 고통도 느끼지 못할 만큼 죽을힘을 다해 배를 쫓았던 것이지요. 그렇습니다. '모원단장'은 어미 원숭이의 창자가 끊어졌다는 뜻으로, 창자가 끊어지는 것 같은 슬픔과 애통함, 즉 자식을 잃은 부모의 마음을 표현할 때 쓰입니다. 아마 이 표현도 적절하지는 않아 보입니다. 자식을 먼저 보낸다는 것은 창자가 끊어지는 것보다 더한 애통함을 느끼는 일일 테니까요.

그날이었습니다. 세월호 참사 2주기를 맞은 2016년 4월 16일 안산, 자식을 잃고 고통스러워하는 아버지, 유민이의 아버지, 김영오 씨를 만났습니다. 당시 제작 중이던 〈5분다큐 사람〉의 인터뷰 촬영을 위해서였지요. 전날 걱정과 슬픔 속에서 잠을 설쳤습니다. '그를 어떻게 마주해야 하나, 어떤 질문을 어떻게 해야 하나.' 걱정이 많았으니까요. 아침 일찍 마음을 추스르고 안산 단원구로 향합니다. 좁은 골목 앞에서 마주한 그는 푸근한 미소로 먼저 인사를 건넵니다. 벌써부터 울컥 눈물이 날 것 같습니다. 내 표정이 그를 불편하게 하지는 않을까 내내 조바심이 납니다. 서둘러 그의 집으로 향합니다. 유민이에 대한 그리움으로 가득한 공간, 유민이의 사진과 세월호 참사에 대한 진실규명을 외쳤던 그의 흔적이 공존해 있습니다. 그 안에 설치한 카메라마저 숙연한 모습으로 그를 향해 있었지요.

"음….."

10초간 이어진 그 소리에 마음이 내려앉습니다. 그 소리가 그 어떤 말보다 제 심장을 조여옵니다. 가슴에 묻은 딸아이에 대해서 그

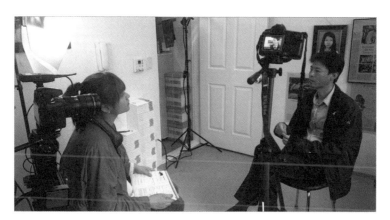

김영오 씨는 인터뷰에서 "단식보다 힘든 건 언론이었다"고 한다

어떤 적절한 표현도 찾을 수 없다는 아버지의 모습입니다.

"아깝죠. 아깝다는 표현도 부족합니다. 너무 아깝습니다. 제가 이혼을 해서 유민이를 엄마가 기르고 저는 돈 버느라 자주 만나지 못했어요. 그런데도 아빠, 엄마를 잘 챙기는 효녀 중의 효녀였어요. 원래 2014년 4월 14일, 15일에 유민이를 만나기 위해 약속을 했어요. 그런데 회사에서 반장님이 이번 주에 사람이 없다고 특근 좀 해달라고…. 그래서 다음주에 만나기로 하고 약속을 미뤘어요. 미뤘는데…. 16일에 회사 야근 끝나고 나니깐 세월호 사고가 난 거예요. 마지막 얼굴을 못 봤다는 거…."

"유민이 때문에 버텼던 것이지요. 유민이 생각하면서 단식 견뎌냈습니다. 배가 넘어갈 때, 물이 차오를 때, 애가 엄마, 아빠를 얼마나 울며불며 불렀겠어요. 이런 거 생각하면 제가 단식하다 죽어도 아깝지 않았어요. 유민이를 위해서 했던 거니까."

"단식 때보다 더 힘들었던 게 언론 때문이었어요. 처음엔 무시하려 했지만, 언론이 제 사생활에 대해 거짓 보도를 하는 것에 화가 났습니다. 이혼하고 신경도 안 쓰다가 세월호 사고 보험금 때문에 단식하고 있다는 소문까지 무성해질 정도였으니까요. 졸지에 양육비 입금 내역까지 증빙자료를 준비하는 제 모습에 탄식하며, 언론이 정말 너무 잔인하단 생각이 들었습니다."

세월호 유가족, 유민 아버지의 바람은 하나였습니다. 그는 국민 누구라도 '이제 모든 진실을 알았다. 더는 규명할 진실이 없다'라고 말할 수 있는 날을 바랐습니다.

세월호 참사는 한국 언론의 참사이기도 합니다. 당시 정부의 잘못된 보도자료만을 받아 쓴 결과였습니다. 권력의 언론 통제가 눈앞에서 실현되는 광경을 모든 국민이 지켜본 꼴이었습니다. 2014년 5월 21일 당시, 최민희 새정치민주연합 의원이 공개한 방송통신심의위원회 자료에 따르면, 4월 16일 오전 11시 1분, '안산 단원고 학생 338명 전원구조'라는 첫 오보를 낸 것은 MBC였습니다. 이를 시작으로 YTN(11시 3분), 채널A(11시 3분), 뉴스Y(11시 6분), TV조선(11시 6분), SBS(11시 7분), MBN(11시 8분) 등 주요 언론사의 오보 참사가 이어진 것입니다. 이후, MBC가 오보를 최초로 정정한 시간은 11시 24분, 뒤이어 YTN은 34분, 채널A는 27분, 뉴스Y는 50분, TV조선은 31분, SBS는 19분, MBN은 27분에 정정했습니다.

언론은 이후에도 내내 사실 확인 없는 단독, 속보에만 혈안이 됐습니다. 탑승자 전원구조는 어처구니없는 오보였고, 헬기와 함정을 동원해서 다각적인 혼신의 구조작업을 했다는 것도 거짓말이었습니다. 그중 최악은 언론이 희생자들의 죽음 앞에 최소한의 예의조차 차리지 못했다는 것입니다. 일부 언론사 간부들과 국회의원들의 망언은 자식을 잃고 망연자실해 있는 유가족들의 마음을 집요하게 후벼파는 상황까지 만들었으니까요.

유가족을 힘들게 한 것은 언론사의 오보만이 아닙니다. 오보가 아닌 보도에 대해서도 더 큰 상처를 받았지요. 특히 시체팔이와 같이 입에 담기조차 힘든 저속한 단어를 SNS에서 그대로 베껴 썼어요. 유가족들에게 배상금, 보험금 프레임을 씌우기까지 했지요. 나중에는 오히려 피해자가 피해자임을 입증해야 하는 상황까지 만들었어요. 언론은 피해자를 공감하고 억울한 목소리를 알리는 것보다 피해자를 취재 대상으로만 삼았던 겁니다. 당시 각종 매체가 유가족을 따라다니며 자극적인 개인사를 기사화했지요. 어떤 언론사 기자는 단독 정보를 얻기 위해 화장실에도 몰래 숨어 있었다는 이야기도 나옵니다. 생각만 해도 낯 뜨거운 광경이죠. 가족을 잃은 유가족이 애도할 수 있도록 적절한 거리를 두는 취재 매뉴얼 따위는 찾아볼 수 없는 상황이었습니다.

2021년, 세월호 참사 7주기가 지났습니다. 과연 우리 언론은 얼마나 달라졌을까요? 매년 4월이 되면 터져 나오는 국회의원의 막말 파문을 그대로 기사화해 자극적 보도 행태를 이어가거나, 아예 세월호 참사 진실규명 관련 목소리에 대해 보도하지 않고 외면해버리는 모습을 볼 수 있습니다. 과연 세월호 참사는 우리 언론계에 어떤 의미일까요? 당시 우리 언론은 안일했고 정부의 통제를 받으면서 정치적 상황에 기댔습니다. 게다가 유가족을 취재 대상으로만 생각하며 보도 경쟁만을 이어갔습니다.

언론은 국민에게 큰 상처를 줬습니다. 이제라도 곪아 있는 상처를 제대로 치료해야 합니다. 국가적 인재 속에서 언론의 역할은 권력을 감시하고 진실을 파헤치는 것입니다. 언론이 그 역할을 제대로 할 때 앞으로 제2의 세월호 참사를 막을 수 있지 않을까요? 이제라도 우리 언론이 먼저 무엇을 기억하고 무엇을 기록해야 하는지 깨닫기를 바랍니다.

안녕하세요, 가슴에 담아온 작은 목소리, 김영오입니다.
엊그제 아침에 무슨 일이 있었는지, 오늘의 일정은 어떻게 되는지
누가 갑자기 물어본다면 우리는 여기에 얼마나 대답할 수 있을까요?

시간은 흐르고 있지만,
여전히 해결되지 않은 문제가 있고,
기억해야 할 이유가 있기에
흐르는 시간과 꺼져가는 기억을 잡아 둘 수 없기에
우리에게는 기록이 필요한 게 아닌가 싶습니다.

떠나간 아이들의 이름 하나하나를 기억하며
꿈에서도 외친 그 이름.

기록하는 것이 곧 기억이다.

세월호로 아이들을 먼저 보낸 부모들이 삭발하는 모습 기억하시나요?

이런 기억들이 우리의 기억을 붙잡을 수 있을까요?

나는 과연 무엇을 기록하고 무엇을 기억해야 하는지

자신에게 한 번만 물어봐주시기 바랍니다.

_2016년 4월 15일, 김영오 씨가 진행을 맡았던
 TBS FM 〈가슴에 담아온 작은 목소리〉 오프닝 멘트 중에서

TBS 〈5분다큐 사람〉
'나는 못난 아빠입니다'
세월호 희생자 유민이의 아빠, 2016

TBS 〈5분다큐 사람〉
'나는 포옹하는 인간입니다'
세월호 고 김관홍 민간 잠수사, 2016

언론이 잊지 말아야 할
그날의 슬픔

프란시스코 데 고야,
〈자식을 잡아먹는 크로노스(사투르누스)〉
1823

기괴하다? 기분 나쁘다는 말이 더 정확할 것입니다.
백발이 성성한 사내가 어둠 속에서 눈을 번득이고 있지요. '쩌억' 벌
린 입으로 분명히 사람으로 보이는 무언가를 먹고 있습니다. 팔, 다

리 길이와 비율에 비춰볼 때 아주 어린아이는 아닌 듯싶은데, 겨우 사내의 팔뚝 크기 정도입니다. 부러뜨리기라도 할 것처럼 사람의 허리를 힘주어 움켜쥐고 있는 사내가 거인인 것이지요. 머리와 오른팔은 이미 삼켜진 듯 핏자국만 처절하고, 막 거인의 입으로 향한 왼팔은 악착같이 생을 움켜쥐며 매달려 있는 것처럼 보이네요. 이미 숨이 멎은 뒤 한참일 텐데…. 어둠 이외엔 어떤 배경도 없고, 하다 못해 거인과 사람의 옷가지, 소지품조차 없습니다. 도대체 무슨 이야기를 담은 그림일까요? 기분도 나쁘고 참 불친절합니다.

　스페인의 화가 프란시스코 데 고야Francisco de Goya, 1746~1828가 그린 〈자식을 잡아먹는 크로노스(사투르누스)Saturn devouring one of his sons〉1823입니다. 고야가 말년을 보냈던 마드리드 교외의 별장에 그렸던 '검은 그림들' 중 하나이고요. 누군가의 주문을 받아서가 아니라 자신의 집 벽에, 자신을 위해 그린 것입니다. 그림 속에 구구절절한 설명을 덧붙이지 않았던 이유는 알겠군요. 애초부터 다른 사람을 이해시킬 목적이 없었을 테니까요. 왜 하필 저런 그림을 그렸는지는 제목으로 알아봐야겠습니다. 아, 사실 제목 역시 고야가 붙였던 것은 아니고요. 후세 사람들이 신화 속 다양한 이야기들에서 찾아낸 추측입니다. 거인족이었던 크로노스는 제우스, 헤라 같은 익숙한 이름의 신들이 지배하기 이전 세대 신들의 왕이었어요. 아버지인 우라노스를 거세한 다음 지하 깊은 곳에 가둬 왕의 자리에 올랐지요. 우라노스는 쫓겨나면서 아들인 크로노스 역시 똑같은 꼴을 당할 것이라는 저주를 남겼는데요. 왕좌에 오른 크로노스는 그 저주를 피한답시고 자식들이 태어날 때마다 꿀꺽 삼켜버립니다.

매번 자식을 잃는 고통에 시달리던 크로노스의 아내 레아가 꾀를 내게 됩니다. 여섯째 아이를 낳자 아이 대신 보자기에 싼 돌덩이를 건네 그걸 삼키게 한 것입니다. 그렇게 화를 피한 아이가 제우스였습니다. 요정들의 손에 자란 제우스는 아버지 크로노스와 힘겨루기를 해서 이겼고요. 그 대가로 아버지로 하여금 구토제를 먹고 배 속에 있던 형제들을 토하도록 했습니다. 헤라, 하데스, 포세이돈…. 제우스는 돌아온 형제 신들과 함께 아버지 세대인 거인족들을 몰아내고 천상계와 인간계를 나누어 지배하게 됐다는 것입니다.

신화가 담고 있는 여러 가지 상징들은 일단 제쳐두기로 하고요. 뭔가 이상하지 않나요? 고야의 그림과 신화가 딱 맞아떨어지지 않습니다. 신화 속 크로노스는 돌덩이와 갓난아기를 구별하지 못할 정도로 둔하기는 했지만 그림에서처럼 광기에 사로잡혀 있지는 않았습니다. 게다가 결정적으로 아이들을 한입에 꿀떡 삼켰다고 하지 않았습니까? 구토제를 먹고 토해냈을 때, 자식들은 다친 곳 하나 없이 온전히 돌아왔습니다. 그림에서처럼 팔과 머리를 잡아 뜯겼던 것이 아니었어요. 신화이기는 하지만 장르가 '공포'는 아니었던 것입니다. 그런데 고야는 왜 이토록 무서운 그림을 그렸던 것일까요?

여러 가지 해석 중에는 고야가 말년의 자신을 크로노스처럼 여겼다는 이야기가 있어요. 고야와 부인은 여러 차례 아이를 가졌지만 성인으로 자랐던 자식은 딱 한 명이었다고 합니다. 사산도 있었고, 태어난 지 얼마 안 돼 세상을 떠나기도 했고요. 젊은 시설을 문란하게 보내면서 얻었던 고야의 성병 때문이었다고 해요. 말년에 청력을 잃은 것도 마찬가지 이유에서고요. 그러니까 고야의 입장에서는 자식을 잡아먹은 것처럼, 자신이 크로노스인 것처럼 여겨졌을 수 있는 것이지요. 자기 잘못으로 어린아이들을 잃었다고 생각했겠지요. 신화에서는 돌아오기라도 했지만, 현실에서는 그럴 수도 없잖아요. 그걸 자책하면서 광기에 사로잡힌 거인을 그리고 또 어둠 속에서 바라봤다는 것이지요. 우리 표현으로는 '자식을 앞세운' 그런 부모의 마음으로 말이에요. 그래서일까요? 흰자위를 번득이는 거인의 눈은 무척 슬퍼 보이기도 합니다. 제정신일 수가 없겠지요. 자신의 잘못이 아닌 일마저 자신의 것으로 끌어안고 한스러워하는 것이지요. 동서고금을 막론하고 똑같은 부모의 마음이 아닐까 싶습니다.

　차가운 바다에 묻어야 했던 세월호 사건의 유가족들 역시 다를 리 없었을 거예요. 그런데 납득할 수 없는 일들이 이어졌습니다. 진실을 규명해 달라는 목소리를 '목숨값' 흥정으로 여기며 비아냥거렸습니다. 물론 일부 극단적인 자들의, 귀 기울일 가치조차 없는 '소음'이었지요. 하지만 비극적인 재난이 있을 때조차 손해배상이 얼마로 예상된다는 기사를 빠뜨리지 않는 언론의 책임도 있을 것입니다. 게다가 그것을 정치적 이해관계에 끌어들여 그럴듯한 소리처럼 반복, 재생산하는 일이 생겼습니다. 그것을 또 언론에서는 정치권에서 나왔다는 이유로 기계적 균형이라도 잡아야 하는 것처럼 보도하기도 했습니다. 유가족의 아픈 마음 대신 세월호를 놓고 양쪽으로 나뉜 정치 현상으로 만들어버린 것이지요. 국회의원이라는 사람들의 입에서조차 "징글징글하다" "뭘 더 조사할 게 있느냐"는 식의 막말이 뱉어졌고요. 고야가 그랬던 것처럼, 아픈 진실을 마주하기보다는 말입니다.

　세월호와 관련해 빼놓을 수 없는 그림이 있습니다. 프랑스 화가 테오도르 제리코의 〈메두사호의 뗏목〉입니다. 1816년 대형 선박 메두사호는 프랑스의 식민지였던 세네갈로 떠납니다. 하지만 뇌물로 지위를 차지한 선장은 '본전'을 되찾기 위해 화물도, 사람도 너무 많이 실었지요. 그 결과 배는 조난을 당했고 150명 가까운 승객들은 서둘러 만든 뗏목으로 가까스로 몸을 피합니다. 그런데 선장과 귀족들은 밤사이 뗏목에 연결돼 있던 구명선의 밧줄을 끊어버리고 그들끼리 탈출합니다. 결국 망망대해에서 먹을 것도 마실 것도 없이 보름 가까이를 떠돌던 뗏목이 가까스로 구출됐을 때는 살아남은 사람은 10여 명에 불과했다고 합니다.

소름 끼칠 정도로 세월호와 닮은 사건 아닌가요? 젊은 화가 제리코는 이 사건에 분노해 다시는 같은 일이 벌어지지 않기를 바라는 염원으로 작품을 만들었습니다. 생존자들을 만나 뗏목에서의 생활을 듣고, 병원에서 시신들의 모습을 연구하며 사실성을 담아내기 위해 노력했지요. 그 결과 7m가 넘는 커다란 화폭에 극적인 구조의 순간을, 이미 희망과 목숨을 잃은 사람들의 모습으로, 메두사호에서 벌어졌던 일을 압축해 담아냈습니다. 제리코의 열정을, 그리고 고야의 슬픔을 공감하는 가슴을, 오늘의 우리 언론이 잃지 않길 바랍니다.

진실을 밝힐 권리

한나 아렌트 지음, 홍원표 옮김, 《어두운 시대의 사람들》
한길사, 2006

2014년 이후, 해마다 4월 16일이 되면 무엇을 해야 할지 모른 채 망설이다 책상머리 위 선반에 꽂혀 있는 한나 아렌트Hannah Arendt, 1906~1975의 《어두운 시대의 사람들Men in Dark Times》1968을 꺼내보곤 해요.

'신뢰성의 간극' '공적으로 보이지 않는 자들의 통치', 있는 그대로를 드러내지 않고 은폐하려는 말들 그리고 오래된 진실을 유지한다는 변명 아래 모든 진실을 의미 없는 사소한 것들로 폄하하는 도덕적 혹은 다른 형식을 띤 강력한 행동들이 공적 영역의 불빛을 꺼뜨리자, 어둠의 시대가 찾아왔다.

아렌트가 이 책의 '서문'에 써놓은 한 대목입니다. 돌이켜보면, 평범한 사람들에게 어둠의 시대는 이렇게 오는 듯해요. 공적 영역의 빛이 꺼질 때마다 어둠이 우리를 덮치곤 하니까요.

6년 전, 세월호도 그랬어요. '세월호'는 위기 앞에 유연하게 대응하지 못하는, 관리에만 집중된 공권력이 빚어낸 비극이었지요. 공권력은 공개적으로 '무슨 일이 있었는지' 밝혀내겠다고 했지만 정작 그 진실을 찾는 데 가장 적극적으로 방해한 자들이 공권력이었어요. 아렌트는 이처럼 행위자들이 약속한 것과 그들이 실제 생각하는 것 사이에 존재하는 기만적인 차이를 '신뢰성의 간극'이라고 불러요. 이런 신뢰성의 간극 앞에 좌절한 뒤 얼마 되지 않아 우리가 목격한 것은, 놀랍게도 아렌트가 '공적으로 보이지 않는 자들의 통치'라 쓴 '최순실'이라는 낯선 이름과 연계된, 공적으로 선출되거나 임명되지 않는 자들이 행한 부당한 통치의 일상화였어요. 이에 더하여 이 부당한 통치의 지지자들이, '단순한 또 하나의 교통사고에 불과하다'는 주장을 앞세우며 '세월호'와 관련해 진실을 밝히고자 하는 모든 노력을 '의미 없는 사소한 것들'로 폄하하는 시도들을 곳곳에서 목격할 수 있었지요.

그렇게 한동안 꺼져 있던 공직 영역의 불빛을, 2016년 평범한 '우리'가 광장에서 촛불을 밝혀 다시 살려냈어요. 고대로부터 공개적 논의가 이뤄지던 그 장소, 그 '광장'에서 우리는 각자의 목소리로, 기본적으로 행해야 할 의무를 외면한 공권력을 하나의 마음이 되어 심판했었지요. 이제 그 빛의 시대가 도래했으니, 마침내 진실은 찾고 있는 사람들의 손에 주어지리라, 우리 모두가 그렇게 믿었습니다. 그런데 우리에게 무슨 일이 일어난 것일까요. 7년이 지난 지금도 세월호의 유가족들은 가족들에게 일어난, 자식들에게 일어난 '진실'을 요구하고 있어요.

소설가 한강은 《소년이 온다》에서 "당신이 죽은 뒤 장례식을 치르지 못해, 내 삶이 장례식이 되었습니다"라고 썼어요. 맞는 말이에요. 사랑하는 사람들을 잃은 사람들, 결코 그들을 떠나보내지 못한 사람들에게 삶은 그들 자신의 장례식이 되어버린다는 것. 우리는 그 슬픔에서 벗어나려 흔히 이렇게 말합니다. 이제 놓아주라고. 산 사람은 살아야 한다고. 하지만 어느 부모가, 어느 형제자매가, 어느 자식이 '도대체 왜 나의 부모가, 나의 형제자매가, 나의 자식이 이 세상을 떠야만 했는지' 그 사실 자체를 알지도 못한 채 보낼 수 있을까요?

그래서 '진실의 밝힘 없이' 사랑하는 사람을 떠나보내는 애도는 있을 수 없어요. 사랑하는 사람들이 부당하게 세상을 떠났다면 더더욱 그러하지요. 그 부당함과 관련된 진실을 외면한 채 그들을 애도한다는 것은 가능한 일이 아니에요. 그런 일이 가능하다면 그것은 애도가 아니라 망각이며, '사랑'을 주고받은 지난 시간에 대한 부정이나 다름이 없을 겁니다. 그런 일은, 인간이 기억하는 존재인 한, 그래서 서로가 사랑했던 시간을 추억할 수 있는 존재인 한 가능하지 않은 거니까요. 그래서 공권력으로 인해 희생당한 사람들이, 그 희생당한 사람들을 가슴에 묻은 사람들이 그 일을 자행한 공권력을 향해 진실을 요구하는 건 너무나 당연한 일입니다.

그런데 한편에서 어떤 이들은 공권력이 폭력을 가한 것도 아니고 불운한 사고였을 뿐인데 과도한 요구를 하는 것이 아니냐고 불평합니다. 여기서 우리는 명확히 인식해야 해요. 보호의 임무를 수행하는 자가, 그 보호에 무능하고 스스로의 무능함조차 알지 못하거나 외면한다면 그것 역시 폭력일 수 있음을. 불운이란 말에는 보호의 임무를 지닌 자에게 책임을 면제해주는 논리가 공공연히 숨어 있음을. 이 공공연히 숨은 논리가 가장 두려워하는 것이 바로 '책임'이라는 사실을. 그것이 공권력이 진실을 유가족들에게 내보이지 못하는 이유의 실체임을.

이런 이유로 큰 사건 앞에 책임져야 하는 공권력은 대개의 경우 희생자들에 이어, 그들을 떠나보내지 못하는 사람들을 기만하기 시작합니다. 사건의 진실을 밝혀내겠다고 표면적으로 약속하면서도, 뒤에서는 그 약속과 달리 진실을 찾는 일을 공공연히 방해하고 나서는 거죠. 실제 세월호 참사 이후 박근혜 정부는 '세월호 특별조사위원회'를 만들었지만 새누리당과 더불어 조직적으로 특조위 조사활동을 방해했을 뿐만 아니라 마침내 위법하게 강제해산시켜버렸지요.

니체는 '니힐', 즉 절망을 이렇게 표현합니다. '절망이란 우리가 믿고 있는 세계와 세계가 실제 작동하고 있는 방식, 이 둘 사이의 간극이 넓어질 때 생겨나며, 그 간극이 점점 더 넓어질 때 더욱 절망은 깊어진다.' 진실을 마주할 때 감당해야 할 책임이 두려워 약속과 실천을 달리하는 공권력의 이중적 행위는 사랑하는 사람들을 잃은 이들이 제대로 애도할 기회를 앗아갈 뿐 아니라 이들을 더 깊은 절망에 빠뜨리지요. 그 진실이야말로 가족의, 친구의, 내 이웃의 장례식에 줄 수 있는 제일 큰 마지막 선물이기 때문이에요. 그렇기에 진실을 밝히지 않은 채 부당하게 희생된 자들을 애도하는 것만큼 허망한 일은 없어요.

'떠나보냄'에 필요한 애도를 넘어 '진실'이 규명되어야 할 또 다른 이유가 있어요. 우리 모두는 상처받은 사람들이 가혹한 과거에서 벗어나 새롭게 시작할 수 있길 바라지요. 아렌트는 《인간의 조건》에서 어두운 기억에 갇힌 사람들이 그 사슬로부터 벗어나기 위해 하는 두 가지 도덕적인 행위가 '용서'와 '약속'이라 말합니다. 이 용서와 약속을 통해서만 과거의 비참하고 혹독한 기억에서 풀려날 수 있기 때문이에요. 그런데 이 중 용서의 행위에는 가혹한 아이러니가 있어요. 용서는 언제나 가해자들이 자신의 행위에 대해 책임을 지고 용서를 구할 때만 가능한 일이기 때문입니다. 이런 전제 없이 이루어지는 용서의 행위는 용서가 아니라 그저 망각일 뿐인 것이죠.

만약 국가라는 공권력이 '애도조차 못하고 있는 이들'에게 진심으로 용서를 구할 준비가 되어 있다면 가장 먼저 마련해야 할 것은 '있었던 일', 바로 이들이 사랑했던 사람에게 무슨 일이 있었는지 진실을 규명하는 일이에요. 자신이 저지른 잘못에 대한 규명과 책임 없이 구하는 용서에는 그 어떤 진정성도 찾아볼 수 없으며, 똑같은 실수를 반복하지 않겠다는 약속은 자기기만적일 뿐만 아니라 상처받은 이들을 다시 기만하는 행위니까요. 우리 사회 곳곳에는 진실의 부재로 인해 고난과 슬픔을 정리할 '닫힘'의 시간 없이, 살아남았다는 이유로 고통 받고 있는 수많은 사람들이 있어요. 강제적으로 동원된 '위안부' 할머니들과 징용공들, 4·3 사건과 5·18 광주민주화 운동의 유족들, 그리고 세월호의 유가족까지 모두가 그러하지요.

공권력의 부재, 무능, 혹은 폭력으로 인해 삶을 박탈당한 사람들에게, 그 희생자들을 가슴에 품고 살아가고 있는 사람들에게 우리가 할 수 있는 위로와 애도는 진실을 밝히는 데서부터 시작된다는 것을 기억했으면 합니다. 이런 진실을 찾는 일에 세월호 이후 우리 언론이 거의 기여한 바가 없다는 사실은 또 다른 절망으로 다가오네요. 아니 진실을 찾는 것은 두 번째로 하고 국가적 재난이 찾아올 때마다 세월호에서 보여줬던 언론의 보도 방식에 큰 변화가 없다는 것부터 반성해야 할 대목이라는 생각이에요.

아렌트는 《어두운 시대의 사람들》 '서문'을 맺으며 이렇게 말합니다. "가장 어두운 시대에도 인간은 밝은 빛을 기대할 권리가 있다." 가장 어두운 시대에도 그러할진대, 공적 영역의 빛이 진정으로 켜졌다면 건져내지 못한 진실을 요구하는 것은 당연한 우리들의 권리예요. 그럼에도 이 글을 쓰고 있는 지금, 7년이란 세월이 흐르는 동안 애도조차 못한 채 여전히 어둠의 시간에 갇혀 고통 받는 사람들이 있습니다. 이들에게 '삶', 아니 '생명'을 돌려주는 것은 우리의 의무예요. 이는 오로지 진실을 밝히고 기억하는 자만이 할 수 있는 일입니다. 권력이 자신이 한 약속과 함께하길, 언론이 사실을 밝혀낸다는 자신의 임무를 성실히 수행하길. 그 약속 옆에 여러분도 늘 함께 있어주세요.

언론술사

PD, 변호사, 정치철학자가 뽑은 해시태그

1판 1쇄 찍음   2021년 10월 29일
1판 1쇄 펴냄   2021년 11월 5일

지은이 박은주 양지열 김만권
펴낸이 신주현 이정희
마케팅 임수빈
디자인 조성미
용지 월드페이퍼
제작 (주)아트인

펴낸곳 미디어샘
출판등록 2009년 11월 11일 제311-2009-33호

주소 03345 서울시 은평구 통일로 856 메트로타워 1117호
전화 02) 355-3922 | 팩스 02) 6499-3922
전자우편 mdsam@mdsam.net

ISBN 978-89-6857-204-3 03300

www.mdsam.net